James Thompson · Nukleare Bedrohung

D1929351

psychologie aktuell
Psychologie Verlags Union
München–Weinheim

James Thompson

Nukleare Bedrohung

Psychologische Dimensionen atomarer Katastrophen

übersetzt von Jutta Jongejan

mit Beiträgen von

Thea Bauriedl Manfred Cramer
Heiner Keupp

mit 7 Abbildungen

Psychologie Verlags Union
München–Weinheim 1986

Anschrift des Autors:

James Thompson, Ph.D.
The Middlesex Hospital
Mortimer Street
London, W1N 8AA

Anschriften der Beiträger:

Prof. Dr. Heiner Keupp
Inst. f. Psychologie, Sozialpsychologische Abt.; Universität München, Leopoldstr. 13, 8000 München 40

PD Dr. Thea Bauriedl
Lützowstr. 27, 8000 München 60

Prof. Dr. Manfred Cramer
Fachhochschule München, FB 11
Industriestraße, 8000 München 60

Anschrift der Übersetzerin:

Jutta Jongejan, Dipl.-Psych.
Eichendorffstr. 5
8700 Würzburg

Autorisierte Übersetzung aus dem Englischen:
Titel der Originalausgabe: Psychological Aspects of Nuclear War
© The British Psychological Society and John Wiley & Sons Limited, Chicester 1985 (ISBN 0 471 90747 2)
St. Andrews House, 48 Princess Road East, Leicester, LE1 7DR, UK

Herausgeber der Reihe „psychologie aktuell": Dr. H. Jürgen Kagelmann
8000 München 21, Veilchenstr. 41

Lektorat: Petra Glück

CIP-Kurztitelaufnahme der Deutschen Bibliothek

Thompson, James:
Nukleare Bedrohung : psycholog. Dimensionen atomarer Katastrophen / James Thompson. Übers. von Jutta Jongejan. Mit Beitr. von Thea Bauriedl ... –
München ; Weinheim : Psychologie-Verlags-Union, 1986.
(Psychologie aktuell)
Einheitssacht.: Psychological aspects of nuclear war ⟨dt.⟩
ISBN 3-621-27026-4

Alle Rechte, auch die des Nachdruckes, der Wiedergabe in jeder Form und der Übersetzung in andere Sprachen behalten sich Urheber und Verleger vor. Es ist ohne schriftliche Genehmigung des Verlages nicht erlaubt, das Buch oder Teile daraus auf fotomechanischem Weg (Fotokopie, Mikrokopie) zu vervielfältigen oder unter Verwendung elektronischer bzw. mechanischer Systeme zu speichern, systematisch auszuwerten oder zu verbreiten (mit Ausnahme der in den §§ 53, 54 URG ausdrücklich genannten Sonderfälle).
Umschlagentwurf: Atelier Warminski. Gesamtherstellung: Druckhaus Beltz, Hemsbach/Bergstr. Printed in Germany. © Psychologie Verlags Union 1986

ISBN 3-621-27026-4

Der Autor

James Thompson ist Dozent für Psychologie und als Klinischer Psychologe an der Middlesex Hospital Medical School der Universität London in Forschung und klinischer Praxis tätig.

Von 1978 bis 1982 arbeitete er in der Anerkennungskommission für Klinische Psychologie der British Psychological Society. 1984 war er als Gastdozent an der Universität von Hongkong. An vielen Orten in Großbritannien und im Ausland hat er Vorträge zu psychologischen Aspekten nuklearer Themen gehalten. 1986 war er Berater der Welt-Gesundheits-Organisation für nukleare Themen. Er ist der Verfasser von über 30 Veröffentlichungen und Mitautor des Buches *The Experience of Illness*.

Inhalt

Redaktioneller Hinweis

1985 stießen wir – bei der Planung der Reihe „Psychologie aktuell“ – auf das Buch des englischen Psychologen James Thompson „Psychologic Aspects of Nuclear War“. Dieses Buch war insofern eine Neuheit, als hier zum erstenmal zu den Gefahren atomarer Politik eine offizielle Stellungnahme eines psychologischen Fachverbandes, der British Psychological Society, vorgelegt wurde. Und wir beschlossen, mit dieser – vor dem Hintergrund der vielfältigen Fach- und Sachliteratur zum Thema Atomkrieg – nüchternen und sachlichen Analyse der psychologischen Folgen eines Atomkrieges die Reihe „Psychologie aktuell“ zu eröffnen.

Während der Übersetzungsarbeiten geschah das Reaktorunglück von Tschernobyl, dessen Auswirkungen die Feststellungen von James Thompson ungewollt aktuell werden ließen. Plötzlich gab es eine der atomaren Katastrophen, deren mögliche psychische Folgen der englische Klinische Psychologe in seinem Buch aufzeigen wollte. Plötzlich konnte jeder in Europa nachvollziehen, was bisher nur als abstrakte Gefahr und statistisches Restrisiko beschrieben werden konnte und als vernachlässigbar und verdrängbar erschien.

Es wurde uns, die wir an diesem Buch arbeiteten, klar, daß in der allgemeinen Hilflosigkeit gegenüber einem atomaren Desaster Thompsons Stellungnahme eine wichtige Hilfe ist, um von seiten der wissenschaftlichen Psychologie dazu beizutragen, einen Weg aus der angstvollen Erstarrung aufzuzeigen. Dies bedeutete für die Übersetzung des Buches, daß von dem Vorhaben nicht abgerückt werden durfte, eine präzise Übertragung zu erreichen, um die reichhaltige Informationsquelle, für die wir Thompsons Buch halten, verfügbar zu machen. (Daher ließen wir den Originaltext unverändert.) Der Leser sollte sich vor Augen halten, daß es sich dabei um, wie gesagt, die erste offizielle Stellungnahme eines psychologischen Berufsverbandes handelte, die vor allem durch die seinerzeitige Diskussion um die Stationierung der Pershing-II-Raketen in Europa nachhaltig beeinflußt worden war.

Zum anderen aber entschlossen wir uns, zusätzliche Beiträge in den vorliegenden Band mit aufzunehmen, die deutlich machen, wie Psychologen und Psychoanalytiker versuchen, angesichts der eigentlich un-faßbaren Katastrophe von Tschernobyl, einen Weg zu suchen zwischen realistisch-objektiver Bewältigung der psychologischen Folgen dieser Katastrophe mithilfe ihres Fachwissens und der sehr subjektiven Betroffenheit.

Der erste Beitrag stammt von James Thompson selbst, der sich spontan bereit erklärte, seinem Text eine aktuelle Stellungnahme zu Tschernobyl anzufügen, verfaßt in derselben sachlichen Objektivität, in der sein Buchtext geschrieben wurde. Der Beitrag des Münchner Psychologen Heiner Keupp beschäftigt sich vor allem mit sozialpsychologischen Ansätzen zur Bewältigung und untersucht, inwieweit diese auf die Situation in Deutschland nach Tschernobyl übertragbar sind. Manfred Cramer, Klinischer Psychologe, schließlich vergleicht die Reaktionen der Behörden und der Bevölkerung in München in den Wochen „danach" mit den Bewältigungsversuchen der Leute von Harrisburg (Three Mile Island). Die Psychoanalytikerin Thea Bauriedl schildert abschließend die verschiedenen Verdrängungsmechanismen, mit denen Menschen versuchen, das Geschehen ungeschehen zu machen und sich so selbst der Chance berauben, die erlebte Hilflosigkeit aktiv zu bewältigen. Das Ganze beschließen Materialien und ausgewählte Literaturempfehlungen.

Die Redaktion

Geleitworte zur deutschen Ausgabe

Nur ganz selten beeinflussen äußere Ereignisse, was ein Psychotherapeut im Lauf eines Arbeitstages hört. Seine Patienten sind im allgemeinen stark mit sich selbst und ihren emotionalen Problemen beschäftigt. Diese Situation änderte sich schlagartig, als der Reaktor in Tschernobyl explodierte und weite Teile Europas radioaktiv verseuchte. Die Distanz nach den ersten Meldungen wandelte sich in wenigen Tagen zu einer tiefen Betroffenheit. Ich habe das in fünfzehn Praxisjahren noch nie in diesem Maß erlebt.

Aber schon nach wenigen Wochen setzte ein Gewöhnungsprozeß ein. Direkte Angstäußerungen verschwanden. Viele hatten sich mit der erhöhten Radioaktivität arrangiert. Die Vorräte an Honig, Getreide und Milchpulver waren angelegt, ein Geigerzähler angeschafft. Wahlergebnisse, die eine Zustimmung zur bisherigen Atompolitik enthielten, setzen den Schlußpunkt unter diese Entwicklung.

Intellektuell wußte jeder gebildete Europäer, daß eine Gefahr vorhanden ist, die sich jetzt in Tschernobyl konkretisiert hat. Harrisburg, Windscale, in weiterer Entfernung Bikini, noch weiter zurück Hiroshima und Nagasaki: Die Welt hat ihre Unschuld längst verloren. In den Zukunftsromanen ist die Erde oft ein lebloser, verwüsteter Planet, auf dem allenfalls von der Radioaktivität geschaffene Monster leben. Wenn sich erweist, daß wirklich geschehen kann, was wir befürchtet haben, gewinnt die verblaßte, zu einem reinen Begriff gewordene Gefahr sinnliche Qualität und motivierende Kraft. Aber diese Belebung dauert in der Regel nicht lange. Wie die Schattenseelen bei Homer nur eine Weile Gesicht und Sprache zurückgewinnen, wenn sie das Blut der Opfertiere trinken, so verblassen auch Angst und Trauer um unserere beschädigte Umwelt nur allzuschnell. Haben wir uns nicht schon weitgehend damit abgefunden, daß die Nadelbäume am Rand der Autobahnen heute anders aussehen als vor zehn Jahren? Ist es nicht längst selbstverständlich, daß man in größeren Flüssen nicht baden kann und lieber Mineralwasser trinkt als Brunnenwasser oder gar aus dem Bach am Wegrand? Fast scheint uns jeder neue Schrecken für einen alten abzustumpfen.

Ein Text, der diesen Prozeß aufhalten kann, der uns hilft, ihn besser zu verstehen und seinen zerstörerischen Charakter genauer zu erkennen, ist heute wertvoll. Daher begrüße ich dieses Buch über die psychologischen Folgen der nuklearen Bedrohung. Der Verlag hat den nüchternen, aber sehr materialreichen Text durch die aktuellen Beiträge engagierter Autoren wie Thea Bauriedl, Manfred Cramer und Heiner Keupp angereichert. Thema und Inhalt machen dieses Buch für einen breiten Kreis interessierter Leser zu einem hilfreichen Mittel, die eigene Wachsamkeit zu schulen und uns auf die schlimmeren Krisen vorzubereiten, die kommen werden.

München, im Juni 1986 *Dr. phil. Dipl-Psych.*
Wolfgang Schmidbauer

Über die Folgen eines ‚begrenzten' oder globalen nuklearen Krieges sind wir durch die fatalen Erfahrungen von Hiroshima und Nagasaki, die zahlreichen Atombombentests der fünfziger und sechziger Jahre sowie verschiedene modellartige Szenarien recht gut informiert. Im Vergleich dazu wissen wir wenig über die seelischen Reaktionen der Menschen, die mittelbar oder unmittelbar mit diesen Vernichtungsgeräten umzugehen haben, ob sie diese nun bewachen oder pflegen, Vorwarngeräte beobachten oder automatische Entscheidungshelfer kontrollieren oder ob sie kriegsträchtige Verwicklungen zwischen den Staaten entflechten sollen. Dabei ist die Verhaltensweise dieses vielschichtigen Personenkreises für unser Schicksal bedeutsamer als die bloße Existenz der Atomwaffen.

Das vorliegende Buch gibt uns mannigfache Einblicke in die Unberechenbarkeit menschlichen Verhaltens unter dem Druck schwerwiegender Entscheidungen und ungünstiger Umweltbedingungen. Die exakte retrospektive Analyse von Großunfällen, von geglückten und mißlungenen Interventionen zwischenstaatlicher Krisen, aber auch Versagen und Flucht aus Dauerstreß und professioneller Langeweile in Drogen und Alkohol, die empfindlichen Nahtstellen zwischen komplexen Technologien und individueller Entscheidungsfreiheit werden unter die Lupe genommen. Ist doch die aktuelle Handlungsweise eines Menschen nicht nur von biographisch bedingten, aber doch einigermaßen kalkulierbaren persönlichen Konstanten abhängig, sondern auch von stark schwankenden momentanen Variablen wie Emotionen, Stimmungen, körperlichen Schmerzen, familiären Sorgen.

Der Zeiger der ominösen ‚Atomkriegsuhr' des ‚Bulletin of Atomic Scientist', der drei Jahrzehnte lang um 7 bis 12 Minuten vor Mitternacht oszillierte, ist inzwischen auf 3 Minuten vor Zwölf vorgerückt. Haben wir die Fähigkeit, auf das Menetekel der atomaren Bedrohung adäquat zu reagieren?

München, im Juli 1986

Prof. Dr. med.
Herbert Begemann

Vorwort

Bei der jährlichen Konferenz der British Psychological Society am 10. April 1983 wurde in einer öffentlichen Sitzung angeregt, einen Bericht über den Beitrag der Psychologie zur Atomwaffendiskussion zu veröffentlichen. Die Stellungnahme sollte sich auf bestimmte Bereiche dieses großen Gebietes beschränken und einen objektiven Überblick über die entsprechenden psychologischen Forschungsergebnisse bieten.

Der Vorschlag wurde am 21. Mai 1983 von der British Psychological Society aufgegriffen, die Dr. James Thompson bat, in Zusammenarbeit mit anderen Psychologen einen Bericht zu den folgenden Punkten zu erarbeiten: Die psychologischen Theorien, auf denen die gegenwärtige Zivilschutzplanung beruht und die wahrscheinliche psychische Verfassung derjenigen, die die unmittelbaren Auswirkungen einer Atombombenexplosion überlebt haben; menschliches Versagen und das Risiko einer unabsichtlich ausgelösten Atomexplosion; Konflikte und Verhandlungen. Diese Veröffentlichung darf natürlich nicht unabhängig von Forschungsergebnissen aus der Medizin, Physik und Meteorologie, sowie von politischen und militärischen Theorien betrachtet werden.

Da dem Vorstand daran gelegen war, in der zu veröffentlichenden Schrift einen rein wissenschaftlichen, wertungsfreien Überblick über die dazu relevante Forschung zu bieten, einigte man sich darauf, daß dabei der gleiche, strenge Überarbeitungsprozeß durchlaufen werden sollte, der für die in den Blättern der Gesellschaft erscheinenden wissenschaftlichen Beiträge üblich ist. Dr. Chris Leach, Vorsitzender des Zeitschriftenkomitees der Gesellschaft und erfahrener Herausgeber einer der Zeitschriften, wurde gebeten, als Herausgeber der Veröffentlichung zu fungieren. Der erste Entwurf wurde dann an sieben anonyme Sachverständige weitergegeben, alles hervorragende britische Psychologen, die aufgrund ihrer Fachkenntnisse als Experten für die einzelnen inhaltlichen Bereiche ausgewählt worden waren. Ihre Vorschläge wurden in die endgültige Version eingearbeitet, die nochmals von zwei der ursprünglichen Sachverständigen durchgesehen wurde. Diese Veröffentlichung ist daher einer gründlicheren und eingehenderen Überprüfung unterzogen worden als es sogar für die sorgfältig, von gleichrangigen Wissenschaftlern anonym überarbeiteten Beiträge in den Blättern der Gesellschaft selbst üblich ist.

Das Buch handelt nicht von der Unmoral eines mit Atomwaffen oder konventionell geführten Krieges und auch nicht von der gegenwärtigen Abrüstungspolitik. Vielmehr bietet es dem Leser eine breite Informationsgrundlage, aufgrund derer er sich seine eigene Meinung zum Thema Atomkrieg bilden kann, und zeigt Möglichkeiten auf, wie psychologisches Wissen auf diesem Gebiet hilfreich eingesetzt werden kann.

Wir, die Unterzeichneten, hatten jeweils das Amt des Präsidenten der British Psychological Society inne, als dieses Buch zu den psychologischen Aspekten des Atomkriegs im April 1983 geplant und im März 1985 herausgegeben wurde. Das Buch gilt als Stellungnahme des Vorstands der Gesellschaft zu diesen wichtigen Themen.

Professor Ian Howarth, Präsident der British Psychological Society 1984–1985

Dr. Halla Beloff, Vize-Präsident der British Psychological Society 1984–1985; Präsident der British Psychological Society 1983–1984

Januar 1985

Danksagungen

Meine Aufgabe war es, sowohl Herausgeber wie Autor zu sein; sehr viele Leute haben Material, Literaturhinweise, Ideen und Ratschläge beigesteuert. Für die Auswahl dessen, was übernommen wurde, bin ich selbst verantwortlich.

Den wissenschaftlichen Hintergrund für die Beschreibung der physikalischen Verwüstung durch einen Atomkrieg lieferten mir Phil Steadman und Owen Greene von der Open University, von deren Veröffentlichungen zu diesem Thema ich ausgiebig Gebrauch machte. Vladimir Alexandrov vom Rechenzentrum der Akademie der Wissenschaften der UdSSR informierte mich über zusätzliche Befunde hinsichtlich der möglichen klimatischen Konsequenzen eines Atomkrieges.

Das grundlegende Material zum Thema Zivilschutz stammt von John Churcher und Elena Lieven von der Universität in Manchester. Ihnen bin ich auch Dank schuldig für einen Großteil der Arbeit zu den psychologischen Konsequenzen von Katastrophen. Professor Rachel Rosser war so freundlich, mögliche Reaktionen auf Katastrophen mit mir zu diskutieren und mich auf weitere Literatur hinzuweisen, die erst nach ihrer eigenen Veröffentlichung erschienen ist.

Informationen über menschliches Versagen erhielt ich von einer Forschungsgruppe um Chris Cull und Aleda Erskine. Margaret Ballard lieferte mir zusätzliche Daten zum Drogenmißbrauch bei Armeeangehörigen. Auch die Mitarbeiter am Institut für die Erforschung von drogenbedingten Störungen waren mir bei meiner Suche nach relevantem Material eine große Hilfe.

Professor Davis Canter von der Guilford Universität gab mir Unterlagen über Möglichkeiten der Unfallverhütung.

Einen Einblick in die Themen der Verhandlungsführung und Konfliktlösung ermöglichte mir Dr. Oppenheim von der Wirtschaftsuniversität in London, der mir auch viel hilfreiches Material zur Verfügung stellte.

Besonderen Dank schulde ich Herb Blumberg, der mir viele Fotokopien angefertigt, bei der Literatursuche geholfen und die ersten

Entwürfe einiger der ersten Abschnitte durchgesehen hat. Herbert Abrams von der Harvard Medical School machte mich auf neuere Ergebnisse im Bereich der Unfallforschung aufmerksam, und Milton Leitenberg vom schwedischen Institut für Internationale Angelegenheiten lieferte mir unzählige Schriften und Literaturhinweise zum Thema Rüstungskontrolle; er sah auch den ersten Entwurf des Kapitels über Unfälle durch.

Bill Ury diskutierte mit mir über Theorie und Praxis nuklearer Verhandlungsgespräche. Seine Arbeit trug wesentlich zum Abschnitt über Konfliktlösung bei.

Im Rahmen des Beurteilungsprozesses des Vorstands begutachteten fünf anonyme Professoren, alle Mitglieder der British Psychological Society, die erste Fassung der Arbeit. Alle machten hilfreiche Vorschläge, boten zusätzliche Literaturhinweise an und lieferten in einigen Fällen auch detaillierte, kritische Kommentare. Dieser Überarbeitungsprozeß hat dieses Buch beträchtlich verbessert, auch wenn es nicht möglich war, jeden Vorschlag in die endgültige Version zu übernehmen. Ich bin allen für ihre Hilfe sehr dankbar.

Chris Leach hatte als erfahrener Herausgeber ein Auge sowohl auf den ersten Entwurf wie auch auf die fünf Beurteilungen der Sachverständigen. Zusammen gelang es uns, diese Kommentare in eine zweite Fassung einzuarbeiten, und ich danke ihm sehr für seine Arbeit.

Margaret Ballard las und kommentierte alle Abschnitte des Buches und half mir in jedem Stadium seiner Fertigstellung. Darüberhinaus mußte sie viele unausgefüllte Abende in Kauf nehmen, so daß ich ihr doppelten Dank schulde.

Mein besonderer Dank gilt Joyce Collins und Christopher Feeney, die unter beträchtlichem Zeitdruck die einzelnen Beiträge zusammengestellt und das Sachregister erstellt haben.

Alle, die mir freundlicherweise geholfen haben, sind hier nochmal aufgeführt:

Dr. Herbert Abrams
Dr. Vladimir Alexandrov
Ms. Margaret Ballard
Dr. R. Benjamin
Dr. Michael Berger
Dr. H. P. Blumberg
Mr. Stuart Britten
Prof. David Canter

Dr. David Childs
Dr. Eric Chivian
Mr. John Churcher
Prof. W. P. Colquhoun
Ms. Chris Cull
Dr. Malcolm Dando
Prof. Lloyd Dumas
Prof. J. Richard Eiser
Ms. Aleda Erskine
Dr. Chris French
Dr. Owen Green
Prof. Robert Green
Dr. James Hemmings
Dr. Nick Humphrey
Dr. Chris Leach
Dr. Milton Leitenberg
Dr. Elena Lieven
Prof. Robert Jay Lifton
Dr. Stuart Linke
Dr. C. R. Mitchell
Prof. T. Moore
Prof. John Morton
Dr. A. N. Oppenheim
Prof. Mike Penz
Dr. Gwyn Prins
Prof. Rachel Rosser
Dr. J. Rowan
Dr. Philip Steadman
Prof. G. Stephenson
Prof. Barbara Tizard
Dr. Marian Tysoe
Dr. William Ury
Dr. Valerie Yule

Einleitung

Dieses Buch ist in drei Themenbereiche gegliedert. Im ersten Teil geht es um die Frage, wie Menschen im Falle eines Atomkrieges wahrscheinlich reagieren werden. Hier fehlen direkt gewonnene Forschungsergebnisse, so daß aus Untersuchungen über Reaktionen auf andere Katastrophen Rückschlüsse gezogen werden müssen. Anschließend werden die entsprechenden Konsequenzen für den Zivilschutz besprochen. Im zweiten Teil wird die Möglichkeit einer unbeabsichtigten Atomexplosion diskutiert. Die Grundlage dafür bilden Forschungsergebnisse zu menschlichem Versagen aus der psychologischen Unfallforschung und Studien zur Entscheidungsfindung im militärischen und politischen Bereich. Der dritte Teil beschäftigt sich schließlich mit der Psychologie der Verhandlungsführung und der Konfliktlösung, die Möglichkeiten bietet, das Risiko eines Atomkrieges zu verringern.

Psychische Reaktionen im Falle eines Atomkrieges

Sowohl die physischen wie auch die psychischen Auswirkungen eines Atomangriffs sind für uns schwer zu ermessen. Die Grenzen unseres psychologischen Wissens und die fehlende Erfahrung mit schweren Katastrophen verleihen jedem Versuch, ein solches Ereignis zu begreifen, ein gewisses Maß an Unwirklichkeit. Ein derartiger Angriff ist für uns umso schwerer zu verstehen, je größer seine Auswirkungen sind. Wenn man die vorhandenen Forschungsergebnisse jedoch sorgfältig untersucht, kann man manchen Rückschluß ziehen.

Zunächst zeigt sich deutlich, daß die Wahrscheinlichkeit eines Atomkrieges in der Öffentlichkeit höher eingeschätzt wird, als man oft vermutet. Neuere Untersuchungen ergaben, daß 35% bis 50% der Menschen einen solchen Krieg für wahrscheinlich halten, und besonders unter jungen Leuten steigt dieser Prozentsatz an. Die häufigste Reaktion darauf ist jedoch eine Art „Verleugnen", ein Nicht-Akzeptieren der psychischen (oder wirklichen) Gefahr. Diese Reaktion ist eng verflochten mit der lebensnotwendigen Überzeugung, unverwundbar zu sein, die es uns in Zeiten extremer Gefahr ermöglicht, weiterhin normal zu funktionieren.

Auch nach den ersten Vorwarnungen wird das Leugnen der Gefahr für einen bestimmten Bevölkerungsanteil charakteristisch sein, während andere vorbeugende Maßnahmen ergreifen werden. Wenn sich die Warnungen verdichten und als offiziell akzeptiert werden, wird sich die Angst steigern. Die Auswirkungen dieser vermehrten Angst auf das Verhalten sind verschieden. Zu einem gewissen Grad werden die Reaktionen der Menschen davon abhängen, wie zahlreich und wertvoll die Hinweise darüber sind, wie sie sich zu verhalten haben. Je geringer und uneinheitlicher die Informationen sind, desto mehr wird sich das Verhalten nach dem anderer richten. Viele, besonders junge Menschen, werden versuchen, aus den Städten in die ländlichen Bereiche zu flüchten, die weniger stark gefährdet sind. Familiäre Bindungen werden Priorität haben, so daß sich Familien zusammenfinden werden. Familiäre Einflüsse werden auch für die aufgestellten Rettungsmannschaften vorherrschend sein, so daß diejenigen mit den engeren familiären Bindungen ihre offiziellen Verpflichtungen vernachlässigen werden. Jeder Versuch, das zu verhindern oder den Menschen irgendwelche Beschränkungen aufzuerlegen, wird die Angst eher steigern und die entsprechenden Reaktionen nur verstärken.

Nach der Explosion einer Atombombe besteht, entgegen der allgemeinen Annahme, die generelle Reaktion nicht in einer Massenpanik. Nach anfänglicher Euphorie darüber, daß man überlebt hat, wird diese dem Katastrophen-Syndrom Platz machen. Typische Katastrophenopfer sind apathisch, fügsam, unentschlossen, gefühlsarm und verhalten sich mechanisch. Auch diejenigen, die unverletzt geblieben sind, werden in vielen Fällen gravierende psychische Störungen aufweisen.

Der Grad der psychischen Belastung bei den Überlebenden steigt mit der Stärke jedes Angriffs. Entsprechend wird auch mehr Zeit vergehen, bis sich die meisten Menschen ausreichend erholt haben, um zu einem einigermaßen normalen Verhalten zurückzufinden. Bei einigen werden diese Folgen anhalten und viele von ihnen werden dadurch erheblich behindert sein. Die konventionellen Mittel, den Menschen zu helfen mit derartigen Belastungen fertig zu werden, können wahrscheinlich nicht bei allen Betroffenen eingesetzt werden, selbst wenn man nur von einer einzelnen Atomexplosion über einem Stadtgebiet ausgeht. In einem solchen Fall wird jedoch Hilfe aus nicht betroffenen Gebieten eine allmähliche Normalisierung unterstützen können. Bei größeren Angriffen, von denen weitere Gebiete betroffen sind, verringern sich die Chancen für eine Rückkehr in die Normalität. Die psychischen Schäden werden dann Ausmaße annehmen, die für viele Überlebende das für ein Leben in einer Gemeinschaft notwendige soziale Verhalten unmöglich machen.

Menschliches Versagen

Immer, wenn der Mensch innerhalb eines Systems eine Funktion erfüllt, besteht das Risiko menschlichen Versagens. Obwohl hochentwickelte Systeme eingebaute Sicherungen enthalten, so sind sie doch meistens auf der Grundlage menschlicher Vernunft und auf der Voraussetzung aufgebaut, daß die Leistung des Menschen auf einem hohen Arbeitsniveau über längere Strecken beibehalten werden kann. Psychologische Ergebnisse zeigen jedoch, daß die Fähigkeit, vernünftige Entscheidungen zu treffen, unter Streßbedingungen und unter erhöhtem Zeitdruck nachläßt. Keiner kann sich diesen Einflüssen entziehen.

Die psychologische Unfallforschung hat einige Faktoren beleuchtet, die die sachkundige Ausführung einer Tätigkeit beeinträchtigen können. Umwelteinflüsse wie Lärm, Licht, Temperatur und das Ausmaß an sozialer wie sensorischer Stimulation können menschliche Denkprozesse direkt beeinflussen. Diese Faktoren können aber auch indirekt über ihren Einfluß auf die Stimmung des Einzelnen wirken. Die subjektive Befindlichkeit kann außerdem durch die Einnahme von Drogen oder Alkohol zeitweise beeinträchtigt sein, die die Leistungen ebenfalls direkt beeinflussen. Auch erprobte, zuverlässige Systeme haben schon versagt, weil Menschen kleine Fehler machten, durch die sie emotional so beeinflußt wurden, daß sich die Wahrscheinlichkeit für weitere Fehler erhöhte.

Viele der Faktoren, die die Leistung auf diese Weise beeinflussen können, spielen in den Kontrollzentren für Atomwaffen eine Rolle. Je mehr man sich auf automatische Anlagen verläßt und je komplexer die Kontrollsysteme werden, desto eher kann das Bedienungspersonal von der zu verarbeitenden Informationsmenge überfordert und damit die Funktionstüchtigkeit gestört werden. Die ergonomische Forschung hat den für die Planung solcher Kontrollsysteme Verantwortlichen einiges zu bieten. Auch die Psychologie kann beim Testen von Personal, besonders im Militärischen Bereich, hinsichtlich der Eignung für Aufgaben im Zusammenhang mit Atomwaffen hilfreich sein.

Auch wenn die Sicherheitsmaßnahmen ständig verbessert werden, um eine unbeabsichtigte Explosion zu verhindern, könnte doch menschliches Versagen zu einem nicht geplanten Atomangriff führen. Streß und erhöhter Zeitdruck beeinflussen nicht nur die Leistungen einzelner Personen, sondern auch die vernünftige Funktionsweise von entscheidungsfähigen Gruppen, zum Beispiel die eines „Kriegskabinetts". Die psychologische Erforschung von Gruppenprozessen hilft uns, zu verstehen, wie in einer solchen Situation rigide und einseitige Positionen aufrechterhalten, Mißverständnisse verstärkt und gültige Informationen ignoriert oder verzerrt werden können. In Zeiten erhöhter Spannung können unangebrachte Reaktionen auf mehrdeutige Ereignisse eine Krise gefährlich verschlimmern.

Diese Faktoren zeigen im Zusammenhang mit den bei den modernen Waffensystemen erforderlichen kürzeren Entscheidungsfristen, daß im Atomzeitalter Entscheidungen in Krisensituationen unweigerlich sehr riskant sind.

Verhandlungsführung und Konfliktlösung

Die Kenntnis psychologischer Prozesse kann uns vielleicht neue Wege zu produktiven Verhandlungsweisen zeigen. Eine sinnvolle Verhandlung kommt nur durch eine effektive Kommunikation zustande. Außerdem muß man berücksichtigen, daß Emotionen eine Rolle spielen.

Wenn diese Emotionen nicht den Verlauf der Verhandlung bestimmen sollen, dann sollte die Möglichkeit bestehen, sowohl beim anderen wie auch bei sich selbst, legitime Ausdrucksformen dafür zu finden. Auf diese Weise kann man auch die Sichtweise der Gegenpartei besser verstehen.

Bestimmte psychologische Prozesse führen dazu, daß bei Verhandlungsgesprächen feste Positionen eingenommen und aufrechterhalten werden. Diese Mechanismen bilden Barrieren auf dem Weg zu einer erfolgreichen Entscheidungsfindung. Die Forschung auf diesem Gebiet hat Techniken entwickelt, mit deren Hilfe man solche festgefahrene Positionen lockern kann.

Dabei werden die einzelnen Personen vom Problem getrennt und dann die Betonung auf die zugrundeliegenden Interessen der Teilnehmer und nicht auf ihre vorgeblichen Positionen gelegt. Wenn man sicherstellt, daß alle Parteien gemeinsam an einem Aspekt des Problems, nämlich einer für alle akzeptablen Lösung arbeiten, dann können beträchtliche Einstellungsänderungen bewirkt werden. Wenn die Verhandelnden dazu gebracht werden können, in Ruhe verschiedene Lösungsmöglichkeiten zum Nutzen beider Seiten zu entwickeln und sich auf objektive Kriterien für akzeptable Lösungen zu einigen, wird der gesamte Verhandlungsprozeß entschärft und dadurch ein Erfolg wahrscheinlicher.

Aufgrund der Erkenntnis, daß psychologische Faktoren stärker wirken, je mehr Streß und Zeitdruck ansteigen, wird klar, wie wichtig es ist, alles zu tun um eine Krise zu verhindern. Wenn die Politiker davon abgebracht werden könnten, die andere Seite emotional anzugreifen, was den Handlungsspielraum nur einengt, dann können festgefahrene Positionen und verzerrte Sichtweisen reduziert werden. Würden die Debatten zu einem größeren Anteil privat geführt, so könnten die Teilnehmer leichter auf einzelne Vorschläge eingehen. Es wäre weit besser, sich erst privat auf einen gemeinsamen Vorschlag zu einigen, der dann in die Öffentlichkeit gebracht werden kann.

Auch verstärkte persönliche Kontakte und effektivere Kommunikation könnten für den Verhandlungsprozeß sehr hilfreich sein. Ein Schritt in diese Richtung wären Gruppenschulungen für mittlere Führungskräfte im militärischen und zivilen Bereich, bei denen Lösungsstrategien für bestimmte Aufgaben vermittelt werden. Auch das Einrichten eines Krisenkontrollzentrums, das mit einer kleinen Gruppe von Experten für Verteidigung und diplomatische Verhandlungen beider Seiten besetzt ist, könnte eine Hilfe sein. Ein solches Zentrum würde Möglichkeiten der Krisenprävention und Kontrollmaßnahmen erarbeiten, sowie im Fall einer Krise beim Austausch und der Überprüfung von Informationen helfen können.

Es gibt eine ganze Reihe denkbarer gemeinsamer Aufgaben, mit denen sich die Supermächte zusammen befassen könnten. So könnte man zum Beispiel an gemeinschaftlichen Vorgehensweisen bei Krisenberatungen, und an der Verhütung möglicher Atomunfälle arbeiten, wie auch daran, sich in einer Krise die zur Entscheidungsfindung notwendige Zeit zu verschaffen. Mit solchen Aufgaben könnten sich beide Supermächte ohne die Emotionalität beschäftigen, von der jeder Versuch einer Abrüstungsverhandlung begleitet ist. Ein gemeinsames Ziel könnte es außerdem sein, Vermittlungsversuche bei fremden Konflikten zu unterstützen. Gleichzeitig würde damit auch die Gefahr einer wachsenden Spannung zwischen den beiden Supermächten abgebaut werden.

Es gibt bereits eine ganze Anzahl psychologischer Techniken, die anstelle eines fortwährenden Wettstreites einen Prozeß wachsender Kooperation bewirken könnten; diese Methoden stellen sicher, daß die Motivation, den größtmöglichen Vorteil zu gewinnen, durch die Motivation, eine Lösung zu finden, ersetzt wird. Man könnte von solchen Techniken weit mehr Gebrauch machen als es offenbar bei den aktuellen Abrüstungsgesprächen der Fall ist.

1. Die Art der Bedrohung

Ob sich die Wissenschaft – und eigentlich die ganze Zivilisation – halten kann, hängt von der Psychologie ab, das heißt, es hängt von den Wünschen der Menschen ab.

Bertrand Russell (1950)

Wenn man die psychologischen Folgen eines drohenden oder tatsächlich eingetretenen Atomkrieges erfassen will, so muß man zunächst die möglichen physikalischen Folgen einer solchen Katastrophe betrachten. Da das volle Ausmaß der enormen technischen Veränderungen in der Kriegsführung kaum begreifbar ist, ist diese Gefahr nicht leicht zu beschreiben. Auch wenn in der Vergangenheit alle Kulturen immer wieder Naturkatastrophen und Epidemien überstehen mußten, so war doch keine Kultur jemals gezwungen, sich in Erwartung einer so übergreifenden plötzlichen Zerstörung damit auseinanderzusetzen.

Wir können die gewaltigen Auswirkungen von Atomexplosionen deshalb nicht ohne weiteres verstehen, weil es in unserem täglichen Leben keine vergleichbaren Erfahrungen gibt. Die Folgen einer Terroristenbombe mit einigen Pfund Sprengstoff kann man noch überschauen, indem man sich über die verursachten Verletzungen und Schäden informiert, aber die Folgen einer Detonation mit einer Sprengkraft von einer Million Tonnen TNT kann man sich nicht mehr vorstellen. Jeder Versuch, das Ausmaß der zu erwartenden Zerstörung mit den üblichen Mitteln zu beschreiben, hilft unserem Verständnis nur zum Teil weiter. Unser psychologisches Alltagsverständnis gründet sich auf die Annahme, daß sich unsere physikalische Umgebung nur langsam verändert, und meistens machen wir die Erfahrung, daß feste Objekte auf der Erde in etwa an dem Ort bleiben, an dem sie sich befinden, solange man keine Anstrengungen unternimmt, sie fortzubewegen. Es muß schon ein Wirbelsturm oder ein Erdbeben kommen, um diese Voraussetzungen in Frage zu stellen, und solche Ereignisse sind selten. Jeder Versuch, sich einen Atomkrieg vorzustellen, endet an diesem Punkt, und jede Diskussion über dieses Thema wird in gewisser Weise unrealistisch, da wir die Gefahr einer nuklearen Zerstörung, die wir uns selbst geschaffen haben, nur unvollständig erfassen können. Vom psychologischen Standpunkt aus scheinen die zu diskutierenden Ereignisse so unglaubhaft wie unser eigener Tod zu sein.

Das Quellenmaterial

Der Atomkrieg selbst kann nicht mit den traditionellen naturwissenschaftlichen Methoden der Beobachtung, des Experiments und der Wiederholung von Ereignissen untersucht werden, und es ist zu hoffen, daß es nie eine Gelegenheit für die Anwendung dieser Methoden geben wird.

Untersuchungen zu den möglichen Folgen eines Atomkrieges größeren Ausmaßes werden immer mit einem gewissen Unsicherheitsfaktor behaftet sein, und jeder Schätzung müssen sorgfältige Rückschlüsse aus den genauesten verfügbaren Forschungsergebnissen zugrundeliegen. Solche Ergebnisse sind natürlich in bestimmten Gebieten zahlreicher als in anderen. So wurden zum Beispiel seit 1945 die physikalischen Eigenschaften von Atomexplosionen in über 1375 Fällen untersucht (SIPRI 1983). Über die Auswirkungen einer großen Anzahl von über bewohnten Gebieten erfolgten Einzeldetonationen auf die Atmosphäre ist zum Glück noch wenig bekannt (Turco et al. 1983), und die Folgen von Atomexplosionen für die Menschen selbst konnten nur in zwei Fällen beobachtet werden.

Es hat zwar schon zahlreiche Unfälle mit Atomwaffen gegeben, aber deren Schweregrad ist nur schwer einzuschätzen, wenn viele Einzelheiten davon geheimgehalten werden; auch die Wahrscheinlichkeit weiterer Unfälle kann nicht genau bestimmt werden. Die ausführlichen wissenschaftlichen Untersuchungen zu Unfällen auf anderen Gebieten des menschlichen Fortschritts haben jedoch eine wesentliche Bedeutung für Unfälle mit Atomwaffen; diese Befunde kann man sicher nicht ignorieren.

Auch die Angaben zu Anzahl und Zerstörungskraft der einzelnen Waffen sind zweifelhaft; hier wurden, wo es möglich war, unabhängige Quellen verwendet. Der Forschungshintergrund der bekannteren Publikationen wurde von Albrecht et al. (1978) untersucht und dokumentiert. Die Gesamtzahlen der Waffen ist im allgemeinen den Jahrbüchern des internationalen Friedensforschungsinstituts in Stockholm (SIPRI) entnommen, weil diese besser dokumentiert und unabhängig finanziert sind.

Um nukleare Themen überhaupt diskutieren zu können, muß man zunächst einmal aus vielen verschiedenen Quellen Material zusammenstellen und auswerten. Wo die Gültigkeit solchen Materials eingeschränkt ist oder Zweifel hinsichtlich der Ergebnisse bestehen, ist das angegeben. Man kann nur hoffen, daß der Diskussion zum Thema Atomkrieg immer die letzten Nachweise fehlen werden.

Physikalische Wirkungen von Atomwaffen

Zu den physikalischen Wirkungen von Atomexplosionen ist viel geschrieben worden (Glasstone & Dolan 1980, Office of Technology Assessment 1980, Openshaw, Steadman & Greene 1983) und die allgemeinen Charakteristika sind bekannt. Dennoch bleiben viele wichtige Folgen unklar, wie zum Beispiel die Gefahr für die Menschen, die bei geringer radioaktiver Strahlung besteht (Lindop & Rotblatt 1982), und mögliche größere atmosphärische und klimatische Veränderungen (Crutzen & Birks 1983, Turco et al. 1983).

Die Hauptwirkung einer Atomexplosion besteht in einer massiven Druckwelle, die so gewaltig ist, daß sie alles in ihrer Umgebung vollständig zerstört. Ein Lichtblitz und große Hitze setzen dann innerhalb eines größeren Bereichs alles in Brand, und je nachdem, in welcher Höhe über dem Erdboden die Bombe explodiert ist, breiten sich unterschiedliche Mengen radioaktiven Niederschlags über ein noch weiteres Gebiet aus.

Nimmt man zum Beispiel eine Bombe mit einer Sprengkraft von

einer Million Tonnen TNT zum Maßstab, so kann man bei einer Detonation in einer Höhe von etwa 2000 Metern davon ausgehen, daß alle Gebäude im Umkreis von etwa 4 Kilometern völlig zerstört und innerhalb eines Bereichs von bis zu 16 Kilometern beschädigt wären. Insgesamt wären etwa 260 Quadratkilometer betroffen, und sogar die Menschen in 40 Kilometern Entfernung können von der Helligkeit der Explosion noch geblendet werden. Mit diesen nüchternen Tatsachen kann man jedoch in keiner Weise hinreichend beschreiben, was bereits die Menschen in den äußersten Bereichen der Explosionszone erleben werden. Das erste sichtbare Zeichen der Explosion ist ein Lichtblitz, der so hell ist, daß sogar seine Reflektion noch Blindheit verursachen kann. Die diesem Licht ausgesetzten Hautpartien erleiden Verbrennungen zweiten Grades. Darauf folgt eine Druckwelle, die alles zerstört, auf das sie trifft, bis sie mit verminderter Kraft nach etwa 16 Kilometern zwar noch Fenster eindrückt und Bäume entwurzelt, Gebäude jedoch in einem, zumindest in Friedenszeiten, reparablen Zustand stehenläßt. Danach kann sich in Abhängigkeit von der Höhe der Explosion radioaktiver Niederschlag verbreiten. Stärkere Radioaktivität ist nur dann zu erwarten, wenn die Detonation am Boden erfolgt. Dann würde ein Teil der Druckwelle von der Erde abgefangen werden, die dann radioaktiv verseucht in die Atmosphäre geschleudert würde, wobei ein großer Krater zurückbliebe.

Eine am Boden explodierende Bombe von einer Megatonne hat zur Folge, daß in einem Umkreis von etwa 3 Kilometern 98%, innerhalb eines Bereichs zwischen 3 und 4 Kilometern 50% und in einer Entfernung von 8 Kilometern noch 5% der Bevölkerung getötet werden. 15 Kilometer vom Zentrum der Explosion entfernt müßte noch mit 25% Verletzten gerechnet werden (Office of Technology Assessment 1980).

Diese Zahlen gelten nur für die unmittelbaren Folgen und sind daher niedriger als die Zahlen für einen Zeitpunkt drei Monate später, wenn die neuen Todesfälle, bedingt dadurch, daß viele Verletzte nicht versorgt werden können, und so an Seuchen oder Unterernährung sterben oder erfrieren, miteinberechnet sind. Auf diesen Punkt kann hier nicht näher eingegangen werden, aber es gibt dazu ausführliche Untersuchungen (BMA Report 1983, IPPNW 1982, AMBIO 1983).

Der Bestand an Atomwaffen

Man ist sich allgemein darüber einig, daß die Anzahl der vorhandenen Atombomben insgesamt über 50 000 liegt (SIPRI 1982). 18 500 davon sind Bomben, die von Flugzeugen oder Raketen über interkontinentalen Zielen abgeworfen werden können (SIPRI 1984). Die übrigen haben geringere Wirkungsbereiche, auch wenn die Nutzbarkeit vieler dieser Waffen viel Spielraum zuläßt. Eine voll geladene Rakete hat vielleicht eine kurze Tragweite, reicht jedoch bedeutend weiter, wenn sie mit nur einem Sprengkopf ausgestattet ist. Die Klassifikation der Waffen in angeblich unveränderbare Kategorien ist sehr fragwürdig, da man im Falle eines Krieges wohl auch improvisierte Methoden benutzen wird, um die Bomben an ihre Ziele zu bringen.

Wahrscheinliche Ziele in Großbritannien

Jede Atommacht erstellt Pläne, wo sie ihre Bomben abwerfen wird, und in groben Umrissen sind diese Pläne bekannt. Die wichtigsten Ziele sind immer die Standorte der gegnerischen Atomwaffen, danach die konventionellen militärischen Ziele wie Flughäfen, Kommandozentralen und Kommunikationszentren. Danach kommen Ziele, deren Zerstörung es einem Land erschwert, einen länger andauernden Krieg durchzuhalten, wie zum Beispiel Häfen, Industriegebiete einschließlich der Waffenindustrie, und atomare wie auch konventionelle Kraftwerke. Man geht davon aus, daß die vorsätzliche Vernichtung der Zivilbevölkerung keine Priorität hat.

Aufgrund der Kenntnisse über die Zielstrategien ist es nun möglich, sich vorzustellen, wie ein Atomangriff auf Großbritannien ablaufen würde. Openshaw, Steadman und Greene (1983) haben eine solche Untersuchung durchgeführt. Ihre Ergebnisse werden hier vor allem deshalb übernommen, weil es sich dabei um die genaueste landesweite Studie zu den Folgen eines Atomkriegs in Großbritannien handelt. Nimmt man an, daß sich ein potentieller Feind an den vermeintlich vernünftigen Plan hält, alle militärischen Ziele zu zerstören, dann wäre, wenn man von einer Bombenmasse von bis zu 215 Megatonnen ausgeht, die wahrscheinlichste Anzahl der unmittelbar bei dem An-

Abb. 1: Verzeichnis der Atomkraftwerke und Waffenstützpunkte der BRD
(Quelle: Die Grünen, Geschäftsstelle, Colmantstraße 36, 5300 Bonn 1)

griff Getöteten etwa 35 Millionen. Dazu kämen etwa 5 Millionen Schwerverletzte. Geht man bei der Berechnung der Folgen von geringeren Ausmaßen des Angriffs aus, so steigt die Zahl der Toten konstant mit dem Ausmaß der Bombenmasse in einem Verhältnis von etwa einem Getöteten pro 5 Tonnen Sprengstoffs. Über 215 Megatonnen steigt die Anzahl der Toten relativ langsamer, weil dann den Angreifern buchstäblich die zu tötenden Menschen ausgehen. Wenn der potentielle Angreifer es andererseits darauf anlegen sollte, möglichst viele Zivilpersonen zu töten, dann können 10 Atombomben, abgeworfen über den am dichtesten besiedelten Ballungsgebieten, etwa 10 Millionen Menschen töten oder schwer verletzen.

Folgen eines Atomkrieges

Unmittelbare Folgen

Wenn man die wahrscheinliche psychische Verfassung der Überlebenden abschätzen will, muß man das Ausmaß des Angriffs mit in Erwägung ziehen. Man erwartet allgemein, daß es umso schwerer sein wird, aktuelle Forschungsergebnisse darüber, wie Menschen auf Katastrophen reagieren, auf die Überlebenden einer Atomkatastrophe anzuwenden, je schwerer die Zerstörung ist.

Die Untersuchung der Auswirkungen verschiedener Angriffsstärken und die Berechnung der wahrscheinlichen Anzahl von Opfern sind von mehreren wichtigen Voraussetzungen abhängig. So ist für die geschätzte Anzahl der Brandopfer wesentlich, von welchem Anteil der Bevölkerung man annimmt, daß er sich im Freien aufhält; allerdings beeinflußt das die gesamte Berechnung der Opfer nur dann, wenn sich mehr als 30% der Bevölkerung im Freien aufhalten.

Die Windrichtung ist nur bei Explosionen nahe an der Erdoberfläche von Bedeutung, da bei Explosionen in größerer Höhe wahrscheinlich das ganze Land betroffen sein wird. Die wesentliche Voraussetzung bei der Berechnung der wahrscheinlichen Zahlen der Opfer ist das Ausmaß des Strahlenschutzes durch Gebäude. Optimistische Annahmen können die Opfer-Rate in extremen Fällen um 5 Millionen reduzieren, und es scheint, als gingen die offiziellen Berechnungen von einem hohen Maß an Strahlenschutz durch Gebäude aus. Die meisten Häuser bieten aber weniger Schutz als offiziell erwartet wird, und sie werden noch weniger schützen können, wenn sie durch die Druckwelle beschädigt worden sind. Dieser Faktor ist von größerer Bedeutung als jede Spekulation darüber, wo genau innerhalb des allgemein akzeptierten Bereichs zwischen 450 und 600 rad[1] die für den Menschen tödliche Strahlendosis liegt (Openshaw, Steadman & Greene 1983).

Spätfolgen

Zu allen Spekulationen bei der Berechnung der unmittelbaren Opfer eines Atomangriffs müssen die noch vageren Zahlen weiterer Todesfälle hinzugerechnet werden, die in den darauffolgenden Monaten aufgrund sekundärer Folgen eintreten. Die Aussichten sind nicht sehr beruhigend. Bei einem Angriff mit insgesamt mehr als 200 Megatonnen Sprengkraft werden 60% der Gebäude völlig zerstört oder schwer beschädigt und jedes Fenster zerbrochen sein. Die Häfen für die Öltanker werden wahrscheinlich zerstört sein, so daß die überlebenden Industriezweige stark eingeschränkt sein werden, vorausgesetzt, daß der internationale Handel überhaupt weiterläuft. Das Gasverteilungssystem wird nicht funktionieren und eine potentielle Gefahr darstellen. Bergwerke bleiben zwar von den direkten Auswirkungen der Bomben verschont, sind aber von intakten Elektrizitätssystemen für die Belüftung und Bewässerung abhängig, andernfalls sind sie nicht zu betreiben. Die Elektrizitätsversorgung funktioniert nicht, weil Leitungen unterbrochen, die Kontrollsysteme durch die elektromagnetischen Wellen stark geschädigt und die Kraftwerke zerstört sind. Gezielte Angriffe auf Kernkraftwerke sind sehr wahrscheinlich, da diese enorme materielle Investitionen darstellen und außerdem möglicherweise die Stromversorgung aufrechterhalten können, wenn die konventionellen Systeme nicht mehr funktionieren. Druckwellenschäden im Bereich zwischen 4 bis 20 psi[2] von einer in der Nähe explodierenden Bombe reichen aus, um Luftfilter, Hilfstransformatoren und Kühlmittelleitungen zu zerstören, was dann zu einem Schmelzen des Kerns und einer Freigabe des Inhalts führen kann. Ein direkter Treffer würde das radioaktive Material, das Isotopen wie Strontium 90 und Caesium 137 enthält, die extrem lange Halbwertzeiten haben, über ein großes Gebiet verbreiten. Ein Bombenangriff auf die ungeschützten Atommüllbehälter in Sellafield (Windscale) würde zu einer sogar noch länger andauernden Verseuchung führen.

Der Schaden für die Industrie wäre groß. Die Wasservorräte wären mit radiaktivem Fallout und Abwässern versucht, und die gesamten unverseuchten Lebensmittelvorräte im ganzen Land würden weniger als 14 Tage ausreichen. Die automatisierte Landwirtschaft könnte ohne Benzin nicht betrieben werden, das Vieh würde schon bei einer geringeren Strahlendosis, als sie für den Menschen tödlich ist, eingehen und die Druckwelle würde die Bäume zum Umstürzen bringen (Openshaw, Steadman & Greene 1983, AMBIO 1983). Die Aussichten auf eine wirtschaftliche Erholung ohne massive Hilfe von anderen, nicht geschädigten Industrienationen wären sehr gering. Kulturelle Schäden, wie zum Beispiel die Vernichtung der großen Bibliotheken, der Universitäten und des architektonischen Erbes des Landes würden außerdem jede überlebende Gesellschaft ärmer machen und ihr auch den Zugang zu den für eine Wiederherstellung notwendigen Kenntnissen verwehren.

Zusätzlich kann ein Atomkrieg die Ozonmenge in der Stratosphäre verringern (Petrov 1983). Der in der Atmosphäre verbleibende Rauch von den Bränden könnte das Sonnenlicht einige Wochen lang oder länger stark reduzieren, was deutliche Temperaturrückgänge und schwere Auswirkungen auf Klima und Ernte zur Folge hätte (Crutzen & Birks 1983). Turco et al. (1983) haben detaillierte Simulationen mit unterschiedlichen Rauch- und Staubmengen angestellt, und Alexandrov und Stenchikov (1983) beschreiben ein Modell, das zu ähnlichen Schlußfolgerungen führt. Wenn diese Berechnungen stimmen, dann könnten die die gesamte Erde betreffenden Spätfolgen schlimmer sein als die diese auslösenden Explosionen selbst. Bei Schätzungen dieser globalen Auswirkungen werden mit ziemlicher Sicherheit immer beträchtliche Unsicherheiten bestehen bleiben.

Schlußfolgerungen

Angriffe von der Art wie sie von der militärischen Planung für wahrscheinlich gehalten werden, werden einen so gewaltigen Schaden anrichten, daß die gesamte Zivilisation in Großbritannien vernichtet wäre. Daher muß man bei jeder Voraussage hinsichtlich der wahrscheinlichen psychischen Reaktionen bis an die äußerste Grenze der Vorstellungskraft gehen. Nur wenige Atombomben, die über den städtischen Ballungsgebieten gezündet würden, würden die schlimmste Katastrophe darstellen, die das Land seit den Zeiten der Pest erlebt hat.

2. Reaktionen bei Katastrophen

Keine aus der Geschichte bekannte Katastrophe ist mit der potentiellen Vernichtung durch einen Atomkrieg vergleichbar. Dennoch können wir aus vergangenen Katastrophen schließen, wie die Überlebenden einer Atomkatastrophe möglicherweise reagieren werden. Jedoch muß man bei der Interpretation der Ergebnisse die Unterschiede, die einen Vergleich verschweren, immer sorgfältig im Auge behalten.

Örtlich begrenzte Katastrophen, wie Explosionen und Brände, können uns nur zum Teil zeigen, wie die Reaktionen aussehen könnten; bei einem Atomkrieg müßte man sich diese Einzelkatastrophen allerdings über ganze Kontinente hinweg aneinandergereiht vorstellen. An Erdbeben und Flutkatastrophen zeigen sich die Folgen größerer und allgemeinerer Zerstörung besser, obwohl es dabei wieder entsprechend schwieriger ist, die Reaktionsweise der einzelnen Menschen in einem größeren Rahmen auszuwerten. Diese Katastrophen unterscheiden sich alle dadurch von einer Atomkatastrophe, daß außerhalb des Katastrophengebiets immer noch eine unversehrte Welt existiert, die Hilfe leisten kann. Außerdem werden die nicht meßbaren Folgen der radioaktiven Strahlung jeden Rettungsversuch verzögern, da der Großteil der Bevölkerung nicht einschätzen können wird, ab wann man die verbliebenen Schutzräume ohne Gefahr verlassen kann. Elektromagnetische Impulse werden wahrscheinlich die Kommunikationsnetze schwer beschädigt haben, die für alle effektiven Hilfsmaßnahmen unabdingbar sind. Aber vor allen Dingen wäre die materielle Vernichtung so groß, daß jede Rettungsmaßnahme, selbst wenn sie organisiert werden könnte, zwecklos wäre. Die meisten Menschen wären nur auf ihr eigenes Überleben bedacht, und das Gefühl, selbst im Zentrum der Katastrophe zu stehen, wie es für Katastrophenopfer typisch ist, wäre für viele wohl nicht nur eine Illusion, sondern Wirklichkeit. Die meisten würden glauben, sie befänden sich im Kern der Katastrophe, und eine solche Annahme wäre wohl auch ausreichend begründet, da die meisten von ihnen die

Vernichtung von Menschen und Material erlebt haben werden, wenn auch das Ausmaß der beobachteten Zerstörung von der Entfernung zum wirklichen Zentrum der Explosion abhängig ist.

Die Analyse menschlicher Reaktionen bei Katastrophen

Auch wenn vergangene Katastrophen für die Zukunft nur unzulängliche Vergleichsmöglichkeiten bieten, muß man sich mit ihnen befassen, wenn man mögliche zukünftige Reaktionen verstehen will. Bei Lievesley (1979) finden sich in einer Studie zu Katastrophen und geplanten öffentlichen Hilfsmaßnahmen über 400 Literaturhinweise. Kinston und Rosser (1974) machen 117 solche Angaben, und schließlich haben Churcher et al. (1981) die ganze Literatur auf das Thema Atomkrieg hin durchgesehen.

Kinston und Rosser (1974) berichten über die psychischen Auswirkungen von Katastrophen, die sie als massive kollektive Streßsituationen definieren. Sie versuchen, aus der umfangreichen und ungeordneten Literatur zu menschlichen Reaktionen auf Katastrophen einige Schlußfolgerungen zu ziehen. Dabei scheuen sie sich oft, diese Reaktionen vollständig zu untersuchen, so als wollten die Forscher ihre Augen vor den Ergebnissen verschließen. Erst nach 17 Jahren wurde der erste Versuch gemacht, die psychologischen Konsequenzen der Atombombenexplosionen in Hiroshima und Nagasaki zu untersuchen. Selbst bei Zivilschutzübungen, bei denen simulierte Katastrophen bewältigt werden sollen, wird nicht auf die dringlichen psychischen Bedürfnisse der Opfer eingegangen. Man ist sichtlich abgeneigt, sich mit dem Elend persönlicher Tragödien zu befassen. Bei der Katastrophenübung von Hartford („Hartford Disaster Exercise") (Menczer 1968) stellte sich heraus, daß Rettungsmannschaften angesichts schwerer Verletzungen beunruhigt und verwirrt reagierten, was dazu führte, daß die „Opfer" unbequem und unsachgemäß gelagert wurden. Nie blieb ein Helfer bei einem Verletzten, um Trost oder Zuspruch anzubieten, obwohl die Opfer gerade das am nötigsten bräuchten.

Auch wenn eine schnelle und effektive Versorgung der Verletzten möglich ist, wie bei den von Cobb und Lindemann (1944) geschilderten Brandopfern, und auch bei ausgezeichneter Organisation und den bestmöglichen Vorkehrungen zur Minderung der psychischen Belastung, zeigten 43% der Überlebenden Symptome psychischer Erkrankungen. Das zeigt die dringende Notwendigkeit, so weitgehend wie möglich zu untersuchen, auf welche Weise Menschen auf Katastrophen reagieren, und sich darüber klar zu sein, daß gewöhnlich seelische Störungen die Folge sind.

Trotz dieses Zögerns, die Konsequenzen von Katastrophen zu untersuchen, konnte man doch einige Merkmale bestimmen. Kinston und Rosser benutzten ein auf der Arbeit von Tynehurst (1951) und Glass (1959) aufbauendes Klassifizierungsschema, bei dem die verschiedenen Phasen einer Katastrophe wie folgt eingeteilt werden: Bedrohung, Vorwarnung, das Eintreten der Katastrophe, unmittelbare Auswirkungen und Spätfolgen. Auch wenn diese Kategorien eher einzelnen Punkten auf einer Skala entsprechen und außerdem statistisch durchschnittliche Reaktionen beschrieben werden, die nicht bei jedem einzelnen zu beobachten sind, helfen sie uns doch, den Ablauf eines solchen Ereignisses zu begreifen.

Die Bedrohung (Threat)

Alles Leben ist möglichen Gefahren ausgesetzt, aber manche sind klarer zu erkennen und größer als andere. Erdbebengürtel, Gegenden mit vulkanischem Untergrund, Kriegsgebiete und häufig überschwemmte Flußebenen bergen zum Beispiel gewisse Risiken. In Bezug auf einen Atomkrieg sind die Länder, in denen selbst Kernwaffen entwickelt werden, besonders gefährdet, und innerhalb dieser Länder sind die wahrscheinlichsten Ziele wieder die Raketenstützpunkte und möglicherweise auch die Bevölkerungszentren. Eine Bewertung solcher Risiken ist problematisch und man muß subjektive Schätzungen wie auch Wahrscheinlichkeitsberechnungen miteinbeziehen. Slovic und Fischoff (1980) haben untersucht, wie die Öffentlichkeit bestimmte Gefahren wahrnimmt. Sie konnten zeigen, daß das wahrgenommene Risiko oft stark von der tatsächlichen Gefahr abweicht. Diese Unterschiede kann man zum Teil damit erklären, daß die Medien dramatischen Ereignissen einen gewissen Vorrang verschaffen und dadurch Ereignisse mit geringerem Nachrichtenwert in den Hintergrund gedrängt werden. Eiser und Van der Flight (1979, 1983) haben gezeigt, daß die Beurteilung der bei Kernkraftunfällen entstehenden Gefahren davon beeinflußt wird, ob man aufgrund sozialer Vorteile zur Kernkraft allgemein positiv oder negativ eingestellt ist. Lee (1981) und Lee, Brown und Henderson (1984) argumentieren, daß solche Vergleiche der öffentlichen Meinung mit den tatsächlichen Sterblichkeitsstatistiken einen falschen Eindruck von Irrealität entstehen lassen. Tatsächlich konnten Slovic, Fischoff und Lichtenstein (1982) zeigen, daß sich die meisten Unterschiede zwischen den Gruppen ausgleichen, wenn man sowohl Experten wie auch Laien die Gefahren mit Hilfe anderer wahrgenommener Charakteristika einschätzen läßt, wie etwa das Ausmaß der zu erwartenden Katastrophe oder die Frage, ob das Risiko freiwillig eingegangen wird. Britten (1983) hat eine größere Studie über das Risiko eines Atomkrieges durchgeführt, mit dem Ergebnis, daß dieses Risiko größer ist, als allgemein von der Bevölkerung angenommen wird.

Gegenwärtig leben wir in der Phase der Bedrohung. Es ist evident, daß eine unmittelbare Gefahr besteht, aber es ist von Mensch zu Mensch und von Zeit zu Zeit verschieden, wie deutlich sie wahrgenommen wird. Chivian (1983) hat die Eindrücke erfaßt, die Kinder von der nuklearen Bedrohung haben, und folgert, daß diese Eindrükke stärker und häufiger sind als man allgemein annimmt. Escalona (1963, 1965, 1982) hat bei Kindern und Jugendlichen die bezüglich eines Atomkriegs bestehenden Ängste ausführlich untersucht und dabei den Eindruck gewonnen, daß diese Ängste bei jungen Menschen den Glauben an die Zukunft und das Vertrauen in ihre Eltern gefährden. Schwebel (1982) meint, daß die nukleare Bedrohung bei Teenagern einen Teil ihrer Ängste und andere seelische Störungen mitbedingt. Beardslee und Mack (1982) kommen zu dem Schluß, daß Kinder von der Gefahr eines drohenden Atomkriegs stark beunruhigt sind und an ihrem eigenen Überleben zweifeln. Von den Teenagern Großbritanniens glauben 52%, daß sie einen Atomkrieg erleben werden, und 70%, daß ein solcher eines Tages unvermeidbar sein wird

(Business Decisions 1983). Tizard (1984) stellte eine Literatur-Übersicht zur Angst bei Kindern vor einem Atomkrieg zusammen. Sie zeigte, daß die meisten Untersuchungen nicht systematisch angelegt sind, daß jedoch die methodisch korrekten Untersuchungen, bei denen einer großen repräsentativen Stichprobe von Schulabgängern in den USA neutrale Fragen zu ihrer Zukunft vorgelegt wurden, eine steigende Alarmiertheit feststellen konnten. Bachman (1984) fand in einer solchen Studie heraus, daß der Anteil der Jugendlichen, der sich oft zu der Gefahr eines Atomkrieges Gedanken macht, von 7% im Jahr 1976 auf 31% im Jahr 1982 gestiegen ist, und daß der Prozentsatz derjenigen, die das Gefühl haben, sie würden eine nukleare oder biologische Vernichtung noch selbst erleben, von 23% im Jahr 1976 auf 35% im Jahr 1982 stieg.

Solantous et al. (1984) fanden bei einer Befragung von 5000 12- bis 18jährigen Finnen, daß sogar in diesem atomwaffenfreien Land 79% der 12jährigen und 48% der 18jährigen am meisten Angst vor einem möglichen Krieg haben.

Die Erwachsenen teilten ihre Besorgnis und fühlten sich allgemein durch Kernwaffen bedroht, auch wenn das selten als die Sorge bezeichnet wurde, die ihnen am meisten am Herzen lag. 1982 ergab eine Umfrage des Gallup-Instituts, daß sich aus einer Stichprobe von Erwachsenen 72% besorgt über einen drohenden Atomkrieg äußerten und 38% glaubten, daß es zu einem solchen Krieg kommen würde.

Im allgemeinen zeigt sich kein signifikanter Zusammenhang zwischen derartigen Ängsten und Einstellungen zur Kernwaffenpolitik. Obwohl viele Menschen eindeutig Angst haben, scheint die häufigste Reaktion darauf eine Art Vermeidungsverhalten zu sein, das Lifton (1967) als eine „konsequente Form der menschlichen Anpassung" bezeichnet. Einige Menschen meiden das Thema ganz. Andere zeigen Hilflosigkeit (Seligman 1975), fatalistische Einstellungen und blindes Vertrauen. Der Glaube an die persönliche Unverwundbarkeit, diese für das tägliche Leben so wichtige Illusion, setzt sich durch und ermöglicht es einem, die erforderlichen Aufgaben zu erfüllen. Man neigt dazu, alle Verantwortung auf führende Persönlichkeiten und Autoritäten zu schieben, weil man das Gefühl hat, als einzelner machtlos zu sein und die Ereignisse durch das eigene Eingreifen doch nicht ändern zu können.

Die Vorwarnung (Warning)

Die Tatsache, daß eine Vorwarnung gegeben wird, bedeutet noch nicht, daß sie auch befolgt wird. Die Verdrängung kann bei manchen Menschen bis zum Moment des Eintretens der Katastrophe selbst gehen. Bei der Flutwelle in Hawaii im März 1960 blieben die Gefährdeten in ihren Häusern, und an den Ufern des Rio Grande beobachteten und bewunderten begeisterte Menschenmengen die steigenden Fluten (Lachman, Tatsuoka & Bank 1961). Dieses aktive Verleugnen einer Gefahr mag im Alltag durchaus angebracht sein, aber angesichts einer realen Bedrohung stellt es selbst eine Gefahr dar, da es jeder vorbeugenden Maßnahme im Wege steht. Der Mythos von der persönlichen Unverwundbarkeit setzt sich gegen jede Vernunft durch, was gut daran zu erkennen ist, daß zum Beispiel die Mehrheit der Menschen glaubt, größere als die durchschnittlichen Chancen zu haben, älter als 80 Jahre zu werden (Britten 1983).

Wenn die Gefahr dann einmal akzeptiert worden ist, vertrauen die Gutgläubigen möglicherweise zu stark auf öffentliche Ankündigungen, währen diejenigen, denen der Glaube an die Vaterfiguren der Regierung fehlt, besonders auf Gerüchte hören werden. Jede vorbeugende Maßnahme ist abhängig von adäquater Information und von gruppendynamischen Effekten, die auftreten, sobald die Warnungen ernstgenommen werden.

Gewöhnlich kommt es zu widersprüchlichen Hinweisen (Churcher et al. 1981) und ein großer Teil der Bevölkerung wird Schwierigkeiten haben, sich konsequent für eine Reaktionsweise zu entscheiden.

Das Eintreten der Katastrophe (Impact)

Bei plötzlichen und schweren Katastrophen haben die meisten Menschen das Gefühl, sie selbst befänden sich mitten im Zentrum. Dieser Irrglaube, so verständlich er auch ist, kann nützliche Reaktionsweisen verhindern, da sich die meisten dadurch zunächst mit ihren eigenen örtlichen Problemen beschäftigen werden. Bei einem Tornado glaubt man immer zuerst, daß nur das eigene Haus getroffen worden ist. Der irreale Glaube an die eigene Unverwundbarkeit, der sich während der Phase einer Gefahr so beständig erhält, wird nun in Frage gestellt. Angesichts der Realität des Todes verlieren alle vorherigen Voraussetzungen an Gültigkeit, so daß Stimmungen und Überzeugungen unkontrolliert ins Schwanken geraten. Wenn das gesamte Ausmaß der Katastrophe sichtbar wird und keine Hilfe zu erwarten ist, setzt der zweite Schock mit dem Entsetzen darüber ein, alleingelassen zu sein. Intensive Gefühle bestehen, die sich ständig verändern, was ein späteres Erinnern der Ereignisse problematisch macht. Die Gefühle schwanken zwischen Schrecken und Erleichterung, dem Gefühl der eigenen Unverwundbarkeit und dem, der Katastrophe hilflos ausgeliefert gewesen und wie durch ein Wunder entkommen zu sein. Alle Überlebenden versuchen zu verkraften, daß sie hätten getötet werden können und auch beinahe getötet wurden, dann aber doch am Leben blieben. Sie zeigen eine Heiterkeit, wie sie bei der Erlösung aus massiven Angstsituationen zu beobachten ist, aber auch, als Nachwirkung der erlebten massiven Angst, eine große Sensibilität gegenüber Enttäuschungen. Die Freude darüber, überlebt zu haben, kann mit enormen Optimismus verbunden sein, so daß man glaubt, das Schlimmste überstanden zu haben. Das Leben selbst scheint Lohn genug zu sein und besonders die Wiedervereinigung mit totgeglaubten Angehörigen führt zu intensiven Glücksgefühlen. Der pure Zufall, daß man überlebt hat, wird mit einem Gefühl der persönlichen Unverwundbarkeit und des eigenen Lebenszwecks rationalisiert. Wer dem Tod nur knapp entkommen ist, verbleibt zunächst in einer Art freudiger Gefühlsverwirrung.

Dieser Effekt ist kurzlebig und macht bald dem „Katastrophensyndrom“ Platz. Die Opfer erscheinen wie betäubt, gelähmt und erstaunt (Wallace 1956). Entgegen der allgemeinen Ansicht sind ihre Reaktionen ganz und gar nicht die, die man bei einer Panik erwartet. Quarantelli (1954) beschreibt Panik als eine akute Furchtreaktion, die sich aus einem Gefühl des Gefangenseins, der Ohnmacht und der Isolierung heraus entwickelt und zu zwecklosem und unvernünftigem Fluchtverhalten führt. Eine solche hektische Aktivität findet sich nur bei

Menschen, die in einer Falle sitzen und glauben, nur noch eine begrenzte Zeit zur Flucht zu haben.

Dann kann es tatsächlich zu einer ansteckenden Panik kommen; das ist aber bei Katastrophen normalerweise nicht der Fall.

Nach einer Katastrophe verhalten sich die Opfer apathisch, gefügig, unentschlossen, gefühlsarm und mechanisch. Sie sind innerlich noch erregt; nach dem ersten Schrecken scheint nun jedoch eine gewisse Erschöpfung einzutreten. Für dieses passive Verhalten gibt es verschiedene Erklärungen. Es kann eine Schutzreaktion sein, die die Menschen vor weiteren, wieder Angst und Schrecken verursachenden Einflüssen abschirmt. In einem Bericht über das Erdbeben in Tokio 1894 schreibt Balz (zit. bei Anderson 1942), daß er das schreckliche Ereignis „mit der gleichen nüchternen Aufmerksamkeit beobachtet hat, mit der man ein interessantes physikalisches Experiment verfolgt. ... Jedes Gefühl war ausgelöscht." Andererseits könnte es sich auch um eine Form von Wunschdenken handeln: „Wenn ich auf nichts reagiere, dann kann auch nichts passiert sein." Vielleicht aber fühlen sich die Menschen auch angesichts der massiven Zerstörungen und der Unmöglichkeit, ihre vernichtete Welt wiederherzustellen, hilflos. Was immer auch der Grund dafür ist, der Überlebende ist sehr geschwächt und hochgradig empfindlich. Häufig stellen sich Schuldgefühle ein, da durch die Katastrophe unakzeptierbare egoistische Gefühle, einschließlich einer gewissen Aufregung über den Tod anderer, freigeworden sind. Manche Überlebende hat vielleicht die eigene Angst davon abgehalten, anderen zu helfen, so daß ihnen die Heldentaten, die sie in einer solchen Notfallsituation gern geleistet hätten, nur in ihrer Phantasie bleiben. Sogar innerhalb von Familien wird mancher seine eigene Sicherheit über die der anderen gesetzt haben.

Popovic und Petrovic (1964) trafen 22 Stunden nach einem Erdbeben auf dem Schauplatz des Ereignisses in Skopje ein und besuchten, zusammen mit einem Team einheimischer Psychiater, in den darauffolgenden fünf Tagen die Evakuierungslager. Es zeigte sich, daß sich ein großer Teil der Bevölkerung in einem leicht abgestumpften Zustand befand; die Menschen waren depressiv, fanden sich zu kleinen, instabilen Gruppen zusammen und waren für jedes ihren nahen Untergang verkündende Gerücht sehr empfänglich. Sofortige Hilfe von außen, verantwortungsbewußte und informative Berichte der Presse und die schnelle Evakuierung der psychisch schwerer beeinträchtigten Opfer trugen dann dazu bei, daß schließlich wieder ein Zustand sichtbarer psychischer Normalität erreicht wurde. Vergleicht man das aber mit einem Atomkrieg, dann sollte man festhalten, daß hier von 200 Menschen nur einer starb und drei verletzt wurden, also weit weniger, als man bei einer Atomkatastrophe erwarten würde. Nach Kinston und Rossers Schätzungen (1974) zeigen zwar bei allen Katastrophen wahrscheinlich dreiviertel der Bevölkerung das Katastrophensyndrom, aber 12% bis 25% der Bevölkerung sind, obwohl angespannt und erregt, durchaus in der Lage, die Krise zu bewältigen, indem sie sich auf die der Situation angemessenen, notwendigen Maßnahmen konzentrieren. Es gelingt ihnen, sich so sehr zu beschäftigen, daß sie nicht mehr dazu kommen, sich Sorgen zu machen, auch wenn ihre Arbeit oft vielleicht nur einen oberflächlichen Bezug zu den abzuwendenden Gefahren hat. In Streßsituationen können die automatisch ablaufenden, vertrauten Routinehandlungen beruhigend wirken. Auf der anderen Seite gibt es jedoch ebenfalls 12% bis 25%, die sich in einer sehr viel schlechteren Verfassung befinden und ein stark unangepaßtes Verhalten zeigen, bei dem Angstsymptome vorherrschen. Die psychische Belastung steigt, und diejenigen, die bereits psychisch geschwächt sind, brechen völlig zusammen. Das ist bei bestehenden reaktiven Störungen wahrscheinlicher als bei psychotischen Zuständen. Wessen Verhalten nur vom sozialen Druck bestimmt wird, wird in einer solchen Situation wahrscheinlich psychopathische Reaktionen zeigen; die Krise wird damit eine Gelegenheit bieten, die einige ausnützen werden.

Die unmittelbaren Auswirkungen (Recoil)

Wenn die unmittelbare Auslösung der Katastrophe vorüber ist und eine Art von „Entwarnung" gegeben werden kann, dann besteht eine Chance, wieder einen einigermaßen normalen psychischen Zustand zu erreichen. Ungefähr 90% der Opfer kommen in gewisser Weise wieder zur Besinnung und rufen sich das Geschehene ins Gedächtnis zurück. Sie verhalten sich äußerst unselbständig, sind redselig und kindisch, suchen nach Sicherheit und bilden instabile Gruppen. In diesem Stadium sind die Menschen, was ihren Gemütszustand betrifft, noch sehr verletzlich und labil. Einige reagieren mit völlig psychopathischem Verhalten, und es kann zu Plünderungen, Vergewaltigungen und schwerem Alkoholmißbrauch kommen. Nach und nach gewinnen die Menschen ihre Energie zurück und zugleich auch ihre Fähigkeit, zu denken. Zunächst verhalten sie sich hyperaktiv und oft irrational. Sie sind geradezu davon besessen, ihre Erlebnisse anderen mitzuteilen und müssen die vergangenen Geschehnisse nochmals durcharbeiten, um sie verstehen zu können. Dieses Bedürfnis nach Erklärung ist ein Teil der erwähnten Unselbständigkeit und führt zu Gerüchten und absurder Leichtgläubigkeit. Jeder ist sehr darauf bedacht, zuverlässige Informationen zu bekommen und sieht auch seine eigenen Erfahrungen als solche Informationsquellen an. Das ständige Überprüfen von Neuigkeiten dient dem Versuch, vernünftige Erklärungen zu schaffen und die durch die mangelnde Kontrollierbarkeit der Ereignisse hervorgerufene Unsicherheit zu mindern. So verbrachte zum Beispiel nach dem Mord an Präsident Kennedy der durchschnittliche US-Bürger während der folgenden vier Tage täglich 8 Stunden vor dem Fernsehschirm oder am Rundfunkgerät, ein Verhalten, das Janis (1971) als den Versuch interpretierte, den kulturellen Schaden aufzuarbeiten.

In diesem unselbständigen und verletzbaren Zustand können sich Zufallsfaktoren überproportional auf die Interpretationen der Ereignisse und auf die Sichtweise dessen, was nun getan werden muß, auswirken. Man sucht nach Sündenböcken und der Zufall liefert sie. Zunächst wird sich die Frustration der Menschen und ihr Gefühl, verraten worden zu sein, vielleicht gar nicht gegen Wissenschaftler, Militärs und Politiker richten, sondern eher auf diejenigen, die die Rettung bringen (Lacey 1972).

Ist die unmittelbare Gefahr erst einmal vorüber, so werden einige Überlebende erste Schritte zur Bewältigung der Folgen unternehmen. Schon im Augenblick der Vorwarnung geraten die Menschen in Rollenkonflikte. Sie müssen entscheiden, ob sie ihre Arbeit fortsetzen, bestimmte bürgerliche Pflichten wahrnehmen oder sich um ihre Familien kümmern sollen. Killian (1952) wies darauf hin, daß miteinander in Konflikt stehende Loyalitätsgefühle gegenüber verschiedenen Gruppen und sich widersprechende Rollen signifikante Faktoren für das menschliche Verhalten in kritischen Situationen sind. Typischerweise werden die Rettungsarbeiten von Menschen ohne eigene Familien geleitet, während die anderen gewöhnlich nach Hause laufen, um nachzusehen, ob ihre Familien außer Gefahr sind. Killian berichtet allerdings, daß von denen, die nach einem Wirbelsturm nach ihren Familien suchten, einige durchaus in der Lage waren, unterwegs anderen zu helfen. Wer im Berufsleben wenig mit den bei einer Katastrophe entstehenden Notwendigkeiten zu tun hatte, wie zum Beispiel Geschäftsleute, war eher bereit, seinen Arbeitsplatz zu vernachlässigen und der Gemeinschaft zu helfen.

Im Angesicht einer übermächtigen Katastrophe sind familiäre Beziehungen wichtiger als die Bürgerpflichten, da die täglichen Aufgaben und Verantwortungen von den meisten Menschen in diesem Augenblick für irrelevant und überflüssig gehalten werden. Man sollte dazu bemerken, daß Naturkatastrophen grundsätzlich ohne Vorwarnung hereinbrechen und es daher selten erforderlich wird, daß Helfer ihre Familien zurücklassen müssen, während sie sich selbst an relativ sichere Orte begeben, wie es von ihnen im Fall eines Atomkrieges jedoch verlangt würde. Ein solcher Konflikt würde die Betroffenen zusätzlich schwer belasten.

Die Spätfolgen (Post-impact)

Die einzelnen Reaktionen koordinieren sich langsam zu einer organisierten Gruppenreaktion der Bevölkerung. Welche Form diese annimmt, hängt stark von den kulturellen Normen ab. Viele der Opfer werden Verluste und Trauerfälle zu bewältigen haben, was ihre Möglichkeiten einschränkt, mit den anderen produktiv zusammenzuarbeiten. Sie suchen nach Anerkennung ihres Leidens, aber soziale Normen verweigern ihnen möglicherweise das Recht, ihrer Trauer und Hoffnungslosigkeit Ausdruck zu verleihen. Furcht und Anspannung bleiben bestehen, und viele fürchten eine Wiederholung der Katastrophe. Bei einem Erdbeben erzeugen die erst später einsetzenden Schockwirkungen gewöhnlich mehr Angst als der erste Schrecken selbst. Die Menschen entwickeln eine konditionierte Angstreaktion, und sind nur noch in beschränktem Maße in der Lage, ihre Emotionen zu kontrollieren. Die Katastrophe besteht weiter in Form einer quälenden Erinnerung und wird immer wieder von neuem durchlebt.

Die Reaktionen bestimmter Gruppen

Kinder

Untersuchungen zu den Folgen der Bombenangriffe im zweiten Weltkrieg haben ergeben, daß Kinder akute Störungen aufweisen können, die sich bei 8- bis 12jährigen am ausgeprägtesten zeigen, aber auch bei denen auftreten, die bereits unter psychischen Störungen litten oder aus instabilen Familienverhältnissen kamen. Angst und Furcht, in erster Linie vor einer Trennung von den Eltern, Ruhelosigkeit, Reizbarkeit, abhängiges und forderndes Verhalten, Störungen körperlicher Funktionen und Konzentrationsschwierigkeiten sind die wichtigsten Folgen (Edwards 1976). Als erste Nachwirkungen der Katastrophe finden sich bei Kindern oft zwanghafte Verhaltensmuster. Popovic und Petrovic (1964) fanden, daß nach dem Erdbeben in Skopje die Lieblingsspiele der Kinder sich mit dem Unglück selbst und dem Begraben von Toten befaßten.

Wenn es den Eltern gelungen ist, die Krise durchzustehen und eine Atmosphäre zu schaffen, in der die Angst akzeptiert wird und Ausdrucksformen findet, dann zeigen sich die Kinder psychisch durchaus belastbar. Bewältigen die Eltern die Krise jedoch nicht, spiegeln die Kinder in ihrem Verhalten die bei den Eltern beobachtbare Spannung wider und erholen sich davon nur langsam.

In einer größeren Untersuchung zu Streß, Problembewältigung und Entwicklung konnte Rutter (1981) beobachten, daß das Ausmaß der Angst bei den Eltern wesentlich determiniert, wie ein Kind auf einen Klinikaufenthalt reagiert. Ruhige und überlegene Eltern können einem Kind helfen, mit den Ängsten fertigzuwerden, die durch die Vorgänge in einer Klinik ausgelöst werden. Rutter bemerkte außerdem, daß erschreckende Ereignisse an sich, ohne persönliche Verluste, mit geringerer Wahrscheinlichkeit seelische Störungen erzeugen als Ereignisse, die anhaltende Folgen in Bezug auf veränderte persönliche Beziehungen oder ein vermindertes Selbstwertgefühl mit sich bringen.

Alte Menschen

Alte Menschen werden von Vorwarnungen später erreicht als andere, sie sind weniger bereit, ihre Wohnungen zu verlassen, neigen dazu, ihre Aufmerksamkeit nur auf ihre unmittelbaren Familienangehörigen zu beschränken, sind physisch verletzlicher, aber auch resigniert und zeigen vorübergehende Phasen von Depressionen und Verwirrtheit (Kinston & Rosser 1974). Alte Leute erleben Entbehrungen und Verluste sehr viel stärker als die übrigen Altersgruppen (Friedsam 1961). Ihnen bedeutet der Verlust materiellen Eigentums, besonders der ihrer Wohnungen, sehr viel, da es sich hier um vertraute Lebensstützen handelt, die nicht zu ersetzen sind. In gewissem Sinne empfinden sie, daß die ihnen noch verbleibende Lebenszeit zerstört wurde, und es bleibt ihnen das beständige Gefühl eines Verlustes (Edwards 1976).

Psychisch Kranke

Einige psychisch Kranke können hinsichtlich ihrer Leistungsfähigkeit und ihres Verhaltens erstaunliche Besserungen aufweisen, die jedoch nur vorübergehender Natur sind und sich wieder verlieren, sobald die akute Notfallsituation vorüber ist. Neurotische Patienten in Kliniken verhalten sich gewöhnlich vernünftig; unter schwerer Spannung stehende Patienten werden noch erregter, und von Drogenabhängigen weiß man, daß sie in solchen Situationen entweder Drogen entwenden oder aus der Klinik flüchten (Koegler & Hicks 1972). Je nach Ausmaß der Katastrophe kann der Versorgungsstandard herabgesetzt sein, was eine Verschlechterung des Zustandes der Patienten wie auch eine verminderte Betreuung der neu eingelieferten Katastrophenopfer zur Folge hat.

Rettungsmannschaften und Krankenhauspersonal

Krankenschwestern werden durch die Sorge um die Sicherheit ihrer eigenen Familien stark belastet, und die emotionalen Anforderungen sind besonders dann extrem, wenn sich unter den Verletzten viele Kinder befinden. Krankenschwestern sind einen hohen Leistungsstandard gewöhnt und der Druck, der durch die große Anzahl der Verletzten, den Mangel an Material, die schlechte Organisation, die steigende Verantwortung einzelner und die extremen Anforderungen generell entsteht, macht das Einhalten einer solchen Norm schwierig. Im allgemeinen können Krankenschwestern durchaus über kurze Zeiträume hinweg sehr viel leisten, solange das übrige Gesundheitssystem weiterfunktioniert. Chirurgen und Ärzte sind gegen emotionale Reaktionen nicht immun, dürften aber manchmal die emotionalen Bedürfnisse ihrer Patienten herunterspielen (Edwards 1976).

Generell empfinden die Rettungsmannschaften, daß jede Möglichkeit, den erlebten Druck in Handlungen umzusetzen, ihre eigene Angst reduziert, auch wenn diese Aktivitäten vielleicht nicht immer alle sinnvoll sind.

Langzeitschäden

Der Verlust von Angehörigen

Da der Tod von Angehörigen eine häufige Folge von Katastrophen ist, ist es von Nutzen, etwas über die Merkmale von Trauer unter normalen Umständen zu wissen, die durch die weitere Zerrüttung im Falle einer Katastrophe nicht noch verkompliziert sind. Auch wenn diese Reaktionen von Mensch zu Mensch verschieden sind, so sind sie generell für die Überlebenden einer Katastrophe eine zusätzliche Bürde, da die normale Trauerarbeit durch die Auswirkungen der Katastrophe auf den Einzelnen verhindert wird.

Marris (1974) schreibt, daß, obwohl der Mensch außergewöhnlich anpassungsfähig ist, er doch dazu neigt, sich Veränderungen zu widersetzen und durch ihr Eintreten in Verwirrung zu geraten. Jeder

Mensch baut sozusagen darauf, eine vorhersagbare, stabile Umgebung zu haben, und die meisten Veränderungen verursachen deshalb Angst, weil sie die Kontrolle des einzelnen über seine Umwelt gefährden. In seiner Studie von Witwen zählt Marris folgende Merkmale als für schwere Trauer typisch auf: Unruhe, Schlaflosigkeit, Erschöpfung, Appetitlosigkeit und verschiedene körperliche Beschwerden. Diese Witwen verhielten sich so, als lebten ihre Ehemänner noch; sie kochten Mahlzeiten, warteten darauf, daß ihr Mann von der Arbeit nach Hause käme und überlegten sich, was sie ihm an Neuigkeiten erzählen könnten. Die vorherrschende Stimmung ist Apathie, die manchmal zu Selbstmordgedanken führt. Die Hinterbliebenen neigen dazu, sich von menschlichen Beziehungen zurückzuziehen und haben oft beträchtliche Schuldgefühle, wenn sie sich erinnern, den Verstorbenen vernachlässigt oder unfreundlich behandelt zu haben; manche hegen auch feindselige Gefühle gegenüber untätigen Ärzten oder einer gefühlskalten Welt im allgemeinen.

Murray Parkes (1965) und Gorer (1965) fanden bei ihren Untersuchungen sehr ähnliche Verhaltensmuster der Trauer. Die Hinterbliebenen leiden unter physischen Schmerzen und schlechterer Gesundheit, sie können das Vergangene nicht ruhen lassen und fühlen sich nicht in der Lage, ihren Verlust zu begreifen. Besonders wer über zu früh Verstorbene trauert, zeigt nicht selten feindselige Gedanken oder Schuldgefühle. Der Zeitraum, über den ein typisches Trauerverhalten abläuft, beträgt etwa zwei Jahre. Nachdem der erste dumpfe Schock vorbei ist, werden Schmerz und Kummer stärker und bleiben einige Wochen lang etwa gleich intensiv, bevor sie allmählich an Intensität und Schwere verlieren, worüber ein Jahr vergeht. Ein weiteres Jahr wird gewöhnlich benötigt, bis die Betreffenden wieder voll in die Gemeinschaft integriert werden können. Einige erholen sich schneller. Viele jedoch haben das Gefühl, dieses Ereignis habe sie bleibend verändert und ihre Fähigkeit, ein ausgefülltes Leben zu führen, reduziert. Die Trauernden haben nicht nur ihren Angehörigen, sondern auch den Sinn ihres Lebens und jedes anhaltende Gefühl für ein Ziel verloren.

Nach einem globalen Atomkrieg werden wahrscheinlich auch körperlich Unverletzte Verwandte oder Freunde verloren haben. Wer sich im Zentrum der Explosion befunden hat und die erlittenen Verletzungen überlebt hat, wird ziemlich sicher Angehörige verloren haben. Für die normale Erholung von der akuten Phase seelischen Schmerzes ist Zuspruch und Unterstützung von anderen erforderlich. Nach einem Atomkrieg ist eine solche Hilfe unwahrscheinlich, da die meisten Überlebenden selbst eher Unterstützung brauchen als diese anbieten können. Trauerreaktionen werden wahrscheinlich länger andauern und die bei Trauernden unter normalen Umständen bestehende Beeinträchtigung wird durch den Mangel an Trost und den fehlenden Beistand anderer beträchtlich steigen.

Schwere Dauerbelastungen

Lang andauernde, schwere Belastungen, wie sie zum Beispiel Gefangene von Konzentrationslagern oder Soldaten an der Front ertragen müssen, sind nicht die Folge von Naturkatastrophen, sondern vom Menschen geschaffen; sie werden aber für den einzelnen zu einer massiven Bedrohung, und es ist wichtig, die psychologischen Konsequenzen aus solchen Situationen zu verstehen.

Untersuchungen von Frontsoldaten zeigen, daß sowohl akute wie auch chronische Reaktionen auf die Belastung auftreten. Brill und Beebe (1955) untersuchten 1000 Fälle von schweren, traumatischen Neurosen und fanden, daß allein der Streß an der Front und ein geringes Ausbildungsniveau die Wahrscheinlichkeit für das Auftreten von Kampfmüdigkeit bestimmen. Auch einsatzbereite, standhafte Soldaten aus Einheiten mit großem Kampfgeist brachen völlig zusammen, wenn sie eine Niederlage erlitten oder vom Rest der Truppe abgeschnitten waren. Kentsmith (1980) bestätigt, daß das Andauern der Streßsituation der wesentliche Faktor ist, und Swank (1949) folgerten aus einer Untersuchung mit 4000 Veteranen aus dem Einsatz in der Normandie, daß, sobald etwa dreiviertel ihrer Kameraden getötet worden waren, alle übrigen Soldaten in ihrer weiteren Leistungsfähigkeit stark eingeschränkt waren. Diese Befunde bei gut trainierten jungen Männern zeigen, daß ein vernünftiges Verhalten angesichts vieler Todesopfer und in Ermangelung jeglicher Hilfe kaum mehr möglich ist.

Die beobachteten Spätfolgen sind nicht ermutigend. Lidz (zit. n. Hocking 1965) fand, daß alle Überlebenden bei der Evakuierung von Guadalcanal später neurotische Symptome entwickelten. Archibald et al. (1963) zeigt, daß 15 Jahre nach dem Unglück noch 70% der Überlebenden unter chronischen, traumatisch bedingten Neurosen litten, ein Drittel arbeitslos war und ein weiteres Drittel keine feste Beschäftigung hatte. Veteranen sind außerdem anfälliger für organische Krankheiten und haben eine unterdurchschnittliche Lebenserwartung.

Kinston und Rosser (1974) haben Berichte von Überlebenden aus Konzentrationslagern ausgewertet, die weitere Einsichten in die psychischen Folgen massiver und anhaltender Belastungen und ständiger Lebensgefahr gewährten. Diese Gefangenen mußten extreme Grausamkeiten sowohl an ihren Kameraden wie an sich selbst erdulden, ohne protestieren oder Gefühle zeigen zu dürfen. Die Gewaltanwendung erfolgte unberechenbar und keine auch noch so gute Führung bewahrte die Gefangenen vor launenhaften Folterern. Unter diesen unglaublichen Bedingungen von Demütigung, Lebensgefahr und Verrat kam es zu psychischen Reaktionen wie Apathie, die schließlich zum Tode führte, oder einer niederen Bewältigungsform, der „Lagermentalität", die durch selbstsüchtiges, mitleidloses und egozentrisches Verhalten gekennzeichnet war; diese Gefangenen waren dann ausschließlich darauf konzentriert, durch ausreichende Nahrungsaufnahme selbst am Leben zu bleiben. Nach einer einzigen genaueren Untersuchung von Gefangenen in Konzentrationslagern wurde 15 Jahre lang nichts über die Überlebenden veröffentlicht; danach gab es wieder einzelne Untersuchungen, die schließlich zu einer ausführlichen Literatur anwuchsen. Das beschriebene Syndrom, an dem die Überlebenden leiden, ist einer posttraumatischen Neurose ähnlich. Typisch dafür sind Spannung, psychosomatische Beschwerden, Denkstörungen, erhöhte Streßempfindlichkeit und chronische Depressionen mit Schuld- und Isolationsgefühlen. Dieser Zustand ist chronisch, ernst und nicht behandelbar, wenn auch nur etwa 1% der Betroffenen eine Behandlung überhaupt akzeptieren würden. Die nach der Rettung nicht in Erfüllung gegangenen utopischen Träume der Gefangenen führten entweder zu Hilflosigkeit oder zu Argwohn und Mißtrauen. Wie es Seligman (1975) später beschrieb, hatten sie die Erfahrung gemacht, daß ihr Verhalten auf das Geschehen keinerlei Einwirkung hatte und reagierten mit gelernter Hilflosigkeit und Fatalismus. Paradoxerweise gelang es vielen, sich im sozialen und wirtschaftlichen Bereich gut zu erholen, als ob durch die Erfahrung gewisse, mit Emotionslosigkeit verbundene Überlebensfertigkeiten trainiert worden wären.

Beispiele von Katastrophen

Um die wahrscheinlichen psychischen Folgen eines Atomkrieges auf die den unmittelbaren Angriff Überlebenden beurteilen zu können, muß man sich mit den Untersuchungen anderer Katastrophen beschäftigen. Gleichzeitig muß klar herausgestellt werden, wie sich jede andere Katastrophe von einem Atomkrieg unterscheidet. Es werden nun einige neuere Katastrophenfälle beschrieben, anhand derer die einzelnen Merkmale menschlicher Reaktionen auf Katastrophen gezeigt und mit den wahrscheinlichen Folgen eines Atomkrieges verglichen werden.

Der Dammbruch in Buffalo Creek

Am 26. Februar 1972 brach im Buffalo-Creek-Tal im südlichen West Virginia ein riesiger Betondamm und tausende Tonnen Wasser und schwarzer Schlamm überschwemmten das Tal. 125 Menschen starben und 4000 wurden obdachlos. Zwei Jahre nach der Flutkatastrophe beobachteten Tichener und Kapp (1976) das Familienleben der Überlebenden und unterzogen sie psychoanalytisch orientierten Einzelinterviews. In 80% der Fälle zeigten sich Reaktionen einer traumatischen Neurose. Das die Symptome auslösende klinische Bild bestand aus unbewältigtem Kummer, der Scham, selbst überlebt zu haben und Gefühle von ohnmächtiger Wut und Hoffnungslosigkeit. Erikson (1976) fand, daß die Überlebenden durch die Zerstörung ihrer Gemeinschaft und dem Wegfallen traditioneller Hilfeleistungen durch Angehörige und Nachbarn demoralisiert, desorientiert und bindungslos wurden. Sie verhielten sich apathisch und schienen vergessen zu haben, wie man einander helfen kann. Erikson unterscheidet zwischen einem individuellen und einem sozialen Trauma. So erleidet zum Beispiel das Opfer eines Verkehrsunfalls, das von seinen Angehörigen versorgt wird, ein individuelles Trauma, während bei einer größeren Katastrophe alle Opfer unter beiden Arten zu leiden haben. In diesem Fall war die enge Gemeinschaft von Bergleuten zerstört und jeder zog sich in sich selbst zurück. Ein Überlebender berichtete:

„Jeder in dieser Familie ist jetzt allein, ein Einzelgänger. Jeder kämpft seinen eigenen Kampf. Wir kümmern uns einfach nicht mehr umeinander."

Erikson schloß daraus, daß, soziologisch gesehen, die Bevölkerung von Buffalo Creek daran gewöhnt war, ihre persönliche Energie und Tatkraft der Gemeinschaft zur Verfügung zu stellen und bei Bedarf aus diesem gemeinsamen Vorrat zu schöpfen. Als dieser Vorrat zerstört war, mußte sie sich damit abfinden, daß man weder in diese gemeinschaftliche Kraftquelle investieren noch aus ihr schöpfen konnte. Die einzelnen verloren jegliches Vertrauen und jede Zuversicht und waren fast gänzlich ohne Mitgefühl und nicht in der Lage, auf die anderen einzugehen. Erikson gebraucht folgenden Vergleich:

„Es ist so, als hätten die Zellen immer dem gesamten Körper Rohenergie geliefert, wären jedoch allein nicht in der Lage, diese wieder in nutzbare Energiequellen umzusetzen, sobald der Gesamtorganismus für deren Verarbeitung nicht mehr zur Verfügung steht."

Diese Beobachtung hat für den Fall eines Atomkrieges eine große Bedeutung, da die sozialen „Schäden" unter den Überlebenden wahrscheinlich beträchtlich sein werden. Das wird ihre Chance, wieder eine funktionierende Gesellschaft aufzubauen, erheblich einschränken.

Rangell (1976) berichtet, daß die Katastrophe nicht unvorhersehbar war, aber daß die Bevölkerung versucht hat, sie zu verdrängen. Als das Unglück schließlich passierte, kamen alle unterdrückten Ängste auf einmal an die Oberfläche. Die Tatsache, daß sie sich alle der

Gefahr bewußt waren, und den Damm täglich sehen konnten, ohne etwas unternommen zu haben, trug, als das gefürchtete Ereignis wirklich eintrat, zu ihrem Elend nur noch bei. Lifton und Olsen (1976) fanden, daß die völlige Zerstörung der sozialen Gemeinschaft zwei Jahre nach der Katastrophe bei allen untersuchten Überlebenden zu psychischen Störungen geführt hatte. Depressionen, apathisches Verhalten und Verzweiflung waren weitverbreitet. Die Überlebenden litten häufig unter Gedächtnisstörungen und Verwirrtheit bezüglich der Zeit nach dem Unglück, und viele standen Hilfsangeboten mißtrauisch gegenüber. Einige projizierten ihren Ärger auf die Bergwerksgesellschaft, und alle schienen zu versuchen, die offensichtliche Sinnlosigkeit einer solchen Katastrophe, die zu verhindern gewesen wäre, zu begreifen. Zusammenfassend kann man sagen, daß das Trauma des Unglücks selbst, wie auch der sich erst später auswirkende Verlust der Gemeinschaft bei den Überlebenden wesentliche psychische Störungen hervorgerufen hat.

Der Zyklon „Tracy“

Am Heiligen Abend 1974 wurde die Stadt Darwin in Nordaustralien vom Zyklon „Tracy“ verwüstet. Bis zum nächsten Morgen waren 50 Menschen getötet und 90% der Häuser zerstört worden. Die Stadt hatte 45 000 Einwohner, von denen im Vergleich zu anderen australischen Städten ein großer Prozentsatz nur vorübergehend dort wohnte: 80% der Menschen hatten noch kein Jahr dort gelebt. Innerhalb der folgenden Tage wurden 28 000 evakuiert, davon 2000 über eine Luftbrücke. Parker (1977) legte 67 Evakuierten, die zwischen 5 und 7 Tagen danach in einer Klinik in Sydney untersucht wurden, einen Fragebogen (General Health Questionnaire) vor, in dem eine Reihe körperlicher und psychischer Beschwerden aufgeführt sind. Zusätzlich erhobene Daten zeigten, daß vor dem Wirbelsturm nur 15% über einen schlechten Gesundheitszustand, schwache Nerven und unbefriedigende Leistungen klagten. Die Sorgen der Evakuierten während des Sturms galten in 47% der Fälle der Sicherheit der eigenen Familie, 30% fürchteten, selbst getötet zu werden, und 23% kümmerten sich in erster Linie um ihren eigenen Schutz. Drei Personen berichteten vom

Tod eines Bekannten. Für alle in dieser Stichprobe Erfaßten war der Hauptgedanke, von Darwin wegzukommen.

Aufgrund ihrer Antworten in dem Fragebogen konnten 58% unter die Kategorie „wahrscheinliche psychiatrische Fälle“ eingeordnet werden, wobei sich die meisten der angegebenen psychischen Störungen in Angstsymptomen oder starker Erregung, Autonomie- und Kontrollverlust äußerten. Schwere Depressionen zeigten sich kaum. 6 der Evakuierten (9% der Stichprobe) wiesen deutlich das sogenannte „Katastrophensyndrom“ auf, mit benommen-apathischem Verhalten, Inaktiviertheit oder ziellosem Herumlaufen; das zeigte sich auch in ihren Fragebogenwerten, die zweieinhalb mal so hoch waren wie die der übrigen Gruppe.

Eine Nachuntersuchung dieser Personen erwies sich als schwierig, da sie sich zu diesem Zeitpunkt über ganz Australien verteilt hatten. Nur 48% schickten nach 10 Wochen und nur 27% nach 14 Monaten die Fragebögen zurück. Nach Überprüfung der ursprünglichen demographischen Daten fand Parker bei diesem Teil ein anderes Geschlechterverhältnis als bei der Gesamtgruppe; bezüglich des Alters und der ursprünglichen psychischen Anfälligkeit war er jedoch für die ursprüngliche Gruppe durchaus repräsentativ. Man muß bei der Interpretation dieser Nachuntersuchungsergebnisse jedoch sehr vorsichtig sein, da bei diesen Opfern eine gewisse Selektion nicht auszuschließen ist und weder Interviews noch Verhaltensbeobachtungen durchgeführt worden sind. Nach 10 Wochen zeigten 41% derer, die den Fragebogen zurückschickten, Werte, die hoch genug waren, um sie unter die Rubrik „wahrscheinliche psychiatrische Fälle“ einzuordnen. Unter diesen 13 Personen waren 4, deren ursprüngliche Werte normal gewesen waren. Das läßt vermuten, daß sich viele Reaktionen erst langsam entwickeln und daß manche Menschen gewissermaßen von Ängsten „infiziert“ sein können, die dann erst später auftreten, wenn der erste Schrecken vorüber ist. Nach 14 Monaten zeigten noch 22% Werte über der Normschwelle; 22% waren noch ohne Anstellung, ein viel höherer Prozentsatz als bei der durchschnittlichen Bevölkerung, und sie zweifelten daran, daß alles noch einmal so in Ordnung kommen würde wie vor dem Wirbelsturm. 28% schätzten ihre Nerven schwächer ein als vor dem

Unglück, 22% berichteten von wachsenden Angst- und 11% von depressiven Symptomen.

Zusammenfassend läßt sich über diese Studie sagen, daß sie ein anschauliches Beispiel für die gewaltigen Hilfsaktionen darstellt, die dann möglich sind, wenn noch überwiegend unzerstörte Gegenden außerhalb eines örtlich begrenzten Katastrophengebietes vorhanden sind. Wären jedoch ausgedehntere Landstriche Australiens von der Verwüstung betroffen gewesen, so hätte das die Kapazitäten und auch die Bereitschaft der Hilfeleistenden verringert. Es gab keine ansteckenden Krankheiten, und ebensowenig waren Kämpfe um Lebensmittel und andere Hilfsmittel zu befürchten, was altruistisches Verhalten nicht gerade gefördert hätte. Wenn auch leider im Anschluß daran keine detaillierten Interviews durchgeführt wurden, so bestätigen die am Anfang gewonnenen Ergebnisse die ausgeprägten und erhöhten Angstreaktionen der Bevölkerung. Es wird vermutet, daß die Bevölkerung nach 14 Tagen wieder einen fast normalen psychischen Zustand erlangte.

Three Mile Island (Harrisburg)

Der Unfall von Three Mile Island ist insofern von besonderem Interesse, als es dabei nicht zu Todesfällen oder zu Schäden an persönlichem Eigentum kam, jedoch die Gefahr einer Explosion und einer radioaktiven Verseuchung bestand (Kemeny 1979, Perrow 1984). Obwohl die am 28. März 1979 um 4 Uhr morgens ausfallenden Wasserpumpen der Einheit 2 auf Three Mile Island den Unfall verursachten, entwickelten sich Notfallreaktionen erst während der darauffolgenden Tage, als widersprüchliche Berichte bezüglich der Sicherheit der Anlage aufkamen. Die Bewohner der umliegenden Gemeinden hörten Gerüchte und einander widersprechende Verlautbarungen, die Kenntnisse hinsichtlich der möglicherweise freigewordenen Radioaktivität waren mangelhaft, und man fürchtete eine Explosion des Reaktors durch eine eingeschlossene Wasserstoffblase ebenso wie eine bevorstehende Massenevakuierung. Etwa 40% der Bevölkerung in einem Umkreis von 25 km um den Reaktor verließen durchschnittlich für 5 Tage ihre Wohnungen. Die Hauptgründe dafür waren die Gefahr, die sich durch das Auftreten der Wasserstoffblase ergab (30%), die verwirrenden Informationen (19%) und der Wunsch, einer erzwungenen Evakuierung zu entgehen (14%) (Flynn & Chalmers 1980). Man hatte kein Vertrauen in die Fähigkeiten der Regierung, zureichende Evakuierungsmaßnahmen zu treffen. Von denen, die blieben, gab ein Drittel als Grund dafür die Furcht vor Plünderungen an, vielleicht, weil 1972 nach einem Wirbelsturm im gleichen Bezirk Plünderungen vorgekommen waren. Während des Ausnahmezustands kam es dazu nicht. Alte Menschen blieben ebenfalls und zeigten eine fatalistische Einstellung.

Die Bevölkerung mißtraute den offiziellen Sprechern des Kraftwerks und der Regierung, und auch diejenigen, die sich immer für Kernkraft ausgesprochen hatten, waren nun der Ansicht, daß ihnen die Gefahren eines Kernkraftwerks nie wirklich bewußt gemacht worden waren. Die Evakuierung der Schulen wurde ziemlich unplanmäßig durchgeführt, was Eltern und Kindern, die dadurch voneinander getrennt wurden, große Belastungen auferlegte. Die Evakuierung der Krankenhäuser, psychiatrischen Anstalten und Gefängnisse konnte nicht durchgeführt werden, so daß viele Beschäftigte, wie zum Beispiel die Fahrer der Rettungswagen in Rollenkonflikte gerieten.

Die psychischen Folgen waren am deutlichsten bei denen zu spüren, die sich innerhalb eines Umkreises von 8 km um den Reaktor aufhielten bzw. ihre Kinder in diesem Bereich wußten. Am stärksten zeigten sich Demoralisierung, Hilflosigkeit und Depressionen. Erhebungsdaten zeigten, daß 25% der Bevölkerung so reagierte, während es vor dem Unfall nur 15% waren. Symptome wie Appetitlosigkeit, Schlafstörungen und Reizbarkeit gingen später vorüber, aber ein kleiner Teil der Bevölkerung wies auch noch 4 Monate später somatische Beschwerden auf.

Ein Viertel der Befragten fühlte sich auch noch 4 Monate später durch den Reaktor ernsthaft bedroht; neun Monate später galt dies noch für 10% bis 20% der Menschen, die bis zu 25 km vom Reaktor entfernt lebten. Bromet (1980) fand heraus, daß besonders bei Müttern innerhalb des darauffolgenden Jahres im Vergleich zu einer Kontrollgruppe außerhalb dieses Gebiets extrem viele klinisch zu behandelnde Ängste und Depressionen auftraten.

Katz (1982) berichtet über den übereinstimmenden Befund aller

Wissenschaftler, daß die Bewohner der Gemeinde immer wieder die gleiche Furcht zum Ausdruck brachten, nämlich die, daß sie mit einer Bedrohung zurechtkommen müßten, die sie weder hören noch sehen oder riechen konnten. Der Reaktorunfall befand sich jenseits ihres Erfahrungshorizontes und keiner von ihnen war sich hinsichtlich der Schwere des Unfalls wirklich sicher. Einige der Beobachter hatten das Gefühl, viele Bürger würden zögern, sich auf offizielle Verlautbarungen zu verlassen und die Ratschläge für eventuelle nukleare Notfälle ignorieren, weil die Strahlungsgefahr unsichtbar war und außerhalb jeder normalen Erfahrung lag. Sogar unter den gut Unterrichteten zeigten sich deutliche Rollenkonflikte. In einem Krankenhaus verließ die Hälfte der Abteilung für Nuklearmedizin das Gebiet.

Zwischenfälle, die sich völlig außerhalb der normalen Erfahrungswelt bewegen, bringen eine zusätzliche Belastung durch ihre Unklarheit und Mehrdeutigkeit mit sich. Strahlung ist nicht nur unsichtbar, sondern in ihren Folgen auch unaufhaltsam. Psychologisch gesprochen gibt es kein sicheres Zeichen, weil man nicht wissen kann, welche Einwirkung man davongetragen hat, und es Jahre dauern kann, bis man die vollen Folgen zu spüren bekommt.

Die Pest (1348–1350)

Eine Aufstellung menschlicher Reaktionen bei Katastrophen kann nicht vollständig sein ohne Berücksichtigung der tödlichsten Katastrophe der Geschichte, bei der zwischen Indien und Island schätzungsweise ein Drittel der Bevölkerung umgekommen ist. Tuchman (1978) hat die Folgen der Pest für das Europa des 14. Jahrhunderts nochmals zusammengestellt, wobei er sich darüber bewußt war, daß die Menschen damals unter so andersartigen Bedingungen und Voraussetzungen lebten, daß kein direkter Vergleich mit unserer Zeit möglich ist. Trotz der dazwischenliegenden 600 Jahre bleibt die Pestepidemie jedoch der Katastrophe, die unsere Zeit befallen könnte, am ähnlichsten, und wenn uns heute aus jenem Jahrhundert manches vertraut vorkommt, dann sind das wahrscheinlich die Gemeinsamkeiten in der Denkweise menschlichen Geistes, die bestehende kulturelle und materielle Unterschiede aufheben. Tuchman zitiert einen Historiker, der die Folgen des Schwarzen Todes mit denen des ersten Weltkriegs vergleicht und in jeder Hinsicht die gleichen Klagen findet:

„Wirtschaftliches Chaos, soziale Unruhen, hohe Preise, Profitsucht, moralische Verdorbenheit, Mangel an Produktivität, Trägheit bei der Herstellung, übertriebene Fröhlichkeit, Verschwendungssucht, Luxus, sittliche Ausschweifungen, gesellschaftliche und religiöse Hysterie, Habsucht, Geiz, schlechte Verwaltung, Verfall der Sitten."

Nach Voltaire wiederholt sich die Geschichte nicht, die Menschheit jedoch schon. Trotz der Schwierigkeiten, die der Vergleich mit einer Katastrophe aus einem vergangenen Zeitalter mit sich bringt, dürfen wir nicht ignorieren, was wir daraus ablesen können.

Tuchman legte ihren Ausführungen nicht nur literarische Berichte zugrunde, sondern auch beachtliche Aufzeichnungen aus jener Zeit über Geburten, Todesfälle, Steuern, Löhne, der landwirtschaftlichen Produktion, Gesetze und Ordnungen.

Die Beulenpest trat in Europa zum erstenmal im Oktober 1347 in zwei verschiedenen Formen auf. Die eine Form, deren Erreger sich im Blut befanden, führte zu inneren Blutungen und Schwellungen in den Achselhöhlen und in der Leistengegend; die Ansteckung erfolgte durch Hautkontakt und die Erkrankung führte nach etwa 5 Tagen zum Tod. Ein anderer, ansteckenderer, die Lunge befallender Typ wurde über die Atemluft verbreitet und führte innerhalb von 1 bis 3 Tagen zum Tod. Die Seuche war so tödlich, daß von Menschen berichtet wird, die noch gesund zu Bett gingen und an der Seuche starben, bevor die Nacht vorüber war. 1346 hatte es Gerüchte von einer Epidemie aus dem Osten gegeben, die die Bevölkerung von Indien dezimiert hatte. Im Januar 1348 hatte die Epidemie dann Marseille erreicht und drang von hier auf Schiffen entlang der Küsten und der befahrbaren Flüsse weiter vor, bis sie im März Avignon, im Juni Paris und im August Südengland erreicht hatte. Die Seuche herrschte jeweils vier Monate lang, bevor sie sich an anderen Orten ausbreitete, mit Ausnahme der großen Städte, wo sie im Winter zurückging, um dann im Frühjahr für weitere sechs Monate wieder aufzuleben. Im Norden gelangte sie bis Island und Grönland. Sie legte sich in Europa erst wieder Mitte der fünfziger Jahre des 14. Jahrhunderts. Soweit man aus den vorhandenen Aufzeichnungen schätzen kann, starb „ein Drittel der Menschheit". Die Menschen glaubten, das wäre das Ende der Welt.

Im Gegensatz zu den Folgen eines Atomkrieges blieb die physische Struktur der Zivilisation unversehrt, auch wenn durch die Bevölkerungsabnahme die landwirtschaftliche Produktion sank, was zu vielen weiteren Todesopfern führte, als Nachwellen der Pest die geschwächte, unterernährte Bevölkerung befielen.

Die wesentlichen psychischen Wirkungen, wie man sie aus zeitgenössischen Aufzeichnungen und Kunstwerken ablesen kann, bestanden in schwerem Pessimismus, Mangel an Zuversicht und einem tiefen Gefühl des Elends. Felder blieben unbestellt, reifer Weizen wurde nicht geerntet, das Vieh konnte streunend umherziehen und jede Unternehmung und jeder Neuaufbau schienen sinnlos. Da nur so wenige übrig blieben, um das Werk von Jahrhunderten wieder aufzubauen, glaubten die Menschen, daß die Welt nie wieder zu ihrem früheren Reichtum zurückkommen würde. Die Kathedrale in Siena, die als die größte Kirche der Welt geplant war, wurde aufgegeben, und die Arbeit an diesem Bau wurde nie wieder aufgenommen, so daß das verstümmelte Querschiff heute noch „stets vom Schwung der Sense des Todes zeugt" (Tuchman 1978, S. 96).

Die offizielle Erforschung der Ursachen der Seuche zog die astrologischen Theorien der damaligen Zeit zu Rate und kam zu dem Schluß, daß eine unglückliche Planetenkonstellation dafür verantwortlich war. Diese Erklärung erschien den Menschen damals ebenso abwegig, wie sie uns heute scheinen muß. Die Menschen nahmen ihr eigenes Glaubenssystem zu Hilfe und kamen ihrerseits zu der Überzeugung, daß die Seuche eine Strafe für ihre Sünden darstelle. Für Piers Plowman „war diese Pest für die Sünde". (Eine solche Reaktion wurde auch bei den Opfern eines Vulkanausbruchs im heutigen Mexiko beobachtet, wo die Dorfbewohner genau vom gleichen Zusammenhang von Strafe und Sünde ausgingen.)

Die Bevölkerung im Mittelalter reagierte auf die Pest in einer Weise, die heute als psychisch schwer gestört bezeichnet werden würde. Geißler und Kultverehrer kamen zu Ansehen und fanden neue Anhänger. Sündenböcke wurden gesucht und bei den Juden gefunden, die darauf Opfer von Pogromen wurden. Die verschiedensten Gerüchte geisterten durch die verstörten und verängstigten Gemeinden.

Die gefühlsmäßigen Reaktionen, die durch die erlebten Schrecken abgestumpft waren, verkümmerten in gewisser Weise, und in den Chroniken kann man lesen, daß es „Begräbnisse ohne Trauer und Hochzeiten ohne Fröhlichkeit" (Tuchman 1978, S. 96) gab.

Trotz der Katastrophe ging jedoch das Leben in vielen Bereichen weiter. Noch während sie an der Pest zugrundegingen, zahlten die Lehnsmänner ihre Abgaben. Die Heiratsrate stieg an, hauptsächlich jedoch wegen der finanziellen Vorteile, da jetzt so viele Waisen zu ihrem Erbe gekommen waren. Viele Menschen verlegten ihre Wohnsitze. So zogen zum Beispiel manche Bauern in die leeren Häuser der Reichen ein und eigneten sich deren Eigentum an. Die Preise fielen und man gab Geld aus, solange man es noch konnte. Die Menschen wurden abgebrühter, verhielten sich rücksichtsloser, und es gab viele Rechtsstreite in Eigentumsfragen.

Die Bevölkerung nahm während des restlichen Jahrhunderts weiter ab, da immer noch Folgewellen der Pest das Land überzogen. Ganze Dörfer verschwanden und verlassene Felder verwilderten. Die Archive des Abts von Ramsay zeigen, daß 30 Jahre nach der Pestepidemie die mit Getreide angebauten Landflächen noch weniger als die Hälfte dessen betrugen, was vor der Seuche angebaut worden war. Da die vielen Todesfälle die Produktion verlangsamt hatten, wurden die hergestellten Güter knapp und die Preise stiegen. Die Arbeiter kämpften um höhere Löhne und trafen auf unterdrückende Maßnahmen der Regierung. Die gewohnten Rollen und Sicherheiten der mittelalterlichen Welt waren erschüttert und die Menschen verblieben besorgt, angespannt und trübsinnig.

Von unserer Zeit aus gesehen, erscheinen uns die Erklärungsweisen, die damals herangezogen wurden, seltsam, aber das beschriebene Verhalten ist uns auf unangenehme Weise vertraut. Ansteckende Krankheiten fördern altruistisches Verhalten nicht gerade, und man kann auch von den Überlebenden einer so schrecklichen Erfahrung keine Wohltätigkeiten erwarten. Die Pest unterschied sich vom Atomkrieg, der uns heute bedroht, insofern, als die äußere Welt unversehrt blieb und die Katastrophe etwas langsamer einsetzte. Die einer Strafe ähnlichen Spätfolgen für die Psyche der Überlebenden läßt sich sogar über den Zeitunterschied von 6 Jahrhunderten hinweg feststellen und zeigt uns die heutige Zeit wie in einem entfernten Spiegel.

Pater John Clyn schrieb genau alles auf, was er und seine Mitbrüder erlebten, damit „die Dinge, an die man sich erinnern soll, nicht mit der Zeit vergehen und aus dem Gedächtnis unserer Nachkommen verschwinden". Auf den Tod wartend schrieb er „Ich lasse das Pergament für die Beendigung dieser Schrift hier, für den Fall, daß irgendjemand überlebt und die von mir begonnene Arbeit fortsetzen kann". Der Bericht ist mit einer anderen Handschrift weitergeführt worden.

Die Atomkatastrophen von Hiroshima und Nagasaki

Die Bombenabwürfe über Hiroshima und Nagasaki lassen wenigstens teilweise erkennen, wie die Folgen eines möglichen Atomkrieges in der Zukunft aussehen könnten. Die dort benutzten Waffen waren für heutige Verhältnisse minimal, sowohl die Kultur wie auch die Zeit waren andere, und die Menschen waren weder vorgewarnt worden, noch hatten sie irgendwelche Kenntnisse von radioaktiver Strahlung. Die Bombe, die Hiroshima traf, würde heute mit ihrer Sprengkraft von 12500 Tonnen TNT als kleine Kampfwaffe oder lediglich als Auslöser für eine strategische Bombe von einer Megatonne angesehen werden. Diese Bombenexplosionen sind noch immer das beste Beispiel dafür, was heute bei einem Atomkrieg geschehen könnte, bei dem an 18500 möglichen strategischen Zielen größere Explosionen ausgelöst werden könnten (SIPRI 1984).

Im Verhältnis zu ihrer Bedeutung für unser Zeitalter wurde über die Bombardierung von Hiroshima und Nagasaki zu wenig berichtet. Einige Berichte wurden oft wiederholt, aber ein großer Teil des damals gesammelten Filmmaterials wurde erst kürzlich freigegeben;

auch die Forschungsarbeit mit den Überlebenden war unvollständig und oft in übertriebenem Maße technisch. Alle persönlichen Berichte wurden vermieden und eine breite Leserschaft ausgeklammert.

Lifton (1967) wählte aus den in den örtlichen Forschungsinstituten von Hiroshima geführten Listen mit einem Zufallsverfahren 33 Überlebende der Katastrophe aus, dazu noch weitere 42, die sich zum Thema Atombombe in besonderer Weise geäußert oder anderweitig im Vordergrund gestanden hatten. Mit einem strukturierten Interview untersuchte er die Erinnerung der Einzelnen an die damaligen Ereignisse und deren Bedeutung heute, bleibende Sorgen und Ängste und auch die Bedeutung ihrer Identität als Überlebende.

Ohne Vorwarnung erlebten die Menschen damals eine Explosion, die so verheerend war, daß sie dachten, die Welt ginge unter. Am 6. August 1945 um 8.15 Uhr morgens waren die meisten Menschen in Hiroshima ruhig und entspannt, da gerade eine Entwarnung gegeben worden war. Nur wenige konnten sich an ihre ersten Wahrnehmungen erinnern; manche sahen den „pika", den Lichtblitz, oder spürten die Hitzewelle, manche hörten den „don", das Donnern der Explosion, je nachdem, wo sie sich im Moment der Explosion gerade aufhielten. Alle nahmen an, daß aus heiterem Himmel eine Bombe gerade auf sie gefallen war, sie wurden plötzlich und gänzlich aus einer normalen Existenz herausgerissen und auf überwältigende Weise dem Tod nahe gebracht. Jedem der Überlebenden ist gerade das unvergeßlich (Lifton 1963). Wer sich außerhalb der Stadt befand, sah mit Schrecken, daß Hiroshima aufgehört hatte, zu existieren. Ein junger Universitätsprofessor, der sich damals in einer Entfernung von 2500 Metern zum Zentrum der Explosion aufhielt, faßt seine Gefühle einer unheimlichen, schrecklichen Irrealität in der oft zitierten Beschreibung dieser Hölle zusammen:

„Alles, was ich sah, prägte sich mir deutlich ein. In einem Park in der Nähe lagen viele Leichen, die verbrannt werden sollten. ... Schwerstverletzte flohen auf mich zu. ... Was sich mir vielleicht am stärksten einprägte, waren die Mädchen, ganz junge Mädchen, deren Kleidung ihnen nicht nur in Fetzen am Leib hing, sondern deren Haut sich ebenfalls abschälte. ... Mein unmittelbarer Gedanke war, daß so die Hölle aussehen mußte, von der ich immer gelesen hatte. ... Ich hatte vorher nie

Abb. 2: Atombombenabwurf über Hiroshima 1945

etwas Ähnliches gesehen, aber ich dachte, wenn es eine Hölle gibt, dann ist sie das."

In Nagasaki war der junge Arzt Akizuki (1981) gerade dabei, einen Patienten zur Behandlung vorzubereiten, als die Bombe explodierte. Nachdem er sich aus dem Schutt seines Behandlungszimmers wieder ausgegraben hatte, konnte er schließlich an der Stelle, an der das Fenster gewesen war, nach draußen sehen.

„Der Himmel war kohlschwarz, mit dichten Rauchwolken bedeckt; zwischen dieser Schwärze und der Erde hing ein gelblich-brauner Nebel. Langsam wurde der verschleierte Erdboden sichtbar, und was ich sah, erfüllte mich zutiefst mit Entsetzen. Alle Gebäude, die ich sehen konnte, brannten ... Die Stromleitungsmasten standen ebenso in Flammen wie jedes andere Stück Holz. Die Bäume auf den Hügeln in der Nähe rauchten, wie auch die Blätter der Bataten auf den Feldern. Es genügt nicht, zu sagen, daß alles brannte. Der Himmel war schwarz, der Erdboden rot, und dazwischen hingen gelbliche Nebelwolken. Diese drei Farben – schwarz, rot und gelb – zeichneten sich drohend über den Menschen ab, die bei ihren Fluchtversuchen wie Ameisen durcheinanderrannten. Was war geschehen? Das Urakami-Krankenhaus war nicht von einer Bombe getroffen worden, soviel sah ich. Aber dieses Flammenmeer, und dieser Himmel voll Rauch! Es schien das Ende der Welt zu sein (Akizuki 1981)."

Nachdem sie soviel Schreckliches erlebt hatten, waren die Überlebenden keiner Gefühle mehr fähig. Sie verhielten sich mechanisch, fühlten sich abgestumpft; gleichzeitig war ihnen bewußt, daß sie zum Teil versuchten, so zu tun, als wären sie gar nicht betroffen – ein vergeblicher Versuch, sich vor den schrecklichen Folgen dessen, was sie sehen mußten, zu schützen.

„Ich suchte nach meiner Familie. Irgendwie wurde ich zu einem Menschen ohne Mitleid, denn hätte ich Mitleid empfunden, dann hätte ich nicht an allen diesen Toten vorbei durch die Stadt gehen können. Am beeindruckendsten war der Ausdruck in den Augen der Menschen – mit schwer verletzten und schwarz verbrannten Körpern – ihre Augen suchten nach jemandem, der ihnen helfen würde. Sie sahen mich an und wußten, daß ich stärker war als sie ... Ich suchte meine Familie, und ich sah jeden, den

Abb. 3: Opfer des ersten Atombombenabwurfs in Hiroshima am 6. August 1945

ich traf, genau an, um herauszufinden, ob er nicht einer meiner Angehörigen war – aber diese Blicke – diese Leere – diesen hilflosen Ausdruck werde ich nie vergessen" (Lifton 1963).

Einen Geschäftsmann, der den Schuh seines Sohnes in Eile nur behelfsmäßig repariert hatte, bevor er zur Arbeit in die Innenstadt ging, überfielen Schuldgefühle, weil er glaubte, dieser Schuh hätte seinen Sohn daran gehindert, dem Feuer zu entkommen. Der Mann suchte vergeblich nach der Leiche seines Kindes und verblieb in einem Zustand ständiger Selbstanklage.

Die meisten Überlebenden erinnerten sich besonders an einzelne, ganz besonders schreckliche Bilder, die sie mit tiefstem Mitleid, mit Schuld oder mit Scham erfüllten. Ein noch lebender Säugling an der Brust seiner toten Mutter, eigene Angehörige, die dem Feuer überlassen geblieben waren, mitleiderweckende Bitten um Hilfe, die man hatte ignorieren müssen – jeder Überlebende trug solche schlimmen Erfahrungen mit sich fort.

In Nagasaki konnte sich Akizuki kaum mehr der Überlebenden mit schweren Brandverletzungen erwehren, die nach Wasser und medizinischer Versorgung schrien.

„Nur teilweise oder überhaupt nicht bekleidet gingen sie mit seltsamen, langsamen Schritten, mit einem Stöhnen aus ihrem Inn ern, das klang, als kämen sie gerade aus den Tiefen der Hölle. Sie sahen bleich aus; ihre Gesichter waren die Masken. Ich hatte das Gefühl, zu träumen und im Traum bleiche Gespenster zu sehen, die langsam in die gleiche Richtung gingen – ganz wie ich es als Kind in einem Traum gesehen hatte."

Schwerverletzte schrien um Hilfe. Eltern weigerten sich, ihre toten Kinder zu verlassen und verlangten, daß ein Arzt nach ihnen sehe. Über die Stadt fliegende Flugzeuge verursachten Panikreaktionen; die Menschen versuchten, sich vor ihnen zu verstecken. Die meisten der überlebenden Opfer hatten schreckliche Szenen erlebt: Berge von Leichen, die sich in den Gräben anhäuften, Mütter, die ihre Kinder noch im Arm hielten, eine Mutter und ihr eben geborenes, noch durch die Nabelschnur mit ihr verbundenes Kind, alle tot (Akizuki 1981).

Die erneute Vergegenwärtigung der Ereignisse berührte die Interviewten auch 17 Jahre danach noch tief und erinnerte sie an:

„Den unauslöschlichen Eindruck, vom Tod durchdrungen zu sein, der zur Folge hat, daß man mit dem Tod nun ständig konfrontiert ist; die Furcht vor der eigenen Vernichtung, der Auslöschung der eigenen Identität, und das

Gefühl, diese Auslöschung tatsächlich bereits erlebt zu haben; die Zerstörung der materiellen Umgebung, des Bereiches oder des Umfeldes seiner eigenen Existenz und damit auch des eigenen „Sich-in-der-Welt-Befindens", und das Einsetzen der unnatürlichen Ordnung eines vom Tod dominierten Lebens anstelle der natürlichen Lebensordnung" (Lifton 1963).

Die Opfer waren von ihren Erlebnissen so tief betroffen, daß jeder Aspekt ihres späteren Lebens davon berührt war, und sie hatten das Gefühl, mit dem Tod in Berührung gekommen zu sein, aber dennoch zu leben. Solche Überlebende versuchen der Tatsache, daß sie selbst überlebt haben und andere getötet wurden, einen Sinn abzugewinnen. Sie können nicht akzeptieren, daß das nur Zufall war, und sind überzeugt, daß ihr Überleben durch den Tod anderer ermöglicht wurde, eine Überzeugung, die schreckliche Schuldgefühle erzeugt. Bei den Überlebenden von Hiroshima entwickelten sich Schuld und Scham sehr schnell, ebenso wie bei den Überlebenden aus Konzentrationslagern, und in beiden Fällen sind diese Gefühle sehr intensiv und anhaltend. Lifton stellt sich den Gedankenablauf der Überlebenden von Hiroshima so vor:

„Ich war fast tot. ... Ich hätte sterben sollen ... Ich bin gestorben, oder zumindest bin ich nicht lebendig. Oder wenn ich am Leben bin, dann ist das eine Sünde ... und so ist alles sündhaft, was ich tue, um das Leben zu bejahen, und eine Beleidigung der Toten, die allein unschuldig sind. ... Und indem ich wie ein Toter lebe, nehme ich den Platz der Toten ein und verhelfe ihnen zu neuem Leben."

In dieser Art vollzieht sich die schmerzvolle Anpassung der Überlebenden an die freudlose Tatsache, überlebt zu haben. Dieser Kummer ist umso größer, da keine Toten zu beerdigen und zu beweinen sind, und auch keine vertrauten Anzeichen darauf hinweisen, daß das Leben weitergeht, was die Anpassung an den Verlust erleichtern würde. Die eigene Person, das Haus, die Straße, die Stadt und sogar die Natur sind verbraucht.

Direkt nach dem Bombeneinschlag zirkulierten in Hiroshima drei Gerüchte. Das eine war, daß die Gegend nun 75 Jahre lang unbewohnbar sein würde, das zweite, daß weder Bäume noch Gras hier jemals wieder wachsen würden, und das dritte, daß alle, die der Bombe ausgesetzt waren, innerhalb von drei Jahren sterben würden. Diese Gerüchte enthalten alle verständliche Ängste bezüglich der Verseuchung und der Spätfolgen der radioaktiven Strahlung. Diese Furcht blieb bei einigen Opfern bestehen und wurde 5 Jahre später durch das Auftreten von strahlungsbedingter Leukämie noch vertieft. Jede noch so kleine Beschwerde wird als potentielles Anzeichen für den eigenen Untergang angesehen.

Die Überlebenden glaubten, nun zwangsläufig einer bestimmten Menschengruppe anzugehören, den „Hibakusha", einer stigmatisierten, von der Gesellschaft geächteten Gruppe. Der Makel des Todes, den sie an sich haben, läßt andere sich abwenden und zwingt die Überlebenden, sich eher mit den Toten zu identifizieren. Sie sehen sich als Versuchstiere, als Opfer eines Experiments, das immer noch anhält. Was aus dem Bereich der „wirklich Lebenden" kommt, ist fremd und unangenehm und dient nur dazu, noch deutlicher sichtbar zu machen, wie sehr sich alles verändert hat und wieviel verloren wurde.

Die neuen Bewohner werden durch die Bombenopfer peinlich berührt, weil diese ihnen das Gefühl verschaffen, Eindringlinge zu sein, und sie mit Verachtung und Haß behandeln. Die Katastrophenopfer selbst verachten und ersehnen zugleich jede fürsorgliche Zuwendung. Im gesellschaftlichen und beruflichen Kontext werden sie diskriminiert, weil man Ansteckung und spätere Erkrankungen befürchtet. Sobald die unmittelbar nach der Katastrophe wahrgenommene, utopische Welt zusammengebrochen ist, kommen alle diese Konflikte ans Tageslicht und hinterlassen die Opfer in einem Zustand von Trauer und Haß, der für viele zur paranoiden Reaktion wird. Diese Haltung verhindert noch zusätzlich ihre Integration in die Gemeinschaft, die lieber die Toten ehrt, als sich mit den Überlebenden abzugeben. Das führt dann zu so bedauerlichen Vorfällen, wie zum Beispiel dem Verbot für Bombenopfer mit Brandnarben, öffentliche Schwimmbäder zu benutzen (Lifton 1967).

Auch wenn es offensichtlich keine ordentlichen Nachuntersuchungen zu den psychischen Folgen gibt, so kann man doch sagen, daß psychotische Symptome selten sind, während es häufig zu Depressionen und Ängsten vor Krebserkrankungen, Furcht vor dem Tod und dem Sterben, allgemeinen Beschwerden über Müdigkeit, Schwindelgefühle, Reizbarkeit und Schwierigkeiten bei der Problembewältigung kommt. Dieses Muster ist dem ähnlich, das sich nach größeren politischen Unruhen beobachten läßt, und man kann es als eine verständliche Konzentration der Aufmerksamkeit auf mögliche Gefahrensignale auffassen, die so weit gehen kann, daß jeder längerfristige Plan ausgeschlossen wird. Das Fehlen von ordentlichen Nachuntersuchungen ist an sich schon ein erwähnenswertes psychologisches Phänomen, da es vermuten läßt, daß sogar die Wissenschaft ihre Augen vor den Spätfolgen der Katastrophe verschließt.

Nach Lifton unterscheiden sich Erfahrungen aufgrund von Atombombenexplosionen dadurch von anderen Katastrophen, daß sie die Überlebenden in endloser und nicht zu bewältigender Weise mit dem Tod konfrontieren. Dem schrecklichen und unmittelbaren Blutbad selbst folgten verzögerte Langzeitauswirkungen, die auf diese Weise den Mythos von der persönlichen Unverwundbarkeit beständig gefährden. Empirisch gesehen, sah jedes Opfer seine sichere, von der Sonne beschienene Welt mit einem einzigen Schlag zerstört. Man fühlte, das sei das Ende der Welt, nicht nur das Ende einer Stadt. Es ist nicht schwer, zu verstehen, daß die Opfer nun der scheinbaren „Entwarnung" nicht trauen.

Zusammenfassung und Schlußfolgerungen

Die Folgen eines möglichen Atomkrieges verstehen zu können, ist davon abhängig, welche der vergangenen Katastrophen man am ehesten als vergleichbar einschätzt. Eine plötzliche katastrophale Zerstörung wird wahrscheinlich die spätere Funktionstüchtigkeit der Überlebenden stärker beeinträchtigen als jede allmählich einsetzende, anhaltende Belastung; in letzterem Fall werden die Betroffenen doch einige Überlebensstrategien beibehalten. Was die Überlebenden von Atomangriffen und die Gefangenen von Konzentrationslagern gemeinsam hatten, war eindeutig die Tatsache, daß eine äußere Welt existierte, die Hilfe leisten konnte und wollte. Nach einem weltweiten Atomkrieg könnte das nicht garantiert werden.

Die Überlebenden von Katastrophen sind schweren psychischen Belastungen ausgesetzt. Das Ausmaß dieser Folgen wurde von Kinston und Rosser (1974) mit Hilfe von Daten aus der Arbeit von Brown et al. (1973) erarbeitet, die das Verhältnis zwischen erlebten Ereignissen und darauffolgenden psychischen Erkrankungen untersuchten. Sie nehmen an, daß das Auftreten von Depressionen sich verdreifachen und das von Neurosen sich verzehnfachen kann. Diese Schätzungen setzen eine funktionierende Gesellschaft voraus, zu der die Opfer zurückkehren können und von der sie Unterstützung und Hilfe erhalten.

Chazov und Vartanian (1983) kamen bei dem Versuch, die Auswirkungen eines Atomkrieges auf menschliches Verhalten zu erfassen, zu der Überzeugung, daß die psychiatrischen Einrichtungen der Sowjetunion nur den fünfzigsten Teil der benötigten Hilfen bieten könnten. Ängste, Furcht, Reizbarkeit und Verwirrtheit werden als unmittelbare Reaktionen erwartet. Unter der Voraussetzung, daß etwa 20% bis 25% der europäischen Stadtbevölkerung die unmittelbaren Auswirkungen einer Bombardierung überleben, gehen Chazov und Vartanian davon aus, daß mindestens ein Drittel dieser Überlebenden schwere Geistes- und Verhaltensstörungen aufweisen wird. In den meisten Fällen wird es sich dabei um akute Angstzustände handeln, und 50% der Überlebenden werden psychisch soweit außer Gefecht gesetzt sein, daß sie weder für sich selbst noch für andere sorgen können.

Keine der bis heute geschehenen Katastrophen reicht in ihren Ausmaßen an das heran, was ein globaler Atomkrieg anrichten wird. Wie bereits festgestellt wurde, wird die generelle schwere Zerstörung Rettungsoperationen sehr unwahrscheinlich machen, und die Strahlungsauswirkungen werden außerdem die Bereitschaft der Menschen, ihren Schutzraum zu verlassen und anderen zu helfen, stark einschränken. Auch die wirtschaftliche, soziale und möglicherweise sogar klimatische Zerstörung wird die Chancen der Bevölkerung, sich zu erholen, stark herabsetzen. Die oben aufgeführten Schätzungen und Ergebnisse hinsichtlich einer möglichen Wiederherstellung stellen minimale und sehr vorsichtige Vermutungen über die nach einer atomaren Katastrophe zu erwartenden psychischen Störungen dar.

3. Konsequenzen der Katastrophenforschung für den Zivilschutz

Atomwaffenführende Staaten wie die USA und die UdSSR treten offiziell für Evakuierungspläne und auch für gewisse Schutzmaßnahmen ein, obwohl in der Praxis in dieser Hinsicht für die Bevölkerung kaum vorgesorgt ist. Einige atomwaffenfreie Staaten, wie die Schweiz, vertreten eine offizielle Schutzraumpolitik und haben ausgedehnte Vorkehrungen zum Schutz der Bevölkerung getroffen. Wohnhäuser müssen bereits beim Bau befestigte Bunker enthalten, und Krankenhäuser und sogar Fabriken sind unterirdisch angelegt worden. Solche Vorsichtsmaßnahmen sind nützlich, wenn die bevorstehende Bedrohung in einem Fallout der Nachbarstaaten besteht. Sie bieten jedoch im Fall eines direkten Angriffs wenig Sicherheit.

Obwohl sich in Großbritannien viele militärische und nukleare Angriffsziele befinden, sehen die gegenwärtigen Pläne dort weder Schutzräume noch Evakuierungsmaßnahmen vor. Während für bestimmte Berufsgruppen durchaus Schutzräume existieren, soll die übrige Bevölkerung im Ernstfall zu Hause bleiben. Wirtschaftliche und politische Erwägungen sprechen gegen ein Programm zum Bau von Schutzräumen, und geographische Gegebenheiten schränken den Spielraum für Evakuierungspläne ein, wenn auch mit einer gewissen Wahrscheinlichkeit bestimmte Landesteile sicherer sind als andere (Openshaw, Steadman & Greene 1983). Die Diskussionen zum Zivilschutz werden auf zwei Ebenen geführt: öffentliche Bekanntmachungen und vertrauliche Vorbereitungen der Regierung.

In die erste Kategorie fallen die meisten Aufklärungsschriften, die von der Regierung zur Orientierung der Bevölkerung herausgegeben werden. Im allgemeinen beziehen sich diese allerdings selten und nur hintergründig auf das Thema Atomkrieg. Öffentlich wird dieses Thema gewöhnlich gar nicht angesprochen. Während die Bevölkerung über das Fernsehen zwar beraten wird, wie sie sich im Falle bestimmter Gefahren, wie zum Beispiel Hausbränden, verhalten soll, existieren für den Fall eines atomaren Angriffs keine derartigen Anleitungen. So entspricht die offizielle Vermeidung des Themas dem individuellen Leugnen der Gefahr. Von den tatsächlich vorhandenen amtlichen Mitteilungen ist die für Wohnungsinhaber bestimmte Broschüre *Protect and Survive* (Schutz und Überleben) (COI 1980) am bekanntesten. Ursprünglich sollte sie an alle Haushalte frei verteilt werden, aber schließlich wurde sie einfach öffentlich verkauft.

Zur zweiten Kategorie gehören eine Reihe geheimer Unterlagen und Arbeitsberichte der Regierung, von denen einige vertraulich an Journalisten und Wissenschaftler weitergegeben worden sind und sich so in einem beschränkten Umlauf befinden, von wo aus sie gelegentlich die Presse erreichen. Die Planungsunterlagen, die die Grundlage für Zivilschutzübungen wie „Square Leg" bilden, gehören zum Beispiel dazu. Campbell (1983) hat eine ausführliche Studie dieser vertraulichen Vorkehrungen zusammengestellt.

Churcher und Lieven (1983) berichten, daß in diesen Dokumenten die Aufrechterhaltung von ‚Recht und Ordnung' betont und weniger Wert auf das Wohlergehen der Überlebenden gelegt wird. Das Überstehen einer solchen Katastrophe wird ohne jeden Bezug auf psychische Reaktionen diskutiert, so als ginge man davon aus, daß die hauptsächlichen Reaktionen auf Katastrophen in Tumulten und Aufruhr bestünde.

Childs (1983) nahm an Zivilschutzkursen für freiwillige Helfer teil, die dazu zwölf von ehemaligen Offizieren abgehaltene Abendsitzungen besuchen mußten. Obwohl dabei auch einige technische Informationen weitergegeben wurden, diente diese, eher unauffällige Vorgehensweise in erster Linie der Modifikation von Einstellungen. Die Diskussionen wurden vom Gedanken an Recht und Ordnung getragen, und den zukünftigen Rettungsleitern wurde das Gefühl vermittelt, Teil einer verantwortungsbewußten, klardenkenden Minderheit zu sein, die die in Panik geratene, nur an ihr eigenes Wohl denkende Menge unter Kontrolle halten muß. Nach Childs wird so den potentiellen Gruppenleitern suggeriert, im Ernstfall zu den Überlebenden zu gehören, was sie sowohl davon ablenkt, mit Entsetzen oder Empörung zu reagieren, wie auch davon, aktiv zur Vermeidung der Gefahr beizutragen.

Die grundlegenden Voraussetzungen des Zivilschutzes sind sowohl auf naturwissenschaftlicher Basis (Openshaw, Steadman & Greene 1983), wie auch auf medizinischer (BMA 1983) und psychologischer Basis (Churcher et al. 1981, Churcher & Lieven 1983) ernsthaft kritisiert worden. Ein neueres Symposium (Brassey's Publishers 1982) mit Studien zum Schutz des öffentlichen Versorgungsnetzes erläutert eine Vielzahl verschiedener Standpunkte, und berichtet darüber, welche Vorkehrungen in anderen Ländern getroffen werden.

Die Broschüre ‚Protect and Survive'[3]

Es gibt keine systematischen Untersuchungen dazu, wie diese Broschüre aufgenommen wurde und welche Wirkungen sie hatte. Sie ist in einfacher Sprache geschrieben und enthält ebenso einfache Strichzeichnungen. Der Stil ist direkt und nüchtern, und im vertrauenerweckenden Ton einer offiziellen Veröffentlichung gehalten. Die Broschüre ist seit ihrer ersten Auflage vor 20 Jahren kaum verändert worden, wenn auch einige Abbildungen zeitgemäßer gestaltet wurden.

Die erste wesentliche Aussage dieser Veröffentlichung ist, daß man in keiner Weise vorhersagen könne, wo Bomben niedergehen werden, und daß sich radioaktiver Niederschlag überall ausbreiten kann. Daher sei kein Ort sicherer als ein anderer, und die Bevölkerung solle in ihren Wohnungen bleiben. Dies wird den Lesern zudem noch mit dem Argument einleuchtend gemacht, ihre Wohnungen seien ihnen doch am meisten vertraut, dort seien sie bei den Nachbarn bekannt und dort befänden sich auch ihre Lebensmittelvorräte. Zusätzlich wird suggeriert, daß verlassene Wohnungen zugunsten obdachloser Flüchtlinge enteignet werden könnten.

Weiter bietet die Broschüre Ratschläge für den Bau einer Art Schutzraum innerhalb des Hauses an – einer behelfsmäßigen Konstruktion aus Türen, Tischen und mit Erde gefüllten Behältern –, in den sich die Familie bei einem Alarm flüchten solle. Außerdem erhält der Leser Hinweise zum Anlegen von Vorräten, zu denen Lebensmittel für einen Zeitraum von 2 Wochen gehören. Zusätzlich wird noch geraten, bis zur Entwarnung im Schutzraum zu bleiben und man erhält noch einige allgemeine Tips zum Leben ohne funktionierendes öffentliches Versorgungsnetz.

Zum Zeitpunkt einer atomaren Krise würden außerdem Radio- und Fernsehmeldungen durchgegeben und auch die Zeitungen würden entsprechende Berichte enthalten. Obwohl die entsprechenden Bänder dafür bereits bespielt sind, können sie psychologisch nicht ausgewertet werden, da sie der Öffentlichkeit nicht zugänglich sind.

Protect and Survive vertritt einige der den Zivilschutzplänen im Fall eines Atomkrieges zugrundeliegenden Voraussetzungen, wie sie von Churcher und Lieven (1983) besprochen worden sind. Erstens wird davon ausgegangen, daß es zunächst zu einer Vorwarnung und danach zu einem einzelnen Atomwaffenschlag kommen wird, worauf die Bevölkerung einen Zeitraum von etwa 2 Wochen überstehen muß. Es wird angenommen, daß Lebensmittel und notwendige Güter in den erforderlichen Mengen vorhanden sind. Nicht erwähnt wird, daß es zu einer Reihe von Angriffen oder zu einem fortgesetzten Atomkrieg kommen könnte (Halloran 1982). Zweitens wird vorausgesetzt, daß das Rundfunknetz von der Zerstörung verschont bleibt und daß die Empfangsgeräte die elektromagnetischen Impulse überstehen werden, was auch technischer Sicht unwahrscheinlich ist (Glasstone & Dolan 1980). Dieser Punkt wird nur indirekt angesprochen, indem verfügt wird, daß die Antennen eingezogen bleiben sollen. Es wird nicht erwähnt, daß die Regierung gegebenenfalls die Möglichkeit hat, im Ernstfall private Telefonanschlüsse selektiv vom Netz auszuschalten; würde davon Gebrauch gemacht, so würde das die psychische Belastung enorm erhöhen. Drittens geht man davon aus, daß es irgendeine Autorität geben wird, die in der Lage ist, die Überlebenden zu leiten, wenn dabei auch unklar bleibt, ob diese Autorität ziviler oder militärischer Natur sein soll. Viertens wird vorausgesetzt, daß die Bevölkerung wohlvorbereitet, gesund und außerdem in der Lage ist, die aufgeführten Instruktionen auszuführen. Probleme, die bei Alten, Kranken oder Behinderten entstehen könnten, werden ebensowenig erwähnt wie die Auswirkungen, die es haben könnte, wenn Dauerpatienten aus den Krankenhäusern ausquartiert werden müßten, um Platz für Notfälle zu schaffen. Auch daß die Bevölkerung mit Angst und erhöhter Anspannung reagieren werde, wird nicht erwähnt.

Wahrscheinliche Reaktionen der Bevölkerung

Welche Voraussagen kann man zu den wahrscheinlichen Reaktionen auf einen Atombombenalarm treffen, wenn man die Kenntnisse menschlicher Reaktionen auf Katastrophen berücksichtigt?

Zunächst kann man keine genauen Vorhersagen treffen, ohne davon auszugehen, daß die Befunde zu andersartigen Bedrohungen auf einen Atomkrieg überhaupt übertragbar sind. Dazu muß man das Ausmaß der Zerstörung abschätzen, und da dieses wahrscheinlich sehr viel schlimmer sein wird als bei jeder bisher erfahrenen Katastrophe, wird es sich nur um Mindestschätzungen handeln.

Zur Reaktion der Bevölkerung werden viele Einzelfaktoren beitragen, und man kann allgemeine Tendenzen nur andeuten. Unter Verwendung der Ergebnisse aus dem vorhergehenden Kapitel werden wir nun hinsichtlich der zu erwartenden Reaktionen einige vorsichtige Vermutungen anstellen. Die folgende Darstellung ist ein Versuch, Erfahrungen aus vergangenen Katastrophen auf ein zukünftiges Ereignis anzuwenden; sie stellt also höchstens eine nur für illustrative Zwecke aufgestellte Schätzung dar.

Art und Zeitpunkt der Vorwarnung

Es gibt keine Gewähr dafür, daß es vor einem Atomkrieg überhaupt zu einer Vorwarnung kommen wird.

Vorausgesetzt, daß die entsprechenden Kreise der Regierung Ankündigungen eines bevorstehenden Angriffs erhalten, gibt es einige Gründe dafür, dies nicht öffentlich bekanntzugeben. Vom diplomatischen Gesichtspunkt aus könnte das Auslösen von Zivilschutzmaßnahmen als Vorbereitung für militärische Aktionen gesehen werden und daher die politische Spannung noch erhöhen. Aus diesem Grund würde sich einer offiziellen Verlautbarung beträchtlicher Widerstand entgegensetzen. Aus militärischer Sicht würde die Bekanntgabe eines bevorstehenden Krieges die zivile Produktion unterbrechen und so die Kapazitäten des Militärs für die Kriegsvorbereitungen mindern. Sollte die Bevölkerung damit beginnen, die Ballungszentren zu verlassen, so wären die militärischen Einheiten stark behindert; auch das ist ein wichtiger Grund, einen öffentlichen Alarm zu verzögern.

Innenpolitisch gesehen bringen Warnungen vor einem bevorstehenden Atomkrieg ein enormes politisches Risiko mit sich. Sie könnten als Eingeständnis einer gescheiterten Abschreckungspolitik interpretiert werden. Und wenn der Ernstfall dann doch nicht eintritt, käme es unweigerlich zu politischem Prestigeverlust. Bei vernünftiger Überlegung hätte das natürlich die geringeren Folgen für das Land; politisch würde jedoch der die Konsequenzen ziehen müssen, der die Entscheidung fällt. Katz (1982) hat gezeigt, daß eine ausgedehnte Evakuierung tiefgreifende ökonomische Folgen hat, im Verlaufe derer sich beträchtliche Störungen im sozialen und wirtschaftlichen Leben ergeben. Titmuss (1950) weist auf die hochgradig schädigenden Auswirkungen hin, die die Evakuierung britischer Städte im Zweiten Weltkrieg nach sich zog, wodurch der Alltag von fast einem Drittel der Gesamtbevölkerung betroffen war. Damals evakuierte die Regierung alle öffentlichen Einrichtungen und alle nicht mit wesentlichen Aufgaben befaßten Bürger aus den Städten in ländliche Gebiete, die die so anfallenden Aufgaben in keiner Weise mehr bewältigen konnten. Als dann der erwartete unmittelbare Angriff nicht erfolgte, wurde deutlich, daß die Regierung ihr soziales Netz unnötig geschädigt hatte. Es ist durchaus möglich, daß diese schmerzliche Erfahrung die Evakuierungspolitik bis auf den heutigen Tag beeinflußt.

Außerdem kann man davon ausgehen, daß jede Verlautbarung über eine bevorstehende nukleare Bedrohung die Anti-Kernkraft-Bewegungen enorm ankurbeln würde. Aus dem doch etwas eingeschränkten Blickwinkel der Innenpolitik könnte dies für diejenigen, die die Entscheidung treffen, schwerwiegende Konsequenzen haben.

Aus den oben aufgeführten Gründen kann nicht garantiert werden, daß auftretende Warnzeichen unmittelbar bekanntgegeben werden. Da außerdem ein Atomkrieg unabsichtlich ausgelöst werden kann, ist vielleicht die Explosion selbst das erste Warnzeichen.

Atomschlag ohne Vorwarnung

Eine unangekündigte Atomexplosion würde wahrscheinlich beim größten Teil der Bevölkerung zu massiven und unmittelbaren Streß- und Fluchtreaktionen führen. Wer sich im Randgebiet der Explosionszone befindet, würde zweifellos versuchen, aus dem betroffenen Gebiet zu fliehen. Eine wesentliche Determinante dieser Flucht wäre das Ausmaß der auf eine Atomexplosion folgenden Brände, ein zweiter Grund sicherlich aber auch die Furcht vor der radioaktiven Strahlung. Die meisten Menschen, deren Wohnungen im weiteren Randgebiet der Explosionszone relativ unbeschädigt geblieben sind, wären völlig ratlos; ihr Verhalten würde dann möglicherweise durch die Warnungen von Verletzten und in Panik geratenen Flüchtenden beeinflußt werden. Wahrscheinlich käme es zu einer Massenflucht, wenn auch die meisten nicht sehr weit kommen würden. Abhängig vom Zustand der weiteren Umgebung würden ganze Familien wahrscheinlich versuchen, sich so weit wie möglich vom Ort der Explosion zu entfernen. Wer von seiner Familie getrennt ist, würde wohl zurückkehren wollen, sobald die ersten Brände vorüber sind. Manche Menschen würden das sicherlich trotz ihrer Angst vor der Strahlung versuchen; andere wären durch den entstehenden starken Konflikt zunächst unentschlossen, würden aber wohl auch dazu neigen, zurückzugehen, solange sie nicht mit Gewalt davon abgehalten werden. Von diesen nur knapp Entkommenen wäre niemand in der Lage, gemeinschaftliche Rettungsunternehmungen zu organisieren; völlig ziellos würde jeder nach vermißten Angehörigen suchen, solange er körperlich dazu in der Lage ist.

Es ist unwahrscheinlich, daß in dieser Phase öffentliche Maßnahmen auf die Bevölkerung Einfluß haben könnten. Man würde die Tatsache, daß die Bevölkerung nicht gewarnt worden ist, als grobe Pflichtverletzung der Regierung ansehen. Handelt es sich bei der Explosion um einen isolierten einzelnen Vorfall, dann besteht eine gewisse Wahrscheinlichkeit, daß die Reaktionen der Bevölkerung schließlich durch massive Anstrengungen über die Medien unter Kontrolle gehalten werden könnten. Dabei sollte zumindest die

Betonung auf praktische Aufgaben gelegt werden, um so die allgemeine Angst zu mindern.

Inoffizielle Vorwarnung

Die wahrscheinlichste Warnung vor einem bevorstehenden Angriff wird in gehäuften Nachrichtenmeldungen, inoffiziellen Maßnahmen und dem „Durchsickern" von Informationen bestehen. Ob der Einzelne an eine wirkliche Gefahr glaubt, wird davon abhängen, zu welchen Informationen er Zugang hat und wie er diese interpretiert. Wie bei den meisten Krisen werden sich manche Menschen sehr schnell alarmieren lassen, während andere die Anzeichen einer Bedrohung überhaupt nicht zu erkennen scheinen. Unter solchen Bedingungen kommt es höchstwahrscheinlich zu sehr vielen unterschiedlichen Reaktionen.

Einige werden damit beginnen, Vorkehrungen zu treffen; sie werden das Land verlassen wollen oder sich an Orte begeben, die sie für relativ sicher halten.

Offizielle Vorwarnung

Wenn überhaupt offiziell Alarm gegeben wird, so besteht er wahrscheinlich nur in einer indirekten Vorwarnung, wobei betont wird, daß alles nur der Vorsorge dient, und die Vorbereitungen als eine Art Training für den Ernstfall dienen. Danach kann einige Zeit vergehen, bis der Bevölkerung genauere, deutlichere Warnungen übermittelt werden. Bei allen folgenden Diskussionen muß man verstehen, daß für die verschiedenen Phasen der Vorwarnung unterschiedliche Reaktionsweisen wahrscheinlich sind. Die Vorwarnung wird viele Menschen in Konflikte stürzen, da sie nun ihre eigenen persönlichen Bedürfnisse gegen die der Gesellschaft abwägen müssen (Killian 1952). Nach Dawes (1980), der einen Überblick über soziale Dilemmas gibt, wird jeder einzelne mehr gewinnen, wenn er sich gegen die Gemeinschaft entscheidet, also zum Beispiel Lebensmittel hamstert, aber die Gemeinschaft als solche würde mehr gewinnen, wenn alle zusammenarbeiteten.

Reaktionen auf verstärkte Vorwarnung

In den ersten inoffiziellen Phasen der Vorwarnung werden diejenigen, die grundsätzlich wachsam und vorsichtig sind, gewisse, nach außen nicht erkennbare Vorkehrungen treffen. Sie werden wahrscheinlich mehr Reisen ins Ausland buchen, Hamsterkäufe tätigen und wer nicht in der Lage ist, der dort vermuteten größeren Sicherheit wegen ins Ausland zu reisen, wird vielleicht auf dem Lande nach Orten suchen, die sicherer zu sein scheinen.

Wer Probleme grundsätzlich gern verdrängt, wird jede Gefahr leugnen und versuchen, so normal wie möglich und ohne jeden Evakuierungsgedanken weiterzuleben. Ob dieses Leugnen beibehalten werden kann, wird davon abhängen, ob weiterhin genügend Lebensmittel und öffentliche Dienstleistungen verfügbar sind und vor allem auch kulturelle Angebote, die das Thema Atomkrieg ausklammern.

In diesem Stadium angespannter Unentschlossenheit können Zufallsfaktoren eine wichtige Rolle spielen. Andere Neuigkeiten können die Aufmerksamkeit ablenken, und kleinere politische Entwicklungen werden vielleicht hoffnungsvoll als Lösungsmöglichkeit für die internationalen Spannungen angesehen. Äußerliche Faktoren, wie zum Beispiel schönes Wetter, können den Verdrängungsprozeß unterstützen und für manche Menschen die Gefahr weniger glaubhaft erscheinen lassen. Gerüchte können zur Alarmierung der Öffentlichkeit führen, was dann höchstwahrscheinlich zur Folge hat, daß zuerst Lebensmittelvorräte gehamstert werden. Man wird vielleicht auch größere Mengen Benzin aufkaufen, da dies bei einer Evakuierung unbedingt notwendig sein würde. Nach Dawes (1980) muß jeder, wenn er sich selbst an die für die Gemeinschaft wichtigen Regeln halten soll, davon überzeugt sein, daß die anderen dies auch tun. Eine solche Überzeugung ist in einer Krise sehr unwahrscheinlich.

Sobald die Vorwarnung einen gewissen offiziellen Charakter angenommen hat, werden etwa 75% der Bevölkerung von einer kaum zu beherrschenden Furcht und Erregung befallen werden. Telefongespräche zwischen Verwandten und Freunden werden stark zunehmen und Familienangehörige werden daraufhin versuchen, zusammenzukommen. Jeder wird ständig und wie besessen alle Nachrichten verfolgen. Wenn die Regierung ihre Pläne für eine selektive Ausschaltung bestimmter privater Telefonanschlüsse durchführt, wird sehr große Angst entstehen. Auch alle Verbote privater Reisen werden die Angst wachsen lassen, und man wird diesen Einschränkungen zu entgehen versuchen, wo es möglich ist.

Die Entlassung von Patienten aus den Krankenhäusern, um für etwaige Verletzte Platz zu schaffen, wird ebenfalls für viele Familien verstärkte Belastungen und praktische Probleme implizieren.

Dabei ist es immer noch möglich, daß ein kleiner Teil der Bevölkerung, vielleicht 5% bis 10%, die Gefahr weiterhin leugnet und daran glaubt, daß „das alles schon wieder vorübergehen wird".

Einige von denen, die die Gefahr zunächst nicht erkennen wollten, werden sich nun in einem Zustand extremer Angst befinden. Diese Reaktion, die auch diejenigen zeigen können, die von Anfang an ängstlich und vorsichtig waren, wird wahrscheinlich etwa 15% der Bevölkerung in ihrer Handlungsfähigkeit behindern.

Reaktionen der Stadt- und Landbevölkerung

Höchstwahrscheinlich werden sich die Land- und die Stadtbewohner hinsichtlich ihrer Vorbereitungsmaßnahmen unterscheiden. Die meisten Menschen sehen die Ballungsgebiete der Städte als die wichtigsten militärischen Ziele an, da sie es im Zweiten Weltkrieg immer waren. Die meisten militärischen Ziele befinden sich tatsächlich nicht in Stadtgebieten, aber ihr Standort ist der Allgemeinheit meist nicht bekannt. So werden viele ländliche Gebiete als sicher angesehen, obwohl sie in Wirklichkeit mögliche Ziele enthalten. In einer neueren Studie berichten Gunter und Wober (1982), daß 38% der Bewohner von London bei einem bevorstehenden Atomangriff die Stadt verlassen würden. Das ist wahrscheinlich noch eine Mindestschätzung, da bei unmittelbarer Bedrohung dieser Prozentsatz noch viel höher liegen kann. Eine wichtige Determinante für die Mobilität der Bevölkerung wird die Verfügbarkeit von Lebensmitteln sein. Wer eine Zweitwohnung oder Verwandte auf dem Land hat, wird sich höchstwahrscheinlich dahin auf den Weg machen, sobald er genügend

Lebensmittelvorräte gesammelt hat. Stadtbewohner ohne Wohnsitz auf dem Land werden versuchen, bei Freunden oder in Hotels unterzukommen. Ihre Ziele werden sehr wahrscheinlich die bekannten Ferienorte oder andere Gegenden sein, von denen man ländliche Ruhe erwartet. Je nach der Geschwindigkeit, mit der sich die Krise entwickelt, werden die Leute zuerst versuchen, sich Hotelzimmer zu buchen und schließlich die Städte einfach verlassen, in der Hoffnung, private Unterkünfte zu finden. Sogar in diesem Stadium kann die Bedrohung noch einen unwirklichen Eindruck machen, und die Menschen suchen sich vielleicht harmlose Begründungen für ihre Flucht aus den Städten. Sie werden ihren Urlaub vorverlegen und Gegenden aufsuchen, die man mit Entspannung und ruhigem Leben assoziiert. Weite Landflächen, Wald, Bauernhöfe und ganz allgemein Gegenden, die nicht nach typischen industriellen und militärischen Angriffszielen aussehen, werden beruhigend wirken. Die Landbewohner können vorhersehen, daß die Flüchtenden aus den Städten ihre eigenen Überlebenschancen einschränken. Sie werden sich in erster Linie vor den erwarteten Zuströmen der Städter zu schützen suchen und treffen dazu wahrscheinlich entsprechende Vorkehrungen. Wer Flüchtenden Unterkunft bietet, erwartet vielleicht, teilweise oder ganz mit Lebensmitteln bezahlt zu werden. Gäste ohne Lebensmittelvorräte werden wahrscheinlich keine Unterkunft finden.

Bei der Wahl des Aufenthaltsortes wird der ausschlaggebende Faktor darin liegen, als wie stark gefährdet die jeweilige Gegend eingeschätzt wird. Auch wenn sich viele militärische Angriffsziele auf dem Land befinden, so ist dies Feriengästen wahrscheinlich nicht unbekannt. Einige Menschen begeben sich so vielleicht aus der Nachbarschaft von zweitrangigen Zielen in Bereiche primärer Ziele auf dem Land. Grundsätzlich ist aber die Verteilung der Bevölkerung über Bereiche mit geringerer Bevölkerungsdichte eine vernünftige Überlebensstrategie, da das die Anzahl der einen unmittelbaren Angriff Überlebenden erhöht. Eine gut über die verfügbare Fläche verteilte Bevölkerung hat höhere Überlebenschancen, als wenn sie sich hauptsächlich in den Städten aufhält. Nur 116 über den Bevölkerungszentren gezündete Atombomben könnten mit einem Schlag die Hälfte der Bevölkerung töten. Der Großteil dieser Auswirkungen würde jedoch schon durch die ersten 20 Bomben ausgelöst (Openshaw, Steadman & Greene 1983).

Fluchtverhalten

Es wird von verschiedenen Faktoren abhängen, ob die Mehrzahl der Bevölkerung angesichts einer deutlichen nuklearen Bedrohung in ihren Wohnungen bleiben wird.

1. Stadtbewohner werden mit größerer Wahrscheinlichkeit ihre Wohnungen verlassen als Landbewohner.
2. Junge Leute sind eher bereit, ihre Wohnung aufzugeben, als ältere Leute.
3. In einer Situation, in der die Bedrohung nicht eindeutig ist, werden auch Faktoren wie die jeweilige Jahreszeit, das Wetter, Lebensmittelknappheiten und der Mangel an wichtigen Versorgungsgütern eine Rolle spielen.

Nimmt man alle Faktoren zusammen und bezieht mit ein, was man von menschlichen Reaktionen auf Katastrophen weiß, so ist es höchst unwahrscheinlich, daß nach einer offiziellen Vorwarnung vor einem Atomangriff die meisten Menschen in den Städten und Ballungszentren bleiben. Viel wahrscheinlicher ist es, daß die Mehrheit beim ersten Anzeichen der Gefahr zu fliehen beginnen wird, und daß jeder Versuch, sie dabei aufzuhalten, die Flucht aus den Städten nur steigern wird.

Schutzräume

Sobald sich die Bevölkerung aus den von ihnen als gefährdet empfundenen Bereichen geflüchtet ist, wird sie wahrscheinlich versuchen, sich eine Art von Schutz zu konstruieren, weniger aus Überzeugung bezüglich der so gewährten Sicherheit, als zur Beschäftigung, um die Angst in Grenzen zu halten. Die häufigste Form wird wohl eine Behelfskonstruktion innerhalb des Hauses sein. Solange die Übertragungen von Radio und Fernsehen anhalten, wird sich die Bevölkerung nur in der Nähe dieser Schutzräume aufhalten und vorläufig höchstens die Nächte darin verbringen.

Ob die Bevölkerung nach einer Atombombenexplosion in ihren Schutzräumen bleibt wird vom Ausmaß der durch die Druckwelle erzeugten Schäden und der Verbreitung der Brände abhängen. In weniger stark beschädigten Häusern werden die Menschen wahrscheinlich versuchen, zu fliehen. Das werden sie mit Sicherheit in jedem Fall tun, wenn Brandgefahr besteht. In nur leicht beschädigten Häusern außerhalb des Brandgebietes werden die Leute wohl eher in der Nähe ihrer Schutzräume bleiben, wobei aber die meisten ihre Unterkünfte sicher für kurze Zeit verlassen werden, um zu sehen, was draußen passiert ist.

Auch wenn die Isolation in einem Schutzraum bei Experimenten mit freiwilligen Versuchspersonen gewöhnlich zu Streß und Reizbarkeit führt, ist es nicht wahrscheinlich, daß es dabei zu extremeren Symptomen einer sensorischen Deprivation kommt. Cleveland et al. (1963) berichten, daß eine vierköpfige Familie der Mittelschicht einen ausschließlichen Aufenthalt in einem Schutzraum 2 Wochen lang überstand, ohne daß mehr als gesteigerte Reizbarkeit und Depressivität zu beobachten war. Beussee et al. (1970) räumen jedoch ein, daß keiner diese Studien mit Freiwilligen die psychischen Belastungen eines tatsächlichen Atomangriffs simulieren kann.

Wer sich nicht in Reichweite der Druckwelle befindet, wird nach der ersten Erleichterung darüber, noch am Leben zu sein, am meisten unter der Angst vor der Strahlung und der Trauer um die Getöteten leiden. Auch wenn es Verletzte gegeben hat, was wahrscheinlich in jedem Haushalt, der die Schäden durch die Druckwelle überstanden hat, der Fall sein wird, wird das zur seelischen Belastung beitragen. Medizinische Hilfe wird nicht verfügbar sein, und die durch die akute Streßsituation bewirkten Reaktionen werden von den ersten Symptomen der Strahlenkrankheit nicht zu unterscheiden sein. Wenn in dieser Phase weitere Explosionen stattfinden, steigt die Angst ins Unermeßliche.

Abb. 4: Der Atombunker eines deutschen Ausstellers auf der Hannover-Messe April 1983

Zusammenfassung und Schlußfolgerungen

Aufgrund der Kenntnisse von menschlichen Reaktionen bei Katastrophen, wie sie in Kapitel 2 beschrieben sind, und der in diesem Kapitel besprochenen offiziellen Zivilschutzpläne kann man, was die erwarteten psychischen Folgen eines Atomangriffs auf Großbritannien angeht, bestimmte Schlüsse ziehen.

Die psychischen Folgen einer einzelnen Atomexplosion über einem Stadtgebiet werden den seelischen Druck bei den unmittelbar Überlebenden wie auch bei denjenigen außerhalb des betroffenen Gebiets so erhöhen, daß die konventionellen Hilfsmaßnahmen nicht ausreichen werden. Bleibt der Rest des Landes unversehrt, so wird es allmählich wieder zu einem annähernd normalen Funktionieren der Gesellschaft kommen; die Überlebenden werden jedoch wahrscheinlich anhaltend beeinträchtigt und die meisten davon psychisch stark geschädigt sein.

Fünf oder sechs Atomexplosionen über Ballungsgebieten werden

Abb. 5: Während in Dortmund (8. 6. 1964) Bunkertests durchgeführt wurden, demonstrierten zahlreiche Frauen mit Transparenten gegen diese Versuche

die Überlebenden so stark belasten, daß das Weiterfunktionieren einer erkennbaren Struktur gänzlich in Frage steht. In diesem Fall ist die Rückkehr in die Normalität kaum wahrscheinlich, es wird eher zu einer anhaltenden schweren Schädigung der Bevölkerung kommen, und so zu einer Zerstörung und Auflösung der gegenwärtigen gesellschaftlichen Organisation.

Ein Atomangriff auf Großbritannien mit einer Sprengkraft von etwa 200 Megatonnen wird die vielleicht 15 Millionen Überlebenden schwer und anhaltend geschädigt hinterlassen und ihre Fähigkeiten zur sozialen Interaktion vernichtet haben. Geht man von den Konsequenzen aus, die ein Zusammenbruch der Wirtschaft mit sich bringt, dann erscheint die Möglichkeit, daß die Überlebenden ohne massive und fortgesetzte Hilfe von außen irgendeine Art funktionierender Gesellschaft wieder aufbauen können, äußerst unwahrscheinlich. Eine zivilisierte Gesellschaft wird also kaum überleben können.

4. Menschliches Versagen im Umgang mit Atomwaffen

Eine Waffe ist auch für ihren Besitzer gefährlich.
Türkisches Sprichwort.

Keine menschliche Unternehmung ist jemals unfehlbar, auch wenn es so scheint, solange kein Fehler passiert.

Jeder Mensch macht Fehler, die sich, je nachdem, in welchem Zusammenhang sie geschehen, mehr oder weniger stark auswirken. Arbours und Karrick (1951) definieren einen Unfall als ein „nicht geplantes Ereignis innerhalb einer Reihe geplanter oder kontrollierter Ereignisse". Noch prägnanter nennt Cherns (1962) einen Unfall „einen Irrtum mit schlimmen Folgen". Solange die Verwaltung, die Kontrolle und die Wartung atomarer Waffensysteme größtenteils von Menschen ausgeführt werden, sind Fehler unvermeidlich.

Solche Fehler werden nur dann eingestanden, wenn sie nicht geleugnet werden können. Flugzeugunglücke, die über bevölkerten Gebieten passieren, werden ziemlich offen diskutiert, während U-Boot-Kollisionen und Computerfehler die öffentliche Aufmerksamkeit weniger auf sich ziehen. In den USA werden Unfälle mit Atomwaffen gewöhnlich nur dann bekanntgegeben, wenn sie zu öffentlichen Warnungen oder zu einer Gefahr für die Bevölkerung führen. In der Sowjetunion werden solche Unfälle überhaupt nicht publik gemacht. Was man dazu über beide Staaten sagen kann, stammt daher entweder aus amerikanischen Quellen oder von unabhängigen Institutionen wie zum Beispiel SIPRI.

Das amerikanische Verteidigungsministerium hat bis 1981 allein bei den Streitkräften 32 größere Unfälle gemeldet; von unabhängigen Quellen wird die Anzahl der größeren und kleineren Unfälle bis zum Jahr 1977 mit 113 angegeben (SIPRI 1981). Obwohl nichts darüber publik wurde, weiß man von mindestens 6 Unfällen und 16 kleineren

Vorfällen bei den Streitkräften des Warschauer Paktes. In Frankreich kam es zu 4 und in England zu 8 Unfällen. Da genauere Informationen dazu fehlen, kann man über die Schwere dieser Unfälle nichts sagen.

Atomwaffen sollen angeblich Gewalteinwirkungen von außen überstehen können, ohne daß es gleich zu einer Explosion kommt, aber man kann die Möglichkeit nicht völlig ausschließen (Atomenergie-Kommission und Verteidigungsministerium der USA 1962). Jeder Unfall wirft neue Probleme auf. 1961 brach in der Nähe von Goldsboro in Nord-Carolina ein B-52-Bomber im Flug auseinander und zwei Bomben mit je einer Sprengkraft von 24 Megatonnen stürzten zur Erde. Die Untersuchungen der Luftwaffenexperten ergaben, daß von den 6 miteinander verschalteten Sicherheitsvorrichtungen 5 bei dem Sturz gelöst worden waren, so daß nur noch eine solche Sicherung eine Explosion verhinderte. In mindestens 7 Fällen mußten in Notfallsituationen Atomwaffen aus Flugzeugen abgeworfen werden, von denen wenigstens drei nie sichergestellt wurden. In 14 Fällen kam es bisher nach Unfällen mit Atomwaffen zu radioaktiven Verseuchungen.

Die meisten dieser Unfälle passierten mit Flugzeugen, aber auch in Atom-U-Booten und in Raketen-Silos kam es schon zu entsprechenden Vorfällen. Im September 1980 ließ ein Techniker bei der Arbeit an einer Titan II – Interkontinentalrakete einen Schraubenschlüssel auf einen daruntergelegenen Benzintank fallen. Der Tank leckte und explodierte einige Stunden später, wodurch das 740 Tonnen schwere Tor des Silos aufgesprengt und der mit einer Sprengkraft von 9 Megatonnen ausgestattete Raketensprengkopf 200 Meter in die Luft geschleudert wurde. Während die Überlebenden versuchten, den Raketensprengkopf zu finden, kam es zu unkontrollierten Rundfunkmeldungen. Bis 1980 waren in Titanraketen-Silos 21 derartige Vorfälle vorgekommen, die entweder der Unerfahrenheit des Bedienungspersonals oder dem Alterungsprozeß der Raketen zugeschrieben wurden (Defence Monitor 1981).

Wahrscheinlich noch gefährlicher sind Irrtümer bei der Signalerkennung. Im November 1979 wurde ein Trainings-Tonband mit Kriegs-Spielen versehentlich in einem NORAD-Computer eingegeben und von diesem als echtes Material verarbeitet. Daraufhin wurden vom Personal Abschußvorkehrungen eingeleitet, was einen Atom-

Abb. 6: Steuerzentrale im Atomkraftwerk Tschernobyl

kriegsalarm der ersten Bereitschaftsstufe auslöste (Beres 1980). Im Juni 1980 mußten zwei falsche Alarmmeldungen auf Computerfehler zurückgeführt werden. Falsche Alarmmeldungen sind häufig, da das ganze Alarmsystem von Computern abhängig ist. Diese können die Datenmenge, mit der sie gefüttert werden, nur schwer bewältigen und sind wiederum von nicht immer zuverlässigen elektronischen Chips abhängig, auch wenn zur Verbesserung des ganzen Systems bereits einiges versucht worden ist (Borning 1984).

Abgesehen von technischen Fehlern ist es auch schon aufgrund von bösen Scherzen, absichtlichen Falschmeldungen und bloßen Zufällen zu falschen Alarmmeldungen gekommen. Dumas (1982) berichtet über das Wartungspersonal von Minuteman-Raketen, das zum Scherz eine Abschußmeldung auf Band aufnahm und abspielte, als die nächste Schicht den Dienst übernahm. Es ist durchaus vorstellbar, daß die Mannschaften mit solchen gefährlichen Streichen die Langeweile und die Monotonie ihrer Arbeitsbedingungen auflockern wollen. Weitere Berichte von Unfällen mit Atomwaffen finden sich bei SIPRI (1977), Defence Monitor (1981), Dumas (1982) und Britten (1983).

Einzelne Unfälle, die passieren, weil aus Nachlässigkeit die korrekten Bedienungsvorschriften nicht eingehalten werden, sind jedoch nicht die einzigen Probleme bei atomaren Waffensystemen. Eine noch größere Gefahr liegt darin, daß vielleicht das System selbst fehlerhaft ist und daher nicht sicher funktionieren kann. Wenn zum Beispiel notwendige zusätzliche Verteidigungsvorkehrungen bei einem Alarm auf der letzten Stufe ausgeführt werden müssen, kann auf der gegnerischen Seite fälschlicherweise der Eindruck entstehen, es stünde ein Angriff bevor (Bracken 1983).

Risikoeinschätzung

Die Risiko-Einschätzung ist ein wachsendes Forschungsgebiet. In den letzten Jahren sind dazu viele Veröffentlichungen erschienen, die die wachsende Sorge um die Beurteilung der Sicherheit erkennen lassen (Dowie & Lefrere 1980, Green 1982, Royal Society 1983).

Britten (1983) unterschied drei wichtige Ansätze zur Einschätzung eines Risikos. Der am meisten verbreitete Ansatz ist die historische Methode, bei der die Anzahl der Unfälle pro Zeiteinheit erfaßt wird. Diese Methode ist dann brauchbar, wenn die Vorfälle relativ häufig auftreten, aber sie ist so gut wie wertlos, um das Risiko eines Vorfalls zu ermessen, der noch nie eingetreten ist. Dazu muß man sagen, daß allein die Tatsache, daß etwas noch nie passiert ist, keinerlei Einfluß auf das für die Zukunft bestehende Risiko hat. Es ist sicherlich beruhigend, wenn über einen langen Zeitraum hinweg keine Unfälle passiert sind, aber man kann zum Beispiel ja auch nicht behaupten, man sei unsterblich, nur weil man schon viele Jahre am Leben ist.

Eine weitere übliche Methode ist die Fehleranalyse (fault tree analysis). Dabei wird erfaßt, wie häufig ein Versagen einzelner Komponenten eines Systems zu beobachten ist und welche Auswirkungen dies auf das gesamte System hat. Ziel dieser Methode ist, hintereinander geschaltete Sicherungen einbauen zu können, um so die Wahrscheinlichkeit für größere Fehler zu verringern. Wenn also ein bestimmter Teilmechanismus eine theoretische Fehlerwahrscheinlichkeit von eins zu zehn hat, dann kann man durch den Einbau zweier solcher Teile in ein Sicherheitssystem die Wahrscheinlichkeit für ein Versagen entsprechend dem Produkt der beiden Einzelwahrscheinlichkeiten auf eins zu hundert reduzieren. In der Praxis ist es jedoch nie möglich, common mode-Fehler[4] auszuschließen, durch die alle Teile betroffen werden können. So versuchte zum Beispiel ein Techniker im Kernkraftwerk Browns Ferry, einem der größten auf der Welt, eine undichte Stelle in einem Stollen, durch den Luft entwich, ausfindig zu machen, indem er unter Mißachtung aller Sicherheitsvorschriften eine Kerze anzündete. Durch den daraus entstandenen Brand des Isoliermaterials, bei dem das Personal alle Mühe hatte, die Anlage unter Kontrolle zu halten, wurde nachträglich festgestellt, daß alle Verbindungsleitungen zu den angeblich unabhängigen Sicherheitssystemen durch diesen einen Stollen verliefen (Comey 1975).

Ein zusätzliches Problem psychologischer Art ergibt sich aus der Unmöglichkeit, bei einem offiziell erstellten Fehler-Plan alle Eventualitäten miteinzuberechnen. Dennoch geht man meistens davon aus, daß bei einem vorliegenden Fehler-Plan alles berücksichtigt worden ist. Fischoff, Slovic und Lichtenstein (1978) konnten anhand eines geläufigen Problems, nämlich eines Autos, das nicht anspringt, zeigen, daß die Versuchspersonen ziemlich unsensibel für die großen Lücken in dem ihnen vorgelegten Fehlerplan waren. In dem Fehlerplan war nämlich absichtlich die Hälfte aller möglichen Fehlerquellen weggelassen worden, die dafür verantwortlich sind, daß ein Auto nicht anspringt. Trotzdem stiegen die Vorschläge der Versuchspersonen, woran es außer den im Plan aufgeführten Fehlern noch liegen könnte, nur um 7%. Automechaniker waren ebenso unsensibel wie die anderen Versuchspersonen, was vermuten läßt, daß man an etwas, das als Möglichkeit gar nicht aufgeführt ist, einfach nicht denkt. Fehler-Pläne können also durchaus unvollständig sein (bei dem Beispiel mit dem nicht anspringenden Auto war der ausgelassene Fehler die willkürliche Zerstörung bestimmter Teile – ein häufig übersehener Grund) oder sie sind vielleicht zu sehr auf Details konzentriert, da die Fehler getrennt in verschiedene Bereiche aufgeteilt sind. Bei einem solchen Plan werden dann einzelne Fehler-Verläufe, die an sich unwahrscheinlich sind, ungebührlich übertrieben. Vandalismus, Terrorismus und irrational handelndes Bedienungspersonal sind als Faktoren bei Fehleranalyse-Plänen kaum vorzufinden.

Zusammenfassend kann man sagen, daß jede Entscheidung über die Kategorisierung eines Fehlers die Wahrnehmung einer möglichen Gefahr stark beeinflussen kann. Auch wenn Fehlerpläne helfen, die Auswirkungen, die das Versagen einer Einzelkomponente haben kann, zu verstehen, können sie nicht alle Bedienungsrisiken erfassen und entsprechend ihren Auswirkungen bewerten.

Die dritte übliche Methode zur Einschätzung eines Risikos ist die Analyse menschlicher Faktoren, der Versuch also, die Fehlerquoten beim Bedienungspersonal unter verschiedenen Bedingungen zu messen. Diese Methode entstammt der Ergonomie, dem Wissenschaftszweig, der sich mit der Anpassung von Maschinen an die Möglichkeiten und Grenzen der sie zu bedienenden Menschen beschäftigt. Britten (1983) betont, daß man letztlich alle Systemfehler auf menschliches Versagen zurückführen könne, sei es bei der Planung, bei der Herstellung, bei der Wartung oder bei der Bedienung der Systeme. Versuche, die Fehlerhäufigkeiten bei einzelnen Aufgaben in einen menschlichen Fehler-Plan einzubauen, sind nur innerhalb gewisser Grenzen möglich und führen eventuell zu falschen Ergebnissen. Man geht dabei davon aus, daß die Wahrscheinlichkeit für einen Fehler bei der einen Aufgabe die Wahrscheinlichkeit für einen Fehler bei der nächsten nicht beeinflußt. Dem widerspricht jedoch jedes psychologische Experiment (Meister 1977). Menschen werden nicht nur von ihren eigenen Fehlern beeinflußt, sondern sie neigen auch stark zu common mode-Fehlern, wie sie zum Beispiel aufgrund von Langeweile, Angst, Ärger oder manchmal auch wirklich aus bösem Willen ausgelöst werden. Bevor man Irrtümer und Unfälle verstehen kann, muß man sich die Bedingungen, unter denen Menschen Fehler machen, genau ansehen.

Entscheidungsfindung und rationales Vorgehen

Es ist gar keine Frage, daß einem Menschen, der betrunken ist, unter Streß steht oder sich in großer Eile befindet, schwere Beurteilungsfehler unterlaufen können. Aber auch bei nüchternen, ruhigen Personen, die über genügend Zeit und angemessene äußere Bedingungen verfügen, stößt das rationale Denken an Grenzen. Das zeigt, daß der Mensch nicht alles so genau vorherberechnen kann, wie es theoretisch für eine rein rationale Entscheidung erforderlich wäre, und daher auf intuitive Methoden zurückgreifen muß (Simon 1983).

Wenn in einer vielschichtigen, ungewissen Situation eine Entscheidung erforderlich ist, ist man meistens gar nicht in der Lage, alle statistischen Wahrscheinlichkeiten genau zu berechnen und greift deshalb auf einfache Faustregeln zurück. Solche intuitiv getroffene Entscheidungen sind gewöhnlich bereits auf gewisse Weise beeinflußt, was vom Einzelnen bei aller Bemühung, eine rationale Entscheidung zu treffen, meistens nicht wahrgenommen wird. Oberflächliche Merkmale des Problems können das Urteil verzerren, und solche Fehler können dann nur durch die strengeren und zeitraubenderen Methoden einer statistischen Analyse aufgedeckt werden.

Die Unzulänglichkeiten menschlicher Entscheidungen sind ausführlich untersucht worden; die Arbeit von Tversky und Kahneman (1974) hat in diesem Zusammenhang eine große Wirkung erzielt. Verschiedene Aspekte dieses faszinierenden Gebietes werden bei Kahneman, Slovic und Tversky (1982) genauer besprochen. Hier können nur einige wenige Punkte, die im Zusammenhang mit Atomwaffen von wesentlicher Bedeutung sind, erläutert werden.

Die Hauptmängel intuitiver Entscheidungen sind in Fehlurteilen über die Repräsentativität und in der Begrenztheit der im Gedächtnis verfügbaren Beispiele zu sehen.

Repräsentativität

Gewöhnlich schenkt man der tatsächlichen Verteilung der Grundhäufigkeiten wenig Beachtung. Auch wenn man weiß, daß ein Umstand häufiger auftritt als ein anderer, läßt man sich dennoch zu sehr von stereotypen Vorstellungen beeinflussen. Wird zum Beispiel eine Person als introvertiert und schüchtern beschrieben und gefragt, ob sie eher Bibliothekar oder Landwirt ist, so erhält man meistens die Antwort, jene Person sei mit größerer Wahrscheinlichkeit von Beruf Bibliothekar. Da es jedoch sehr viel mehr Landwirte als Bibliothekare gibt, ist die rein statistische Wahrscheinlichkeit größer, daß es sich um einen Landwirt handelt. Scheinbar haben Informationen zur Person mehr Einfluß als jedes Wissen über Grundverteilungen.

Diese Vernachlässigung von Häufigkeitsraten hat beträchtliche praktische Konsequenzen, sobald man auf der Grundlage unvollständiger Untersuchungsmethoden Entscheidungen treffen muß. Nehmen wir zum Beispiel die Situation, in der aufgrund eines bestimmten Resultats aus einem medizinischen Test entschieden werden muß, ob ein Patient operiert werden soll oder nicht.

Diese Entscheidung kann nicht aufgrund des Testergebnisses allein getroffen werden, da es bei allen Tests sowohl zu falschen positiven wie auch zu falschen negativen Resultaten kommen kann. Das heißt, daß mancher tatsächlich Kranke zu Unrecht als gesund eingestuft und mancher gesunde Patient als krank angesehen wird. Wenn falsche positive Resultate relativ häufig vorkommen und die Häufigkeit der Krankheit selbst relativ gering ist, dann kann das dazu führen, daß viele Patienten zu Unrecht als operationsbedürftig eingestuft werden. Natürlich ist es für Ärzte unmöglich, mit diesen Wahrscheinlichkeiten intuitiv umzugehen (Casscells, Schoenberger & Graboys 1978, Eddy 1982); bei der Diagnose von Krankheitsbildern wie zum Beispiel Brustkrebs hätte das beträchtliche Folgen. Was sich daraus für unser Thema ableiten läßt, ist beunruhigend. Es ist anzunehmen, daß Angriffswarnungen intuitiv, ohne angemessene Berücksichtigung der bestehenden Wahrscheinlichkeiten, beurteilt werden. Diese Wahrscheinlichkeiten sind im Falle eines Atomangriffs schwer zu ermessen und am ehesten wohl aus den einem Angriff vorausgehenden Truppen- und Waffenbewegungen ableitbar (Bracken 1983).

Da bei Entscheidungen über nukleare Belange die Verantwortlichen ständig darauf achten müssen, zufällige Ereignisse nicht falsch zu interpretieren, ist die subjektive Einschätzung der Wahrscheinlichkeit eines solchen zufälligen Ereignisses von besonderem Interesse.

Scheinbar glauben sogar hochqualifizierte Wissenschaftler (Tversky & Kahneman 1971) insgeheim doch an das „Gesetz der kleinen Zahl" und vertrauen zu sehr auf die Repräsentativität kleiner Stichproben. Eine kurze Abfolge zufälliger Ereignisse kann leicht überinterpretiert werden, in der Annahme, daß auch bei einer kurzen Reihe die allgemeinen Gesetze des Zufalls repräsentiert sind. So glaubt man zum Beispiel auch, daß bei sechsmaligem Werfen einer Münze die Häufigkeiten, mit denen Kopf und Zahl vertreten sind, in etwa gleich sein müssen und daß es nicht vorkommen könne, daß über mehrere Versuche hinweg immer nur Kopf oder nur Zahl fällt.

„Der Zufall wird gewöhnlich als ein sich selbst korrigierender Prozeß angesehen, bei dem eine Abweichung in die eine Richtung eine solche in die andere Richtung nach sich zieht, so daß das Gleichgewicht wieder erreicht wird. In Wirklichkeit werden jedoch Abweichungen im Verlauf eines Zufallsprozesses nicht korrigiert, sondern lediglich abgeschwächt." (Tversky & Kahneman 1974, S. 1125)

Verfügbarkeit

Jeder Versuch, die Konsequenzen einer Entscheidung vorauszusehen, wird sowohl von den Grenzen des Vorstellungsvermögens wie auch von der verfügbaren Erinnerung beeinflußt. Das hat zur Folge, daß die Wahrnehmung der tatsächlichen Gefahr und auch die Kapazität zum Aufstellen angemessener Fehler-Pläne beeinträchtigt wird.

Ein damit verbundenes Phänomen ist die illusorische Korrelation, bei der das zufällige Zusammentreffen einzelner Faktoren zu dem falschen Schluß führt, diese müßten immer zusammen auftreten.

Ein wohlbekannter und sehr großer Einfluß besteht auch in der emotionalen Wirkung auf den Einzelnen. Schon Russell (1927) bemerkte, daß „Urteile gewöhnlich aufgrund der emotionalen Wirkung, die die einzelnen Fälle haben, und nicht aufgrund ihrer Anzahl gefällt werden". Tatsächlich beeinflussen wirklich miterlebte Vorfälle das Urteil weit stärker als die Kenntnis gültiger Statistiken mit großen Zahlen. Ein einzelnes dramatisches Ereignis kann im Hinblick auf seinen Anteil an der Gesamtheit der Ereignisse eine weit überproportionale Wirkung haben. Simon (1983) hebt hervor, daß Emotionen die Aufmerksamkeit darauf lenken können, daß eine Entscheidung getroffen werden muß, aber sie können die Entscheidung selbst stark beeinträchtigen. Ob eine intuitiv gefällte Entscheidung vernünftig sein kann, hängt seiner Ansicht nach sehr von der entsprechenden Erfahrung mit solchen Entscheidungen ab; aber auch der geübteste Praktiker kann den vielen beschriebenen Einflüssen unterliegen, die meistens umso schädlicher sind, je weniger die entsprechende Person sich darüber klar ist.

Alle diese Ergebnisse machen deutlich, daß im Zusammenhang mit gefährlichen Technologien, bei denen schnelle Entscheidungen erforderlich sind, auch hochgradig motivierte und hochqualifizierte Personen schwere Beurteilungsfehler machen können, wenn sie sich auf ihr Gefühl verlassen.

Psychologische Unfallforschung

Um eine bestimmte Tätigkeit ausführen zu können, müssen einzeln geübte Verhaltensweisen in einer bestimmten Abfolge angeordnet werden. In jeder Phase muß überprüft werden, ob es angebracht ist, zum nächsten Schritt überzugehen. Jede solche Abfolge enthält möglicherweise verschiedene Kompetenzgrade, da die einzelnen Teile verschieden häufig geübt werden. Einige Tätigkeiten sind einem so vertraut, daß man sie ganz automatisch ausführen kann. In Momenten der Überbelastung oder der Unaufmerksamkeit greift man auf diese zurück. Einige Einzelfertigkeiten hat man vielleicht auch in einem ganz bestimmten Zusammenhang gelernt, der bei einer neuen Aufgabe nicht mehr relevant ist. Innerhalb der Aufgabenreihe muß man sich bei jeder Entscheidung darüber im klaren sein, an welcher Stelle der geplanten Handlungsabfolge man sich befindet, und man muß die Notwendigkeit, die Reihe fortzusetzen, neu beurteilen. Zu jedem Zeitpunkt können Ereignisse eintreten, die dazu führen, daß der gesamte Plan aufgegeben wird und völlig neue, aus der Situation entstehende Handlungspläne aufgestellt werden müssen. Die Macht der Gewohnheit, die bei der korrekten Einhaltung des ursprünglichen

Plans hilfreich ist, kann eine unter anderen Umständen erforderliche flexible Reaktion verhindern.

Problematisch kann es werden, wenn in einer gutgeplanten Handlungsabfolge ein kleiner Fehler bewirkt, daß die gesamte Durchführung falsch abläuft. Ebenso wesentlich sind Fehler bei der Planung, die die Voraussetzung dafür schaffen, daß möglicherweise eine falsche Entscheidung getroffen wird. Solche Planungsfehler sind komplizierter, unauffällig und eventuell gefährlicher. Es wird möglicherweise von intuitiven Annahmen ausgegangen, die dann zu Fehlurteilen führen (Kahneman, Slovic & Tversky 1982).

Jede Leistung wird von vielen Einzelfaktoren beeinflußt. Zusätzlich zu der Belastung, die die Aufgabe selbst erzeugt, müssen auch noch Umwelteinflüsse wie Lärm, Licht oder Temperatur bewältigt werden. Diese interagieren ihrerseits mit der kognitiven Bewertung der Situation und mit der subjektiven Stimmung, die an sich schon ein wesentlicher Faktor ist. Die subjektive Befindlichkeit kann graduell mit psychoaktiven Drogen und Alkohol beeinflußt werden, die darüber hinaus noch eine direkte Auswirkung auf die Leistung haben (Hindmarch 1980). Längere und anhaltendere Auswirkungen, zum Beispiel Stimmungsschwankungen, Langeweile, Unruhe und Reizbarkeit werden auch durch eine verminderte Stimulation von außen, also eine soziale und sensorische Deprivation, erzeugt (Kubzansky 1961, Taylor et al. 1968) Das ist vor allem bei dem Militärpersonal zu beachten, das mit der Kontrolle über Atomwaffen betraut ist, sich aber mehr und mehr auf automatische Überwachungsanlagen verlassen muß, die es dann selbst nur noch aus dem eingeschränkten Bereich eines U-Bootes oder dem einer isolierten Atomwaffenstation überwacht.

Im folgenden werden einige der Hauptfaktoren aufgeführt, die die Leistung beeinflussen können.

Aufmerksamkeit

Dixon (1983) hat das Problem der „Aufmerksamkeits-Einschränkung" („attention narrowing") formuliert, das häufig der Grund für Unfälle ist. Das Bedienungspersonal ist mit kleineren Problemen befaßt und entwickelt ein verengtes Blickfeld. Das hat zur Folge, daß wesentliche Informationen möglicherweise unberücksichtigt bleiben, was dann zu größeren Schwierigkeiten führt. So versuchte zum Beispiel die Crew eines Flugzeugs, herauszufinden, warum das Signallicht, das das Ausfahren des Fahrwerks bestätigt, nicht funktionierte, und bemerkte dabei nicht, daß das automatische Steuerungssystem der Maschine versehentlich ausgeschaltet worden war und das Flugzeug an Höhe verlor. Sie kümmerte sich ausschließlich um das unbedeutende Problem der Leuchtanzeige, weil sie feststellen wollte, ob die Räder sicher ausgefahren waren, und bemerkte die Gefahr bis zu dem Moment nicht, als das Flugzeug abstürzte (Dixon 1983).

Wahrnehmungsverzerrung

Reason (1982) hat Unfälle als Beispiele für enorme Aufmerksamkeitsausfälle bei komplexen Tätigkeiten untersucht und hat die einzelnen Merkmale solcher Vorfälle herausgestellt.

Die erste Komponente bilden Irrtümer in der menschlichen Kommunikationskette. Man kann immer wieder feststellen, daß die kommunizierten Inhalte so verzerrt werden, daß nicht die tatsächliche Meldung, sondern eher die erwartete Meldung weitergegeben wird (Campbell 1958). Wenn die Meldung durch eine Art „weißes Rauschen" verzerrt worden und so schwerer zu entziffern und mehrdeutiger ist, dann entspricht das, was weitergegeben wird, mit großer Wahrscheinlichkeit eher dem Erwarteten. Wenn die erwartete Meldung der Haltung und den Wünschen dessen entspricht, der sie weitergibt, verstärkt sich diese Verzerrung noch.

Eine Verzerrung der Wahrnehmung kann auch dann auftreten, wenn die eintreffenden Stimuli mehrdeutig sind, wenn Erfahrung und Ausbildung zu unangebrachten Interpretationen führen und wenn starke Gefühle die Wahrnehmung in Richtung auf wunscherfüllende Phantasien lenken. Im militärischen Bereich kommt noch dazu, daß Informationen, die möglicherweise zu Disziplinarmaßnahmen führen, eventuell nicht weitergegeben werden.

Die zweite Fehlerquelle besteht darin, daß die Wiedergabe einer Meldung meistens sehr viel kürzer ist als die ursprüngliche Nach-

richt, was Abkürzungen, Vereinfachungen und den Verlust von Einzelheiten zur Folge hat.
Solche Charakteristika, die auch alle bei der klassischen militärischen Katastrophe in *The Charge of the Light Brigade* eine Rolle spielten, tragen bei allen Kommunikationssystemen, bei denen die Interpretation und die Wiedergabe von Meldungen durch Menschen eine Rolle spielen, zu Fehlern bei.

Kognitive Sets

Eine dritte Fehlerquelle besteht darin, daß man lieber Bestätigungen als Widersprüche hört. Man ist eher bereit, vergeblich für eine falsche Hypothese Bestätigungen zu suchen, als diese Hypothese nochmals völlig zu überprüfen und gegebenenfalls aufzugeben. Eine Hypothese bleibt eine persönliche Interpretation und Sichtweise der Wirklichkeit, und man klammert sich lieber daran, als sich der Ungewißheit und der Anstrengung auszusetzen, seine Haltungen neu aufbauen zu müssen (Wason 1970). Das bedeutet, daß man sogar unter offensichtlich gefährlichen Bedingungen versucht, auf falschen Befehlsinterpretationen zu beharren. Zusammen mit militärischem Gehorsam, kann das zu Tragödien führen. So sank zum Beispiel die HMS Victoria nach einer Kollision, zu der es aufgrund mehrdeutiger und falsch interpretierter navigatorischer Befehle gekommen war (Reason 1982). Watkins (1970) hat dieses Phänomen das „Prinzip der unvollständigen Vernunft" (the imperfect rationality principle) genannt, nach dem man offensichtlich unvernünftige Handlungen nicht als momentane Verwirrtheiten abtut, sondern sie als unvollständige Versuche versteht, ein Problem zu bewältigen. Dazu muß man sagen, daß sich solche unvollständige Vorstellungen sehr schnell festsetzen und man sich von solchen Interpretationen nur schwer wieder befreien kann. Alles, was diese in Frage stellt, wird leicht als unrichtig gesehen, neu interpretiert oder gänzlich ignoriert.

Vigilanz

Militärwissenschaftler interessieren sich schon seit langem für die Faktoren, die für die Wachsamkeit (Vigilanz) verantwortlich sind. Die Tageszeit beeinfluß die Reaktionszeit, die Fehlerhäufigkeit bei monotonen Arbeiten und sogar die Wahrscheinlichkeit, am Steuer einzuschlafen (Hildebrandt 1974). Veränderungen im Wachheitsgrad sind vom Tagesrhythmus abhängig, und die Wachpläne bei der Marine sind diesen biologischen Rhythmen nicht immer angepaßt. Colquhoun (1975) weist auf zahlreiche wissenschaftliche Ergebnisse hin, wonach die jeweilige Tageszeit die Fähigkeit beeinflußt, schwache Signaltöne, wie sie gewöhnlich bei militärischen Operationen beachtet werden müssen, wahrzunehmen. Bei einer Untersuchung von Langzeit-Unterwasserfahrten fanden Colquhoun et al. (1978) wichtige Unterschiede, die auf die verschiedenen Wach-Schichten zurückzuführen waren. Wenn die Wache unmittelbar nach dem Durchfahren einer Zeitzone übernommen werden muß, wie es bei der Handelsschiffahrt, bei Piloten und mobilen militärischen Einheiten der Fall ist, können die Auswirkungen eines desynchronisierten biologischen Rhythmus besonders störend sein. Auch wenn diese Faktoren in manchen Bereichen inzwischen formell berücksichtigt werden, wie in der zivilen Luftfahrt, so erlauben die einzelnen Verfahren in der Praxis doch nicht immer die bestmögliche zeitliche Einteilung. Weitere Resultate zu diesem Problem finden sich bei Colquhoun (1971).

Motivation

Für jede Leistung ist Motivation eine wesentliche Komponente. Sie bestimmt, was getan wird und wie es getan wird. Die Motivation entscheidet darüber, ob bestimmte Unternehmungen überhaupt gestartet werden können, und sie bestimmt ganz erheblich, welche Teilbereiche eines Programms wirklich ausgeführt werden können. In Friedenszeiten ist die Motivation im allgemeinen gering und das Leistungsniveau sinkt vielleicht sogar. Am Falkland-Krieg konnte man sehen, daß ein Notfall ein sehr viel höheres Motivationsniveau erzeugen kann, so daß Reparaturarbeiten, industrielle Arbeiten und die Bereitstellung von Schiffen viel schneller durchgeführt werden konnten als in Friedenszeiten. Vielleicht nimmt man bei der Bezeichnung „Notfall“ für eine solche Situation inkorrekterweise an, daß es sich dabei um einen Ausnahmezustand handelt, der für die Alltagsproduktivität keine weiteren Konsequenzen hat. Die beträchtlichen sozialen Auswirkungen machen deutlich, daß man mit der entsprechenden Nutzung von Motivationsveränderungen Effekte erzielen kann, die einige Grade über denen jedes besonderen Trainings stehen. Das bleibt jedoch schwierig zu untersuchen, da solche Effekte nicht wirklichkeitsgetreu simuliert werden können. Jeder Bericht von Gefechtsvorbereitungen unterstreicht, daß wirkliche Notfälle ein Gefühl der Dringlichkeit und Wichtigkeit hervorrufen, das auch den realistischsten Übungen fehlt. Obwohl eine Notfallsituation motivierend wirkt, stellt sie zugleich eine schwere Belastung dar, und auch gut geschultes Personal leistet möglicherweise weniger, wenn es mit wirklichen Geschehnissen konfrontiert wird (Thompson 1983).

Angst, Erregungsniveau und Leistung

Die kurvenförmig verlaufende allgemeine Beziehung zwischen Angst und Leistung ist wohlbekannt. Danach fällt die Leistung bei einem mittleren Erregungsniveau am besten aus. Eine zu niedrige Erregung erzeugt ungenaue und unaufmerksame Leistung, ein zu hohes Erregungsniveau führt zu Überaktivität und leicht erregbarem Verhalten mit häufigen Fehlern. Für die Ausführung von monotonen Tätigkeiten, die Wachsamkeit erfordern, ist die wichtigste Determinante des Erregungsniveaus der Grad der Stimulation. Geringe Stimulation führt zu Langeweile und schlechten Leistungen. Dumas (1982) hat auf die endlosen Stunden hingewiesen, die das Personal von Kernkraftanlagen an Computerschaltpulten verbringt, isoliert von anderen Menschen und immer beschäftigt mit den gleichen Routinearbeiten, die es letztendlich nie zu Ende führen kann. Langeweile und soziale Isolation werden noch verstärkt durch die Geheimhaltung, die es dem Personal verbietet, über seine Arbeit zu sprechen. Und schließlich erzeugen die potentiellen Folgen ihrer Arbeit bei den meisten Angst, und solche Gedanken tragen doch, auch wenn sie unterdrückt werden, zur wahrgenommenen Belastung durch die Arbeit bei. Auch wenn Angst und Erregung zunächst bessere Leistungen auslösen, so beeinträchtigt auf Dauer die Belastung wahrscheinlich auch einen Teil des gut selektierten und geschulten Personals, was schließlich zu schlechteren wie auch zu schwerer vorhersagbaren Leistungen führt.

Soziale Isolation und sozialer Streß

Die meisten Armeeangehörigen führen ein in zweierlei Hinsicht eingeschränktes Leben. Einerseits sind ganze Familien aus einer ihnen entsprechenden größeren Gemeinschaft herausgerissen und andererseits lebt während längeren Dienstzeiten ein Familienmitglied von der Familie getrennt. Es ist nicht ungewöhnlich, in Familie von Militärangehörigen höhere Grade an psychischer Belastung vorzufinden. Zu den in diesen Fällen zu beobachtenden Problemen zählen Ängste bezüglich des Familienlebens, der Treue des Ehegatten und Schwierigkeiten mit der Erziehung der Kinder, die sich durch Wohnungswechsel und häufige Abwesenheit der Eltern ergeben. Klinisch gesehen kann man äußere und innere Faktoren unterscheiden. Die äußeren Faktoren sind: häufige Ortsveränderungen, die Trennung der Familie, die Unmöglichkeit, vernünftige, längerfristige Pläne zu machen, und eine unregelmäßige Laufbahn mit verfrühtem Ruhestand; alle diese Faktoren erschweren die psychische Anpassung. Diese äußeren Bedingungen ermutigen zu schnell geschlossenen und schnell wieder aufgegebenen Freundschaften außerhalb des militärischen Bereichs und zu engeren Kontakten zwischen den Armeeangehörigen selbst. Innere Faktoren sind: Die Rekruten werden durch die familiäre Atmosphäre der gesamten Institution angezogen, das militärische Leben reduziert die Unsicherheiten eines zivilen Lebens, indem es eine organisierte Struktur anbietet – mit Belohnungen und Strafen –, die den Druck der eigenen Verantwortung mindern kann. Menschen, die in einer solchen Struktur leben, können gut gehorchen, aber schlecht aus eigener Initiative handeln; sie verlassen sich auf eine intakte Befehlsstruktur und sie versagen möglicherweise, wenn es darum geht, ihre Vorgesetzten auf falsche Entscheidungen aufmerksam zu machen (Thompson 1983).

Drogenmißbrauch

Einige der eben erwähnten Faktoren können Armeeangehörige dazu verführen, zu Drogen zu greifen. Alkohol ist die in unserer Kultur am meisten mißbrauchte Droge und kann bis zu einem gewissen Grad toleriert werden, da einige der unmittelbaren Kurzzeiteffekte bekannt sind und die Symptome einer Berauschung allgemein leicht zu erkennen sind. Die Regel der englischen Luftwaffe „Zwölf Stunden zwischen Flasche und Gashebel" zeigt, wie pragmatisch man dieses Problem angeht. Andere Drogen haben jedoch weniger bekannte Auswirkungen und besonders halluzinogene Drogen bieten die beunruhigende Aussicht darauf, daß die entsprechende Person unter Streßbedingungen zusammenbricht. Daten zum Drogenmißbrauch im militärischen Bereich sind nicht leicht zu erhalten, obwohl in den USA das Gesetz zur Informationsfreiheit einiges aufgedeckt hat. Es wäre falsch, dieses Problem in den Vereinigten Staaten für größer zu halten als bei anderen Atommächten. Da keine anderen Daten verfügbar sind, werden hier die amerikanischen Zahlen die Grundlage für erste Schätzungen bilden.

1981 wurden dem amerikanischen Kongreß die Ergebnisse zweier großer Studien zum Ausmaß des Drogen- und Alkoholmißbrauchs vorgelegt. Die umfangreichere Studie (Burt 1980) war mit Fragebögen durchgeführt worden. Diese waren 16 355 aktiven Militärdienstleistenden an 81 Orten auf der ganzen Welt vorgelegt und von 15 268 ausgefüllt zurückgegeben worden, eine Antwortrate also von 93%. Der Gebrauch nicht-medizinischer Drogen zeigte sich am stärksten bei der Gruppe der unverheirateten, jungen, zum Militärdienst verpflichteten Männer; eine Korrelation ergab sich auch mit den unteren Ausbildungsgraden. Alkoholmißbrauch war auf allen militärischen Stufen zu beobachten, besonders aber im Bereich der höheren Dienstgrade, während der Mißbrauch anderer Drogen häufiger bei Mitgliedern der unteren Dienstgrade vorzufinden war. Trotz der Selektionsverfahren bei der Aufnahme in die Armee ist bei Soldaten in etwa das gleiche Ausmaß an Drogenmißbrauch zu beobachten wie bei jungen Zivilisten. Das läßt vermuten, daß bei der Rekrutierung die entsprechenden Quoten erreicht werden, ohne daß der Standard hoch genug

Tabelle 1: Der Drogenmißbrauch bei amerikanischen Soldaten nach einer 1980 durchgeführten Erhebung (Prozentwerte)

Art der Droge	alle Soldaten Gebrauch im letzten Monat	Jahr	18–25jährige Gebrauch im letzten Monat	Jahr
Marihuana/Haschisch	26	35	37	49
Amphetamine	6	13	9	19
Kokain	4	11	7	17
Halluzinogene Drogen	3	8	5	12
Tranquilizer	2	6	3	8
Barbiturate	2	6	3	8
Opiate	1	4	2	5
PCP	1	4	1	6
Heroin	1	2	1	2
irgendeine Droge	27	36	38	50
Alkohol	83	–	84	93

angesetzt wird. Die folgende Tabelle (Tab. 1), die aus dieser Studie stammt (Kongreßbericht 1981), zeigt die allgemeinen Quoten des Drogenmißbrauchs bei Angehörigen der amerikanischen Armee. Die Zahlen für die jüngeren Soldaten sind getrennt aufgeführt, da es sich dabei um eine, im Vergleich zu ihrer Repräsentation in der Gesamtbevölkerung, relativ große Gruppe handelt. Allein 10154 Versuchspersonen aus der untersuchten Stichprobe gehören zu dieser Gruppe.

Aus dieser Tabelle kann man ersehen, daß Drogen, die die Leistung erwartungsgemäß stark beeinträchtigen und denjenigen, der unter ihrem Einfluß steht, wahrscheinlich auch anfälliger machen, besonders unter den jüngeren Soldaten zu einem erschreckend hohen Anteil verbreitet sind. Die Studie ergab außerdem, daß das größte Problem darin bestand, daß Alkohol und/oder verschiedene Drogen „gemischt", das heißt, zusammen gebraucht werden. Das hat bereits zu Todesfällen und zu ernsthaften Erkrankungen geführt.

Einige Auswirkungen des Drogenmißbrauchs kann man aus der folgenden Tabelle (Tab. 2) der gleichen Studie ersehen.

Eine Aufschlüsselung in die einzelnen militärischen Bereiche ergab,

Tabelle 2: Beeinträchtigung im Dienst infolge von Drogenmißbrauch (Prozentwerte der Gruppe der 18–25jährigen)

Art der Auswirkung auf die Arbeit	
Geringere Leistung	10
Zuspätkommen/zu frühes Verlassen des Dienstes	6
Nichterscheinen am Arbeitsplatz	4
Rauschzustand während der Arbeit	19
irgendeine andere Auswirkung	21

daß, außer bei der Luftwaffe mit 8%, etwa ein Viertel der Belegschaft aller militärischer Bereiche zugab, während des Dienstes schon einmal unter Drogen gestanden zu haben. Ein Beispiel für die möglichen Folgen dieses Drogenmißbrauchs ist der Absturz eines EA-6B-Flugzeuges am 18. Juni 1980 auf dem Deck der USS Nimitz. Eine Autopsie der 14 getöteten Marineangehörigen verschiedener Dienstgrade ergab, daß sechs von ihnen kurz zuvor Drogen genommen hatten.

In einer Fragebogenumfrage, die 1981 unter der Leitung des Kongreßabgeordneten English für den Sonderausschuß zur Untersuchung des Drogen- und Betäubungsmittelmißbrauchs an 1906 Militärangehörigen in Italien und Westdeutschland durchgeführt wurde, fanden sich sogar noch höhere Zahlen.

Die Ergebnisse dieser Studie für die amerikanische Marine zeigten, daß 49% der Soldaten im Dienst zugaben, Drogen zu nehmen. In erster Linie handelte es sich um Haschisch, aber auch der Mißbrauch harter Drogen wurde zugegeben. Viele Soldaten nehmen verschiedene Drogen, und es kann vorkommen, daß sogar ernsthaft in ihrer Leistungsfähigkeit eingeschränkte Süchtige aufgrund von Personalknappheit lange Zeit auf sehr verantwortungsvollen Posten bleiben, ehe etwas unternommen wird (Dumas 1980). Es wurde auch von gewissen Schwierigkeiten berichtet, Personal für den Umgang mit Atomwaffen zu bekommen und zu halten (Observer 1981).

Die folgende Tabelle (Tab. 3) stammt aus der Studie des oben genannten Ausschusses zur Untersuchung des Drogenmißbrauchs in der Armee.

Tabelle 3: Frage: „Haben Sie während des vergangenen Monats eine der aufgeführten Drogen während des Dienstes (in Ihrer Arbeitszeit) genommen? (Prozentwerte der Ja-Antworten)

	Armee	Luftwaffe	Marines (Elitetruppen des Militärs)	Marine
Marihuana/Haschisch	38	4,5	24,34	41,86
Kokain	3,03	0	3,9	3,82
Heroin	1,99	0	0,55	0,57
Aufputschmittel	9,6	0	13,7	27,05
Sedierende Mittel	4,56	0	4,9	10,13
LSD und andere harte Drogen	2,58	0	2,2	8,84
Alkohol	28,01	15,7	19,4	20,95

In einem Kommentar zu den Resultaten dieser Untersuchung gab General Louissell bei einem Hearing zu:

„Wir haben uns die Konsequenzen des Drogenmißbrauchs in der Armee angesehen. Die Resultate sind beunruhigend. 7% der Angehörigen der bewaffneten Streitkräfte gaben an, alkoholabhängig zu sein; 4% bezeichneten sich als drogensüchtig. Man kann das noch dramatisieren, wenn man es so ausdrückt, daß im letzten Jahr mindestens 130 000 Angehörige der bewaffneten Streitkräfte alkohol- oder drogenabhängig waren! 9% der 18–25jährigen gaben an, daß sie mindestens 40mal im Jahr während des Dienstes unter Drogen standen. 2% aller Soldaten berichteten, mindestens 40mal im Jahr im Dienst unter Drogen gestanden oder betrunken gewesen zu sein. Wenn man diesen Prozentsatz überträgt, so kann man sagen, daß mindestens 170 000 Soldaten, Seeleute, Marines und Luftwaffenangehörige in waffenführenden Positionen in den Manövergebieten, auf den Decks der Schiffe oder in den Waffenmagazinen im vergangenen Jahr 40mal oder öfter unter Drogen gestanden haben oder betrunken gewesen sind!"

Er berichtete weiter, daß einer von 5 Soldaten zugab, daß er wegen Alkoholgenusses im Dienst schlechtere Leistungen erbracht habe.

Zu dem Zeitpunkt, als dies geschrieben wurde, waren nur die Zusammenfassungen der besonders interessanten Ergebnisse der

1982 vom Kongreß durchgeführten Untersuchung erhältlich. Diese zeigen hinsichtlich des Drogenmißbrauchs geringere Werte, aber der Alkoholmißbrauch ist um 10% gestiegen, was möglicherweise mit dem Versuch zusammenhängt, den Drogenmißbrauch einzudämmen (Bray 1981).

Ein enormer Drogenmißbrauch ist auch bei den in England stationierten amerikanischen Armeeangehörigen zu beobachten, wo allein im vergangenen Jahr 455 Drogenverfahren verfolgt werden mußten (The Times 1984). Diese Zahl wurde jedoch als „völlig unerheblich" bezeichnet, obwohl sie auch Truppen betraf, die direkt mit Atomwaffen zu tun hatten.

Trotz mehrerer Anfragen war es nicht möglich, zum vollen Ausmaß dieses Problems in der britischen Armee Daten zu erhalten. In einer schriftlichen Antwort im Parlament (Hansard 1984) wurden im Jahr 1983 73 Fälle von Drogenmißbrauch zugegeben; zum Alkoholmißbrauch, der wahrscheinlich das größere Problem darstellt, wurden jedoch überhaupt keine Daten bekanntgegeben. Auch konnte nichts zu den Personalausleseverfahren in Großbritannien in Erfahrung gebracht werden.

Über die russischen Ausleseverfahren ist überhaupt nichts bekannt. Unabhängige Quellen weisen jedoch auf den außergewöhnlich hohen Alkoholmißbrauch in der Gesamtbevölkerung hin (Feshbach 1982).

Mit Atomwaffen arbeitendes Personal: Diese hohen Raten des Drogenmißbrauchs erhöhen die Unfallwahrscheinlichkeit in den konventionellen militärischen Bereichen, aber ein solcher Drogenmißbrauch bei denen, die direkt mit Atomwaffen arbeiten, hätte noch weitaus ernstere Folgen. Etwa 120 000 Armeeangehörige sind mit Aufgaben im Zusammenhang mit amerikanischen Atomwaffen befaßt. Zu diesen Aufgaben gehören die Wartung, die Bewachung, der Transport, das Waffentraining und letztlich der Gebrauch der Waffen. Dieses Personal wird zu Beginn mit Hilfe eines „Personal-Verläßlichkeits-Programms" (Personnel Reliability Program – PRP) ausgewählt. Dem Kongreß (Congressional Records 1981) wurde jedoch bekannt, daß trotz dieser Ausleseverfahren jährlich etwa 5000 Armeeangehörige aus dem Dienst mit Atomwaffen wieder entlassen werden.

Das läßt vermuten, daß entweder die Auswahlverfahren schlecht sind, oder daß die Art der Arbeit so anstrengend ist, daß viele Soldaten zu Drogen greifen oder in kriminelle Handlungen verstrickt werden. Wahrscheinlich ist beides richtig. Bemerkungen zu dem erwähnten Verläßlichkeitsprogramm an einer anderen Stelle der Kongreßberichte zeigen, daß dieser Test nicht so gründlich ist, wie es erforderlich wäre, um für solche Arbeiten nur die geeignetsten Leute auszuwählen.

„Für bestimmte Positionen sind von den Personen, mit denen die entsprechende Stelle besetzt werden soll, Zeugnisse erforderlich, und wir haben Maßnahmen getroffen, die sicherstellen, daß die Inhaber solcher Positionen bestimmten Verläßlichkeitsstandards entsprechen. Bevor jemand auf einem solchen Posten eingesetzt wird, muß er oder sie sorgfältig überprüft werden. Die persönliche Akte, die auch möglicherweise ungünstige Informationen enthält, wird durchgesehen. Auch Gesundheitszeugnisse werden überprüft, und, *wenn es erforderlich ist,* wird eine ärztliche Untersuchung durchgeführt. Der unmittelbare Vorgesetzte entscheidet dann auf der Grundlage dieses Materials und nach einem Gespräch mit dem Betreffenden, ob dieser für die Stelle geeignet ist. Wenn nicht, wird er für diese Position disqualifiziert." (Hervorhebung vom Autor)

Daraus geht hervor, daß die Anwärter auf solche Positionen nicht in jedem Fall einem Arzt oder einem Psychologen vorsprechen müssen, der beurteilen könnte, ob Drogen oder psychische Labilität für den einzelnen eventuell zu einem Problem werden könnten. Offensichtlich führt die gegenwärtige Vorgehensweise dazu, daß viele nicht verläßliche Personen unterschiedlich lange im direkten Kontakt mit Atomwaffen arbeiten, bevor sie als dafür ungeeignet erkannt werden. Außerdem ist die Trennschärfe dieses Verläßlichkeitsprogrammes nicht bekannt. Möglicherweise werden damit mehr unzuverlässige Personen zugelassen als ausgeschlossen. Ohne dazu unabhängige Daten vorliegen zu haben, kann das nicht endgültig beurteilt werden.

Auch hier in England ist es bereits zu entsprechenden Vorfällen mit amerikanischen Armeeangehörigen gekommen, die im direkten Kontakt mit Atomwaffen arbeiteten und dabei unter Drogen standen. Im

Tabelle 4: Entlassungen von Personal, das in direktem Kontakt mit Atomwaffen steht.

Grund	1975	1976	1977	1980*
Alkoholmißbrauch	169	184	256	599
Drogenmißbrauch	1970	1474	1365	1726
Dienstvernachlässigung oder Dienstvergehen	703	737	828	
Verurteilung vor einem Kriegs- oder Zivilgericht	345	388	350	
Mißachtung des Gesetzes	722	945	885	
Eindeutige physische, geistige oder charakterliche Merkmale oder abweichendes Verhalten, die aufgrund eines medizinischen Gutachtens eine zuverlässige Diensterfüllung verhindern	1219	1238	1289	
Gesamt	5128	4966	4973	5324

* Die Daten für 1980 waren zum Teil noch nicht verfügbar.

Dezember 1981 wurden von einem Ortsansässigen in einer Müllhalde in der Nähe der Atomwaffenstation Holy Loch Unterlagen gefunden. Aus diesen ging hervor, daß ein mit der Bewachung von Atomwaffen betrauter Soldat Marihuana bei sich hatte und wiederholt nicht zum Dienst erschienen war. Ein Heizer auf dem Mutterschiff USS Holland nahm LSD, Kokain und Amphetamine und handelte auch damit. Die Kriegsgerichtsunterlagen, in denen beide Fälle detailliert beschrieben sind, haben dem Autor vorgelegen.

Angesichts der oben zitierten Zahlen zum Drogenmißbrauch während des Dienstes überraschen solche Vorfälle kaum und zeigen eher, wie sehr das Problem unterschätzt wird.

Bekanntlich schränken Alkohol und Drogen die Leistungsfähigkeit ein und können sich soweit auswirken, daß der Betreffende im Dienst einschläft. Bei halluzinogenen Drogen können Stimmungsschwankungen, Realitätsverlust und sogar psychotische Prozesse ausgelöst werden. In diesem Fall beeinträchtigen die Drogen unter Umständen auch dann die Arbeitsleistung, wenn sie nicht während der Dienstzeit genommen werden.

Der wahre Zweck der Arbeit

Die meisten Kriegsübungen bereiten Soldaten darauf vor, andere Soldaten zu bekämpfen. Der Dienst im direkten Kontakt mit Atomwaffen stellt deshalb eine ganz besondere Belastung dar, weil damit eine andere Aufgabe, nämlich die Bedrohung der Zivilbevölkerung, verbunden ist. Diese emotionale Belastung darf nicht auf die leichte Schulter genommen werden, auch wenn sie nicht von allen gleichermaßen empfunden wird. In der verfügbaren Literatur wird nur wenig darüber berichtet, wie groß die Belastung für das Bedienungspersonal von Atomwaffen ist. Wye (1971), ein unter einem Pseudonym schreibender amerikanischer Armeeangehöriger, der in direktem Kontakt mit Atomwaffen arbeitet, beobachtet:

> „Wer zu einer solchen Mannschaft gehört, versucht nicht, über die Verantwortung nachzudenken, die er letztlich hat und die dazu führen könnte, daß Millionen Menschen getötet werden.... Es wird von ihm nicht erwartet, daß er ein Gewissen hat.... Er lernt, seine persönlichen Gefühle von seiner Rolle zu trennen, die er ohne nachzufragen und ganz automatisch spielen muß. Die besonderen Eigenschaften dieses Spiels führen zu einem Gefühl des Unbeteiligtseins. Er neigt dazu, sein persönliches Leben und sein offizielles Leben völlig getrennt zu sehen: der Raketenoffizier wird schizoid."

Soldatenpflichten bei direktem Kontakt mit Atomwaffen erzeugen eine kognitive Dissonanz zwischen dem moralischen Bedürfnis, ein guter Mensch zu sein, und der unhaltbaren Immoralität einer so enormen Zerstörung. Um dieses Dilemma zu lösen, versuchen die meisten, ihre Moralvorstellungen aufrechtzuerhalten. Daher besteht die häufigste Lösung des Problems darin, die Konsequenzen des eigenen Verhaltens zu leugnen. Die wichtigste kognitive Technik dabei scheint eine Art unrealistische Vorhersage zu sein: „Es wird nie dazu kommen" oder besser noch „Weil wir das tun, wird es nie zu einem Ernstfall kommen". Die Projektion böswilliger Absichten auf die gegnerischer Seite ist eine gern angenommene Haltung. Hinter diesen Rechtfertigungsversuchen steht insgeheim die Überzeugung, daß nach einem Atomkrieg keine der normalen moralischen Regeln mehr Gültigkeit hat. Da die direkte Arbeit an Atomwaffen letztlich zur Teilnahme am Massenmord führt, werden spezielle Trainingstechniken angewandt, um die Verantwortung des Personals zu verteilen und um die emotionalen und moralischen Reaktionen abzustumpfen. Wer in einer solchen Mannschaft arbeitet, erfährt nie, worauf er eigentlich hinarbeitet, und es werden immer wieder Handlungsabläufe geübt, für die sich kein Einzelner allein verantwortlich fühlen kann. Sogar die dabei verwendete Sprache zielt darauf ab, das Gefühl einer persönlichen Verantwortung zu reduzieren. Man „feuert" die Raketen nicht ab, sondern man „leitet" den Abfeuerungsvorgang „ein".

Man kann nur schwer abschätzen, welcher Anteil der Soldaten, die mit Atomwaffen umgehen, den Schießbefehlen gehorchen wird. Wissenschaftliche Ergebnisse zum Autoritätsgehorsam (Milgram 1974) lassen es sehr wahrscheinlich erscheinen, daß die Mehrheit gehorchen wird. Nur eine tiefgreifende Einstellungsänderung, die zu einem stärkeren persönlichen Verantwortungsgefühl und Mitgefühl mit den Opfern führt, könnte die endgültige Ausführung dieser destruktiven Handlungen verhindern.

Beispiele von Unfällen

Über Unfälle in zivilen Bereich erfährt die Öffentlichkeit mehr als über Unfälle im militärischen oder nuklearen Bereich. Ein Unfall weckt besonders dann das Interesse, wenn er auf eine Weise geschieht, die vorher als höchst unwahrscheinlich angesehen wurden und wenn dem Unfall ausführliche und angemessene Vorsichtsmaßnahmen vorausgingen. Solche Unfälle entlarven die Gewißheit, daß kein Fehler vorkommen kann – was immer nach kurzfristigen Sicherheitssteigerungen oder nach längeren unfallfreien Zeiträumen entsteht –, als Mythos und zeigen, daß weitere, neue Sicherheitsvorkehrungen für die Zukunft getroffen werden müssen.

Perrow (1984) hat eine größere Untersuchung zu Unfällen im Umfeld hochriskanter Technologien durchgeführt. Sein Beitrag zu diesem Thema war, einen Unfall als einen ganz normalen Aspekt jedes komplexen technologischen Systems zu untersuchen. Er ist der

Ansicht, daß der allzu oft gebrauchte Begriff des menschlichen Versagens unter Verständnis von der Funktionsweise komplexer Systeme einschränkt. Seine graphischen Aufstellungen von Unglücksfällen in petrochemischen Anlagen, Atomkraftwerken, bei Transportsystemen und in anderen vergleichbaren Systemen betonen immer den Druck der Alltagsproduktion, unter dem die Menschen arbeiten müssen. Indem er den interessanten Begriff „normaler Unfall" verwendet, lenkt Perrow die Aufmerksamkeit auf Systeme, bei denen verschiedene Fehler, die nicht in unmittelbarem Zusammenhang miteinander stehen, zu unerwarteten Interaktionen führen, was dann unvermeidlich zu einem sogenannten „normalen" Unfall führt.

Am Beispiel von Three Mile Island weist Perrow menschliches und technisches Versagen, Planungsfehler und fehlerhafte Verfahren als primäre Ursachen des Unfalls zurück und gibt die Schuld der Komplexität des Systems. Jeder einzelne Fehler, so argumentiert er, war an sich trivial, aber da das ganze System eng verschaltet ist, kam es zu komplexen Interaktionen, die eine kritische Zeitspanne lang nicht erklärt werden konnten. Dies ist ein häufiges Merkmal von Unfällen, die aufgrund von Systemfehlern entstehen, da die Interaktionen meistens nicht sichtbar sind und oft auch vom Bedienungspersonal nicht für möglich gehalten werden. Psychologisch ausgedrückt muß man oft etwas erst glauben, bevor man es sehen kann. Wenn das Bedienungspersonal einer Schaltanlage ein Ereignis nicht glauben will, so kann es sein, daß Anzeigen der Instrumententafeln nicht akzeptiert und falsche Hypothesen beibehalten werden, was meistens die Situation noch verschlimmert. Wäre man aber nicht in der Lage, auf diese Weise zu reagieren, dann könnte, wie Perrow betont, die ganze Anlage nicht funktionieren, weil sonst jedes einzelne widrige Ereignis zu einem Schließen des gesamten Betriebes führen würde.

Um zu zeigen, wie komplex die eng verschalteten Systeme der Kernkraftanlage auf Three Mile Island sind, weist Perrow darauf hin, daß der wesentliche Bedienungsfehler (wie sich aus den nachfolgenden Untersuchungen ergab) genau 13 Sekunden nach dem die Krise auslösenden Temperaturanstieg geschah. Keine Untersuchung der individuellen kognitiven Prozesse jedes einzelnen könnte das höchst komplexe System, von dem die Menschen nur ein Teil sind, befriedigend erklären.

Da alle in diesem Zusammenhang interessanten Systeme immer wieder Qualitätsüberprüfungen und Fehlersuchen unterzogen werden, sind Untersuchungen über die Zuverlässigkeit der Inspektoren von großer Bedeutung. Smith (1981) behauptet, daß die Erfolgsrate von Qualitätsinspektoren, die in einem vermeintlich sicheren System nach Fehlern suchen, möglicherweise sehr viel niedriger liegt, als einige der statistischen Schätzungen ergeben, bei denen man davon ausgeht, daß ein Inspektor mit seiner vollen Kapazität arbeitet. Der Grund liegt darin, daß die Inspektoren weniger Aufwand betreiben, wenn sie einen Fehler für unwahrscheinlich halten und wenn sie davon ausgehen, daß alles, was von Bedeutung sein könnte, bereits bei einer vorhergehenden Inspektion gefunden worden wäre. Smith fordert, daß die Erfolge bei der Fehlersuche an empirischen Daten gemessen werden müßten, und daß konservative Schätzwerte verwendet werden sollten, die die erwähnten Fehlerquellen miteinbeziehen, wenn keine empirischen Daten vorliegen. Nach Smith sind solche Unterlassungen bei den Inspektionen für viele Fehler verantwortlich, die nach der theoretischen Wahrscheinlichkeit nie hätten vorkommen dürfen.

Das Zugunglück von Moorgate

Das Zugunglück, zu dem es am 28. Februar 1975 in Moorgate kam, ist deshalb wichtig, weil es in einem U-Bahn-System passierte, das sich in der Vergangenheit als sicher erwiesen hatte und auch mit umfassenden Sicherheitssystemen ausgestattet war. Zudem konnten keine Fehler im System gefunden werden, die das Unglück hätten erklären können.

Um 8.46 Uhr fuhr der Zugführer seinen Zug mit 6 Wagen mit einer Geschwindigkeit zwischen 50 und 80 km/h über den Bahnsteig 9 hinaus und gegen die abschließende Wand eines Überflutungstunnels. 42 Passagiere und der Zugführer kamen ums Leben, 72 wurden verletzt. Es war der schlimmste Unfall in der Geschichte der Londoner Transportsysteme. Bei der Untersuchung ergab sich, daß alle Systeme perfekt funktioniert hatten und der Zugführer bis kurz vor dem Aufprall Gas gegeben hatte. Man fand keinen Hinweis auf Drogen, Krankheit, psychische Probleme oder Selbstmordabsichten des Zugführers. Er schien an jenem Morgen ganz so wie immer zu sein, und als er auf seiner dritten Fahrt an diesem Tag mit seinem Zug in den Bahnsteig einfuhr, sahen ihn Zeugen völlig normal hinter dem Steuerpult sitzen.

Reason (1982) glaubt, aufgrund anderer Tatsachen Selbstmord oder geistige Verwirrung als unwahrscheinlich ausschließen zu können und meint, daß man diesen Unfall mit dem Phänomen der „unvollständigen Vernunft" erklären könne. Er geht davon aus, daß der Fahrer vielleicht aufgrund eines psychischen Ausfalls die Orientierung hinsichtlich der Abfolge der einzelnen Haltestellen verloren hatte und sich noch eine Haltestelle weiter von der Endstation entfernt glaubte. Diese Spekulation wird durch die Tatsache erhärtet, daß die Lichter des vor der Haltestelle Moorgate zu durchfahrenden Tunnels bei den ersten zwei Fahrten voll angeschaltet waren, bei der letzten, tödlichen Fahrt jedoch nicht mehr brannten. Dadurch erschien der Tunnel nicht anders als alle anderen dunklen Tunnel auf der restlichen Strecke. Wenn der Fahrer sich auf die Beleuchtung des Tunnels als visuellen Hinweis dafür, daß er sich der Endstation näherte, verlassen hatte, genügte vielleicht das Fehlen der Lichter, um ihn in der falschen Vorstellung, er müsse noch eine Station weiterfahren, zu bestätigen. Als ihm dann schließlich klar wurde, daß er in die Endstation einfuhr, ließ ihn diese entsetzliche Erkenntnis genau die 10 Sekunden lang nicht handeln, die ihm vom Aufprall trennten. Nachträglich ist es nun nicht mehr möglich, genau zu erfahren, was dieses Unglück verursacht hat, aber die Möglichkeit eines Aufmerksamkeitsausfalls, der mit einer falschen interpretativen Hypothese zusammentraf, bleibt als Ursache am wahrscheinlichsten. Hier handelt es sich um einen der vielen Fälle, bei denen trotz vieler Sicherungsvorkehrungen und vieler Tausende sicherer Fahrten in vielen Jahren menschliches Versagen zu einem tödlichen Unfall führte. Lange Zeitspannen, in denen kein Unfall passiert, beweisen allein nicht, daß die Möglichkeit eines Versagens ausgeschlossen ist.

Der Flugzeugzusammenstoß auf Teneriffa

Ein weiterer ziviler Unfall, der zeigt, wie in einer Aneinanderreihung von Ereignissen mehrere Fehler zufällig zusammentreffen und zu einem Unglück führen, ist der Flugzeugzusammenstoß auf der Startbahn in Teneriffa am 27. März 1977. Trotz aller Bemühungen bei den Sicherheitsvorkehrungen starben bei dieser schlimmsten Kollision in der Geschichte der Luftfahrt 577 Menschen.

Die Ursachen des Unglücks waren vielfältig und komplex, aber sie zeigen, wie verschiedene Ereignisse, von denen jedes einzelne unwahrscheinlich und zufällig ist, zusammen schließlich zu einem Unfall führen können. Eine Terroristenbombe war der Anlaß für die Schließung des Hauptflughafens gewesen, und der Luftverkehr wurde zum zweiten Flughafen in Santa Cruz umgeleitet, der schnell verstopft war, so daß die drei Fluglotsen unter zusätzlichen Streß gerieten. Sie mußten ohne Plan den Jets Rollbahnen zuteilen, damit diese die einzige, nebelgefährdete Startbahn benutzen konnten. Sie hatten jedoch kein Bodenradar zur Verfügung, um deren Bewegungen zu überwachen, und konnten nur über eine einzige Funkfrequenz senden, da die anderen beiden schon seit 6 Monaten außer Betrieb waren. Die Flugzeugbesatzungen hatten lange Dienststunden und irritierende Verzögerungen hinter sich, konnten weitere Verzögerungen vorhersehen und näherten sich im Fall der KLM-Crew dem gesetzlichen Limit der Dienststunden.

Zwei wesentliche Fehler führten dann zu dem Unglück. Die anrollende Pan Am-Maschine bog nicht bei der ihr zugewiesenen dritten Rollbahn von der Startbahn ab, und die KLM-Maschine startete, ohne die letzte Erlaubnis abzuwarten. Die Pan Am-Maschine hatte entweder die Abzweigung verpaßt oder es vorgezogen, erst die vierte Abzweigung zu nehmen, die für einen Jumbo Jet geeigneter war. Der KLM-Pilot schien so ungeduldig zu sein, endlich abheben zu können, und trat das schließlich nach der vorläufigen Starterlaubnis, ohne die endgültige Bestätigung abzuwarten. Eine mögliche Erklärung dafür, daß es bei einem so erfahrenen Piloten zu einem solchen Fehler kommen konnte, könnte in den umfangreichen Erfahrungen mit der Schulung junger Piloten an Simulationsgeräten liegen. Bei solchen

Übungen wird die Flugzeit auf Kosten des zeitraubenden Funkverkehrs maximiert. Das hat vielleicht auf fatale Weise dazu beigetragen, daß der Pilot die korrekte Vorgehensweise mißachtete. Zu oft simulierten Bedingungen ausgesetzt zu sein, die doch die wirklichen Ereignisse nie völlig reproduzieren können, kann zu Verkürzungen führen, die dann versehentlich in die realen Situationen übertragen werden.

Three Mile Island

Am 28. März wurde um 4 Uhr morgens in der Einheit 2 der Atomkraftanlage in Three Mile Island der Verlust von Kühlflüssigkeit festgestellt. Bei diesem bisher schlimmsten Unfall in der Geschichte der Atomindustrie wurde der Kern des Reaktors teilweise freigelegt und die Anlage erlitt beträchtliche Schäden. Eine vom Präsidenten eingesetzte Kommission erstellte einen Bericht von dem Unfall, und Canter und Powell (1983) haben daraus einige psychologisch interessante Punkte herausgegriffen.

Die Kommission fand heraus, daß der Unfall das Resultat einer Reihe menschlicher, institutioneller und technischer Versagen war. Ausfälle bei Instrumenten bildeten den ursprünglichen Anlaß für den Unfall, aber schlechte Schulung, Fehlentscheidungen und die Tatsache, daß man nicht überblickte, was überhaupt passiert war, verschlimmerten die Lage. Die Belegschaft brachte zu lange, um zu erkennen, daß der Kern beschädigt war, und der Kontrollraum war für solche Notfälle mangelhaft eingerichtet. Über 100 Alarmsirenen gingen los, und es gab keine Möglichkeit, die weniger wichtigen davon abzustellen, um sich auf die wichtigen Warnungen konzentrieren zu können. Weil eine der Leuchtanzeigen von Wartungsaufklebern verdeckt war, erkannte das Personal während der ersten 8 Minuten des Unfalls nicht, daß ein Ventil für den Wasserzulauf geschlossen war. Einige wichtige Anzeigen befanden sich auf der Rückseite des Kontrollpults und waren also nicht gleich sichtbar. Ein paar Instrumente schlugen über den Bereich ihrer Skalen hinaus aus und blieben so stehen, und der Drucker des Computers, der die Warnungen registrierte, lief mit einer Verspätung von 2½ Stunden und blieb dann auch noch stecken, was weitere Verzögerungen zur Folge hatte.

Canter und Powell (1983) wiesen darauf hin, daß die Interaktion zwischen Mensch und Maschine bei der Planung des Kontrollraums völlig mißachtet worden war. Die Informationen, die dringend benötigt wurden, waren oft gar nicht vorhanden oder an einer schlecht einsehbaren Stelle plaziert, mehrdeutig oder schwierig abzulesen. Im Kontrollraum befanden sich 1900 Anzeigen, von denen man 26% vom vorderen Kontrollpult aus nicht sehen konnte. Es war ein klassisches Beispiel für eine Überlastung durch zu viele Informationen. Die Notfallverordnungen waren nicht auf den Benutzer hin ausgerichtet, und obwohl sich während der kritischen Phase bis zu 30 Personen im Kontrollraum aufhielten, verstanden die meisten von ihnen nicht, was in der Anlage geschah. Als sie von der Kommission befragt wurden, berichteten sie, daß sie am dringendsten „irgendeine Information darüber, was überhaupt passiert war" gebraucht hätten. Psychologisch gesprochen, waren sie „weißem Rauschen" ausgesetzt, während sie gerade in diesen Augenblicken verläßliche Einzelsignale benötigt hätten. Die vorherrschende Atmosphäre war die einer totalen Verwirrung, bei der die Kommunikation auf allen Ebenen mangelhaft war, und die entscheidenden Beschlüsse wurden getroffen, ohne daß entsprechende genaue Informationen vorhanden waren.

Der Unfall in Three Mile Island machte deutlich, daß komplexe Systeme genaue und effektive Informationsverarbeitungstechniken benötigen, um sicher funktionieren zu können, und daß das Personal die in einem Notfall zu ergreifenden Maßnahmen wiederholt trainieren muß. Außerdem müssen die Kontrollräume in ihrer Konstruktion an den Menschen angepaßt sein. Ein nachteiliger Faktor bei dem Unfall auf Three Mile Island war zudem die Überzeugung, daß Atomenergie an sich sicher ist, was das Management und das Personal dazu führte, die Möglichkeit einer ernsthaften Fehlfunktion zu ignorieren. Von der Industrie waren vor dem Unfall beruhigende Risikoschätzungen veröffentlicht worden, aber diese Beruhigungen trugen schließlich auch dazu bei, daß die Übungen der im Notfall zu ergreifenden Maßnahmen nicht so streng durchgeführt wurden. Die untersuchende Kommission schloß daraus:

„Obwohl in erster Linie Bedienungsfehler aus diesem Vorfall einen ernsten Unfall machten, kann man abschließend sagen, daß viele verschiedene Faktoren zur Handlungsweise des Personals beitrugen, wie zum Beispiel mangelhafte Schulung, Unklarheit bei einzelnen durchzuführenden Maßnahmen, das Versäumnis von Organisationen, die aus früheren Vorfällen keine Lehre gezogen hatten und Fehler bei der Planung des Kontrollraums. ... Wir sind daher alle davon überzeugt, daß ein Unfall wie dieser unter der Voraussetzung aller oben aufgezählten Mängel schließlich nicht zu vermeiden gewesen wäre, unabhängig davon, ob nun in diesem Fall ein Bedienungsfehler der eigentliche Anlaß gewesen ist."

Zusammenfassung

Diese Unfälle zeigen, daß es auch bei erprobten und überprüften Systemen zu Irrtümern kommen kann, die oft eine nicht vorhersehbare Ereigniskette nach sich ziehen und so zu einem ansonsten vermeidbaren Fehler führen. Darüberhinaus zweifelt die Unfallforschung an der traditionellen Methode der Fehleranalyse, bei der die Versagensraten der einzelnen Komponenten unabhängig voneinander ausgewertet werden. Ein solches Vorgehen ist aber im Falle eines menschlichen Versagens nicht gerechtfertigt, da kleinere Fehler aufgrund ihrer emotionalen Wirkung auf den Betreffenden größere Fehler wahrscheinlicher machen. Aus dem Alltag weiß man, daß selbst das Ausführen automatischer Handlungen, wie zum Beispiel das Autofahren, durch negative Kritik beeinträchtigt werden kann. Als Folge davon kommt es zu kleineren Fehlern, die dann auch Handlungen beeinträchtigen können, die früher erfolgreich ausgeführt worden waren. Speziell, wenn einmal eine falsche Hypothese oder ein falscher Plan aufgestellt wurde, wird ein „kognitives Set" eingerichtet, das den Menschen den tatsächlichen Zustand der Dinge verkennen läßt und ihn davon abhält, eine angemessenere Handlungsweise einzuschlagen.

Wenn die zu kontrollierenden Systeme sehr komplex sind, kann das Personal mit Informationen überlastet sein, die es nicht verarbeiten kann, und muß sich auf unangemessene, intuitive Beurteilungen verlassen (Kahneman & Tversky 1982). In solchen Situationen können die Versuche des Bedienungspersonals, eine Krise zu bewältigen, selbst zu einer größeren Unfallquelle werden (Perrow 1984).

Bei den meisten zivilen Unfällen, auch bei solchen, die in komplexen Systemen geschehen, ist es möglich, schließlich doch zu einem gewissen Grad eine Erklärung dafür finden zu können und daraufhin die Sicherheitsmaßnahmen entsprechend zu verbessern. Bei einem großen Atomunglück wird eine solche Untersuchung jedoch nie möglich sein.

Nuklearer Terrorismus

In den einzelnen Veröffentlichungen ist nur wenig darüber zu finden, welche Maßnahmen die einzelnen Staaten ergreifen, um zu verhindern, daß ihre Atomwaffen in die Hände von Terroristen fallen. Der CIA (1976) führte eine Studie zum Terrorismus durch und kam damals zu dem Schluß, es würde noch „einige Jahre dauern", bis irgendeine Terroristengruppe eine Atombombe herstellen oder stehlen könnte. In der Studie heißt es weiter:

> „Eine zumindest kurzfristig gesehen noch wahrscheinlichere Möglichkeit könnte darin bestehen, daß Terroristen von einer Anlage, in der Atomwaffen aufbewahrt werden, oder von einem Atomkraftwerk Besitz ergreifen. Eine solche Gruppe braucht dann nicht mit einer nuklearen Katastrophe zu drohen (obwohl jeder insgeheim an diese Möglichkeit denken wird), sondern allein mit der Zerstörung des Bunkers oder Reaktors und der damit zusammenhängenden radioaktiven Verseuchung."

Taktische Waffen werden eingestandenermaßen weniger sicher bewacht als strategische Waffen. Aber auch bei diesen zeigen sich gelegentlich Lücken im Sicherheitssystem. In einem später veröffentlichten Fall konnte ein Journalist, der sich als Hersteller von Zaunmaterial ausgab, erreichen, daß ihm die Schwachstellen des Sicherheitssystems richtiggehend vorgeführt wurden. Es wurden ihm sogar Pläne der Atomstützpunkte und detaillierte Informationen zu den Alarmsystemen zugeschickt, ebenso wie Instruktionen, wie die Sicherheit aufrechterhalten werden kann, während seine vermeintlichen Angestellten ihrer Arbeit nachgehen. Kurz nachdem er den Bericht über seine Rundgänge durch zwei Atomwaffenstützpunkte veröffentlicht hatte, im Laufe derer er auch an zwei offensichtlich unbewachten Wasserstoffbomben vorbeigeführt worden war, wurden offiziell Schritte zur Verstärkung der Sicherheitsmaßnahmen eingeleitet. Trotzdem erhielt er, ohne daß er darum gebeten hatte, nochmals die auf den neuesten Stand gebrachten Pläne der nuklearen Anlagen zugeschickt (Congressional Record 1979).

Nicht alle Atomwaffen sind mit Sicherungen ausgestattet, um sie gegen Terrorismus zu schützen. Deshalb bleiben viele in ihren Depots, wie die Wasserstoffbombe Mark 28, die von einem kompetenten Elektriker durchaus geöffnet und so wieder zusammengebaut werden kann, daß sie detoniert, sobald sie aus einem Zivilflugzeug abgeworfen oder in einem Kaufhaus deponiert wird. Neuere Waffen sind mit bestimmten Verschaltungen ausgestattet (Category Permissive Action Links), die dazu führen, daß die Bombe ohne Verwendung des richtigen sechsstelligen Kodes nicht gezündet werden kann. Militärische Berater legen jedoch auf zuviele solche Sicherungen keinen Wert, da sie fürchten, diese könnten einen etwaigen nuklearen Vergeltungsschlag bremsen. Weitere Informationen zu Lücken in Sicherheitssystemen und zu den dagegen unternommenen Schritten finden sich in den Kongreßberichten (Congressional Record 1979) und bei Britten (1983).

Psychologisch gesehen bedeutet es eine ernsthafte Unterlassung, daß Lücken in Sicherheitssystemen, hochgradig unzuverlässiges Verhalten des Personals und Terrorismus in den konventionellen Fehlerplänen kaum auftauchen, obwohl sie doch eine beträchtliche Gefahrenquelle darstellen. Vielleicht paßt »schlampiges« oder gar böswilliges Verhalten nicht in die geordneten Systeme der Risikobewertung, die aus dem Bereich mechanischer Komponenten abgeleitet sind. Fehleranalysen ignorieren jedenfalls oft absichtlich herbeigeführte Handlungen, zu denen auch terroristische Aktionen gehören, und die Planenden sind äußerst zurückhaltend damit, „verrückte" Handlungsweisen überhaupt in Betracht zu ziehen (Andren 1981). Dabei ist es in den USA in der Zeit von 1970 bis 1979 zu 44 terroristischen Drohungen im Zusammenhang mit Atomwaffen gekommen. Der glaubhafteste Drohbrief, dem sogar ein durchführbarer Bauplan für eine Wasserstoffbombe beigefügt war, stammte, wie man herausfand, von einem 14-Jährigen (Britten 1983). In den Vereinigten Staaten gibt es detaillierte Veröffentlichungen zur Konstruktion von Atomwaffen (Britten 1983) und einem Physiker gelang es, in drei Monaten ohne jede Vorinformation einen brauchbaren Konstruktionsplan für eine Bombe zu entwerfen.

Der unerlaubte Besitz von Atomwaffen stellt immer ein drohendes und wachsendes Risiko dar, da jedes spaltbare Material gegebenenfalls für eine Explosion verwendet werden kann. Außerdem gibt es inzwischen über 50000 Atomwaffen die für immer ständig bewacht werden müssen. Sogar bei einer Erfolgsrate der Sicherheitsmaßnahmen von 99,9% bleiben noch 50 Atombomben ungesichert.

Befehlsgewalt und Kontrolle über Atomwaffen

Um das volle Ausmaß der Probleme zu verstehen, die sich im Zusammenhang mit Atomwaffen ergeben, ist es notwendig, nicht nur die möglichen Fehler einzelner oder kleiner Gruppen zu untersuchen, sondern auch zu den größeren Schwierigkeiten überzugehen, die sich aus den Interaktionen ganzer nuklearer Systeme ergeben.

Bracken (1983) hat einen aktuellen und umfassenden Bericht zu den verschiedenen Punkten herausgebracht, die hinsichtlich der Fragen der Befehlsgewalt und der Kontrolle über Atomwaffen wichtig sind. Seiner Meinung nach könnte man eine Katastrophe am besten verhindern, wenn man versucht, die Beweggründe zu verstehen, die hinter den Handlungen der russischen und amerikanischen Atommacht stehen, wie sie organisiert sind und welche institutionellen Kräfte ihre Handlungen beeinflussen. Er glaubt, daß potentielle Auslöser einer Katastrophe entdeckt werden können, wenn man sich darauf konzentriert, wie die beiden Mächte im Augenblick der Alarmbereitschaft reagieren würden. Bracken macht auf die wichtige Tatsache aufmerksam, daß es noch nie eine Warnung auf höchster Alarmstufe zwischen Rußland und Amerika gegeben hat.

„Noch nie sind amerikanische Bomber in Erwartung eines feindlichen Angriffs gestartet; noch nie sind die in Europa stationierten Atomwaffen aus ihren Depots geholt worden und noch nie sind alle sowjetischen Atom-U-Boote gleichzeitig ausgelaufen.“ (Bracken 1983)[5]

Versucht man, die Gegenwart im Hinblick auf die Vergangenheit zu interpretieren, so ist die Wahrscheinlichkeit einer Atomkatastrophe in München auf Kosten der Unterschätzung einer solchen Möglichkeit in Sarajewo übertrieben worden. Im letzteren Fall hat sich das institutionalisierte Potential für eine Kastastrophe aufgrund miteinander verketteter Alarmmeldungen und Mobilmachungen so hochgeschaukelt, daß es schließlich den politischen Prozeß überholte. Die Systeme waren unflexibel, die Vorsichtsmaßnahmen der gegnerischen Seite wurden als Bedrohung aufgefaßt und aus Verteidigungsmaßnahmen wurde ein bewaffneter Konflikt. Nach Brackens Ansicht wird die Handlungsweise eines Staates in einer Krise mehr von den schon Jahre vor der Krise aufgebauten Verteidigungsinstitutionen beeinflußt als von den endgültigen Entscheidungen der Verantwortlichen.

„Man muß verstehen, wie mit Atomwaffen umgegangen wird, wie sie in Alarmbereitschaft versetzt werden und wie sie verwendet werden könnten, wenn in einer demokratischen oder irgendeiner anderen Gesellschaft solche Kräfte verwaltet werden sollen.“ (Bracken 1983)

Das amerikanische Atomwaffensystem

Nach Brackens Darstellung war das amerikanische Warnsystem schnell so komplex geworden, daß es einer einzelnen Person oder auch einer kleineren Gruppe nicht mehr möglich war, es völlig zu begreifen. In den frühen fünfziger Jahren wurde eine gewaltige Datenmenge über sowjetische Warnsysteme durch Funk und Radar und durch Aufklärungsflüge erfaßt. Die U2-Flüge im Juni 1956 und die Einrichtung von Spionagesatelliten in den sechziger Jahren erbrachten noch mehr Informationen. Die Daten mußten analysiert und verstanden werden, was an die Geheimdienste und Warnsysteme enorme Anforderungen stellte. Die einzige Möglichkeit bestand darin, die Daten ständig unter einem zentralen Kommando zu überwachen und zu analysieren. Während man Atombomben absichern kann, ist es doch sehr viel schwieriger, die Kommandostellen, die für den Einsatz der Atomwaffen verantwortlich sind, mit entsprechenden Sicherungen zu versehen.

Seit den siebziger Jahren hat die Anwesenheit russischer U-Boote, von denen die politischen Kommandozentralen in Washington mit Atombomben beschossen werden könnten, einen noch größeren Druck auf die Warnsysteme ausgeübt, so daß für die wesentlichen Auswertungen und Entscheidungen noch weniger Zeit verbleibt.

Die amerikanische Politik bezweckt, ihre Waffen möglichst gut verteilt bereitzuhalten (wenn auch nicht mehr in der Luft). Etwa 70% der Atom-U-Boote sind immer unterwegs; im Vergleich trifft dies nur auf 20% der russischen Flotte zu. Amerikanische Bomber und an Land stationierte Raketen werden offensichtlich auf einem höheren Bereitschaftsniveau gehalten, als das bei den entsprechenden russischen Anlagen der Fall ist. Amerika ist in der Verwendung von Computern einen Schritt voraus und hat versucht zu verhindern, daß die Sowjets entsprechende Technologien erwarben, um so den Vorsprung aufrechterhalten zu können.

Das russische Atomwaffensystem

Nach Bracken hält sich die Sowjetunion an die Doktrin vom Präemptivangriff,[6] eine Haltung, die sicher ihre Ursache auch in den Verwüstungen hat, die das Land beim deutschen Überraschungsangriff 1941 erlitt. Daher war man mehr und mehr dafür, automatische Startanlagen in Betracht zu ziehen und auch, wie bereits angedroht, die atomare Befehlsgewalt an die Generäle zu delegieren. Amerikanische Quellen gehen davon aus, daß die Sowjetunion seit Mitte der sechziger Jahre eine Politik des präemptiven Einsatzes von Atomwaffen eingeschlagen hat. Das bedeutet, daß im Falle eines Krieges die militärischen Befehlshaber die Möglichkeit haben, Atomwaffen bereits einzusetzen, wenn ein gegnerischer Angriff zu erwarten ist (launch-on-warning-Politik). Inwieweit sich diese Haltung in der Praxis von den Kontingenzplänen der NATO unterscheidet, ist nicht einfach zu beurteilen. Die nuklearen Stützpunkte der Russen liegen zu

70% auf dem Land; die meisten übrigen Sprengköpfe sind auf Schiffen stationiert und nur ein kleiner Teil in Flugzeugen. Über 50% des amerikanischen Waffensystems sind auf See stationiert; die restlichen Sprengköpfe sind fast zu gleichen Teilen auf Luft und Land verteilt. Man nimmt an, daß die Sowjetunion weniger Abschußvorrichtungen und eine größere Masse von Sprengkraft besitzt, während die USA insgesamt über mehr einzelne Raketensprengköpfe verfügen, die ihre Ziele exakter erreichen können (SIPRI 1984). Dieses Ungleichgewicht beeinflußt die Verhandlungspositionen erheblich, da Vorschläge zur Reduktion einer bestimmten Waffenklasse für beide Seiten jeweils verschiedene Implikationen haben. Berücksichtigt man noch die unterschiedliche geographische Lage der Stützpunkte und die verschiedenen strategischen Bedeutungen, die die in Europa stationierten Raketen für beide Seiten haben, so erscheint es unwahrscheinlich, daß die militärischen Berater beider Seiten mit einfachen Waffenreduktionen zufriedengestellt werden können.

Systeminteraktion

Zwei derartige komplexe, subtil miteinander interagierende Warnsysteme führen dazu, daß kleine Störungen über das gesamte globale System hinweg vergrößert werden können. Das kann Folgen haben, die auch von denen nicht völlig erfaßt werden können, die in engem Kontakt mit den einzelnen Kommandozentralen stehen. Der enorme Wert einer möglichst frühen Warnung und die Notwendigkeit, jede defensive Maßnahme genau daraufhin zu untersuchen, ob sie nicht das Vorspiel eines Angriffs ist, fördern eine gewisse Instabilität innerhalb des Systems, sobald es voll aktiviert wird. Die verantwortlichen Sprecher spielen die Bedeutung eines möglichen falschen Alarms jedoch gewöhnlich herunter und weisen auf weitere Überprüfungen und Maßnahmen hin, die das System angeblich vor voreiliger endgültiger Aktivierung schützen könnten. Bracken gibt zu bedenken, daß sowohl bei Atomwaffen wie auch im normalen Leben selten einzelne, isolierte Ereignisse Katastrophen auslösen. Ein komplexes System, das entsprechend überprüft wird, sollte einzelne Fehler überstehen können; in diesem engen Sinn glaubt Bracken, daß die Wahrscheinlichkeit eines Atomkriegs, der durch einen rein technischen Fehler ausgelöst wird, heute geringer ist als vor 20 Jahren. Mehrfache Fehler und Unfälle, die sich aus dem zufälligen Zusammentreffen verschiedener Faktoren ergeben, sind etwas anderes. Bei den meisten von Menschen ausgelösten Katastrophen kommt es zu einer Reihe miteinander verketteter und stark korrelierender Vorgänge, die eine bestimmte Abfolge menschlicher, bürokratischer und technischer Reaktionen auslösen. Diese Reaktionen gründen in einer falschen Beurteilung des Problems und führen damit zu Maßnahmen, die die Lage verschlimmern können, während wertvolle Zeit verstreicht. Die Problematik von menschlichen Reaktionen auf komplexe Vorgänge ist, daß sich das menschliche Verhalten auf nicht vorhergesehene und nicht vorhersehbare Weise entwickeln kann. Kein technischer Plan kann das verhindern. Tatsächlich kann unter solchen Umständen die Sensibilität und Komplexität eines Systems gefährliche Entscheidungen verstärken und verschärfen (Perrow 1984). Das gegenwärtige globale Warnsystem ist die moderne Entsprechung der früheren miteinander verknüpften Mobilmachungen, die eine unaufhaltbare Kettenreaktion von sich gegenseitig verstärkender Alarmbereitschaft erzeugten und so bewirkten, daß der isolierte Anschlag in Sarajewo einen vernichtenden Weltkrieg auslöste. Was 1914 passierte, war kein Unfall. Alles funktionierte so, wie es funktionieren sollte. Eisenbahnfahrpläne begannen, die Ereignisse zu bestimmen, und nur heute im Rückblick kann man sehen, wie aus Mobilmachungen, die nur für den Verteidigungsfall gedacht waren, ein Krieg entstand.

Heute sind die Atomstreitkräfte enger an die Geheimdienste und Warnsysteme angekoppelt als je zuvor. Die Möglichkeit eines sich selbst korrigierenden, nur lose angekoppelten Systems, das sich anpassen kann, wenn nur ein Teil der Kampfkraft zerstört worden ist, besteht nicht mehr. Atomwaffen werden gebraucht oder verloren, und für diese Entscheidung bleibt den Verantwortlichen nicht einmal eine halbe Stunde Zeit.

Ziele und Kriegspläne

Um auf einen Angriff organisiert reagieren zu können, müssen Kriegspläne aufgestellt werden, und jede solche Strategie wird schließlich in groben Umrissen innerhalb der Verteidigungsgemeinschaft diskutiert, auch wenn die Details geheim bleiben. Mit der wachsenden Zahl von Atomwaffen schien jeder Plan mit spezifischen Zielen über flüssig zu werden. Bis 1959 hätte eine ziellose Bombardierung der Sowjetunion genausoviel Schaden angerichtet wie jede selektive Bombardierungsstrategie, bei der alle vorhandenen Bomben verwendet werden. Die offizielle Haltung, wie sie 1954 von Außenminister Dulles erläutert wurde, war die der „massiven Vergeltung", eines uneingeschränkten atomaren Angriffs also, der in seinen Ausmaßen der vorhergehenden russischen Provokation nicht unbedingt entsprechen muß. 1961 begann Verteidigungsminister MacNamara nach Möglichkeiten zu suchen, die die Vergeltungsaktion auf das Ausmaß des ersten Angriffs beschränken konnten. Der bemerkenswerteste Aspekt der neuen Doktrin der flexiblen Reaktion (Single Integrated Operational Plan) war der, daß bei etwaigen Verhandlungen, zu denen es bei einem begrenzten Atomkrieg kommen könnte, die Verschonung russischer Städte als Angebot eingebracht werden könnte. Dieser Plan wurde 1974 von Verteidigungsminister Schlesinger weitergeführt und viele weiteren Pläne für einen begrenzten Atomkrieg, besonders in Europa, wurden miteinbezogen.

In den späten siebziger Jahren mußten die Amerikaner entscheiden, auf welche Ziele sie die 9000 strategischen Raketensprengköpfe richten sollten. Zu dieser Frage wurde im Juli 1980 die zweideutige Präsidentendirektive PD 59[7] unterzeichnet. Das wurde von einigen als Versuch interpretiert, eine Kriegsgewinnstrategie zu planen; andere sahen es nur als Ausformulierung dessen, wovon schon immer ausgegangen worden war, daß nämlich auch die politischen und militärischen Kontrollzentren der Sowjetunion und nicht nur die Streitkräfte Ziele darstellen würden. Leitenberg (1981) vertritt die Meinung, daß die Zielpolitik der Amerikaner immer schon auf solche militärischen „Counterforce"-Ziele gerichtet war, und daß sich da tatsächlich sehr wenig geändert hat. Da die wirklichen Pläne und die öffentlich erklärten Absichten nie ganz übereinstimmten, überrascht es nicht, daß hier eine derartige, gegebenenfalls durchaus nutzbare Verwirrung besteht. Wie auch immer die öffentlichen Erklärungen aussehen, gibt man doch zu, daß das Atomwaffenarsenal inzwischen groß genug ist für eine Vernichtung jenseits jedes detaillierten Plans.

Der Beitrag des Militarismus zu einem möglichen Versagen

Militärischen Befehlshabern können bei ihren Entscheidungen die gleichen Fehler unterlaufen, wie jedem Menschen, der unter Druck eine Entscheidung treffen muß. Die militärische Bürokratie verfügt jedoch über eine eigene, ganz besondere soziale Struktur. Der Militarismus ist zum Synonym für ein komplexes System geworden, das mit Belohnung und Bestrafung arbeitet und das Ziel verfolgt, konformes Verhalten zu erzeugen. Dazu gehören die starre Hierarchie der Unterwerfung unter Höhergestellte, das Bemühen um Disziplin, mechanisch eingeübte Drills und Ehrenkodices, das anti-intellektuelle „Macho"-Image und eine extreme Empfindlichkeit gegenüber Kritik.

Dixon (1976), ein Wissenschaftler, der sich mit der Psychologie des Militarismus beschäftigt, hat die Karrieren vieler erfolgreicher und erfolgloser militärischer Befehlshaber analysiert. Drei bestimmte Eigenschaften bezüglich der Entscheidungsfindung schienen die erfolgreichsten zu charakterisieren. (Erfolg bedeutet dabei sowohl nüchterne Brillianz beim strategischen Planen wie auch menschliche Führungseigenschaften)

1. Die Fähigkeit, Ungewißheit zu ertragen.
2. Spontaneität im Denken und Handeln.
3. Offenheit für neue und möglicherweise gefährliche Stimuli.

Das Problem besteht nach Dixons Analyse darin, daß diese kognitiven Qualitäten überhaupt nicht mit der oben beschriebenen Ethik des Militarismus übereinstimmen. Außerdem zeigt militärischer Konformismus eine noch düsterere Dimension. Wie Milgram (1974) gezeigt hat, ermutigt diese Konformität zu blindem Gehorsam. In Milgrams bekannten Experimenten zeigten sich zwei Drittel der normalen

Versuchspersonen bereit, anderen Personen nach Anweisung des Versuchsleiters elektrische Schocks von angeblich tödlicher Stromstärke zuzufügen. Solange der Versuchsleiter die Verantwortung für die Opfer auf sich nahm, fuhren die meisten Versuchspersonen ohne weiteres mit dem Applizieren der Schocks fort. Diese Bereitschaft hielt auch an, wenn auch in einem geringeren Ausmaß, als die Versuchspersonen den Arm der zu quälenden anderen Versuchsperson auf die elektrisch geladene Matte drücken mußten. Aus diesen Resultaten schloß Milgram:

„Darin besteht vielleicht die wesentlichste Lehre unserer Untersuchung: Normale Menschen, die nur ihre Pflicht erfüllen und von sich aus keine feindseligen Gefühle hegen, können bei einem schrecklichen Vernichtungsprozeß durchaus zu den Handelnden werden.“ (Milgram 1974)

Milgram schrieb das vor dem Hintergrund der Vorfälle in Vietnam, wie zum Beispiel dem Massaker in My Lai. Aber seine Schlußfolgerung gilt ebenfalls für die militärische Verwendung von Atomwaffen.

Je größer und komplexer der militärische Apparat wird, desto eher wird es unweigerlich Gelegenheiten für Fehlinformation und Fehlkommunikation zwischen den verschiedenen Ebenen der militärischen Hierarchie geben. Das größte Problem dabei ist die Weitermeldung von Nachrichten nach oben, besonders, wenn es darum geht, Fehler zu melden. Die Soldaten zögern möglicherweise, Fehler einzugestehen, die zu disziplinären Maßnahmen oder auch zu unangenehmem Gruppendruck oder einem Beförferungsstopp führen können. Die Verläßlichkeit der Informationsweiterleitung kann auch durch Faktoren wie persönliche Ansichten, starre Weltanschauungen und bestimmte Vorstellungen von Loyalität nachteilig beeinflußt werden.

Fehler bei der politischen Entscheidungsfindung

Letztlich sind für den Einsatz von Atomwaffen die Politiker verantwortlich. Um die Prozesse ihrer Entscheidungsfindung zu verstehen, müssen wir zunächst den sozialen Kontext erfassen, in dem Entscheidungen zur atomaren Rüstung getroffen werden. Für Deutsch (1982) ist das System der internationalen Beziehungen der Supermächte ein „bösartig wuchernder sozialer Prozeß":

„Die Supermächte sind in einen wahnwitzigen sozialen Prozeß verstrickt, der unter der Voraussetzung einer atomaren Bewaffnung zu gefährlich ist, als daß er andauern dürfte. Völlig gesunde und intelligente Menschen können, wenn sie in einen solchen wahnwitzigen sozialen Prozeß verwikkelt sind, Handlungen begehen, die ihnen im Moment vernünftig und notwendig erscheinen, die aber ein objektiver und distanzierter Beobachter sofort als weiteren Beitrag zur Fortsetzung und zur Intensivierung eines Teufelskreises der Interaktion erkennen würde" (Deutsch 1983).

Er definiert einen solchen Prozeß als

„zunehmend gefährlich und aufwendig für die Beteiligten. Die Betroffenen sehen keinen Ausweg, bei dem sie nicht einen für ihre Selbstidentität oder ihre Selbstbehauptung wichtigen zentralen Wert verlieren" (Deutsch 1983).

Einige Charakteristika solcher Prozesse sind:

1. Die Verwicklung in eine regellose soziale Situation
2. Gegenseitiger Wettstreit
3. Kognitive Rigidität innerhalb der einzelnen Parteien
4. Mißverständnisse
5. Unbeabsichtigte Verpflichtungen
6. Sich selbst erfüllende Prophezeiungen (self-fulfilling prophecies)
7. Gefährlich eskalierende Handlungsketten (Deutsch 1983)

Regellose soziale Situationen sind in experimentellen Laborspielen, bei denen es um Vertrauen und Mißtrauen ging, untersucht worden (Deutsch 1958). Der wesentliche psychologische Punkt liegt darin: wenn die eine Seite der anderen nicht zutraut, daß diese sich an die Spielregeln hält, dann besteht keine Möglichkeit, daß auch nur eine

Seite vernünftig handelt. Mißtrauen führt zu Konkurrenzdenken und auch dazu, daß jede Seite versucht, auf Kosten des Gegners einen größtmöglichen Gewinn zu erzielen. Die günstigsten Ergebnisse können aber nur mit Kooperation erreicht werden (Dawes 1980). Ein Paradigma dafür ist die verheerende Wirkung, die das gegenseitige Mißtrauen im Laufe der Jahre auf die sowjetisch-amerikanischen Abrüstungsgespräche gehabt hat.

Die Konkurrenz zwischen den beiden Supermächten wird gewöhnlich mit ihren unverträglichen Ideologien erklärt: Kapitalismus gegen Kommunismus. Eine Reihe von Wissenschaftlern hat jedoch gezeigt, auf welche faszinierende Weise sich die Ansichten der führenden sowjetischen und amerikanischen Systemanalytiker fast spiegelbildlich entsprechen. Milburn et al. (1982) meinen dazu:

„Alle glauben, daß die Regierung der Gegenseite einheitlich denkt und daß im wesentlichen zwischen den Regierungsmitgliedern des Gegners keine Differenzen bestehen. ... Diejenigen, die in beiden Ländern jeweils ideologisch rechts stehen, argumentieren mit der sturen Unbeugsamkeit ihres imperialistischen Gegners. ..."

Vor über 20 Jahren beschrieb Bronfenbrenner (1961) die sich auf ähnliche Weise spiegelbildlich entsprechenden Ansichten, die sich bei der russischen und bei der amerikanischen Bevölkerung fanden. Mit Hilfe dreier sozialpsychologischer Phänomene versuchte er diese starren und verzerrten Wahrnehmungen zu erklären:

1. Die Literatur zur kognitiven Dissonanztheorie (Festinger 1957) liefert genügend Beweise für das gewaltige „Streben nach Konsistenz" in sozialen Beziehungen. Wir neigen dazu, die Unvereinbarkeiten im Leben und seine Komplexitäten auf die einfachsten Bezugsrahmen, zum Beispiel auf das System von Gut und Böse, zurückzuführen. Eine solche starre Denkweise zeigt sich unter Streßbedingungen besonders deutlich.

2. Diese Mechanismen werden noch verstärkt durch den Zwang zur sozialen Konformität. Als Beispiel dafür gilt das sogenannte Asch-Phänomen (Asch 1956), bei dem Versuchspersonen bei einer einfachen Wahrnehmungsaufgabe ihre Urteile änderten, sobald ein

vom Versuchsleiter eingesetzter Mitarbeiter völlig falsche Antworten gab.

3. Zu den Verzerrungen trägt außerdem bei, daß die eigene falsche Wahrnehmung von anderen zu einer sich selbst erfüllenden Prophezeiung werden kann. Das heißt, daß die andere Seite wahrscheinlich auf eine Weise reagieren wird, die die ursprüngliche Fehleinschätzung zu rechtfertigen scheint. Solche sich selbst erfüllende Prophezeiungen verstärken noch die erstarrten Beziehungen zwischen den Supermächten.

Man kann das an dem folgenden Beispiel zeigen: In einer Atmosphäre internationalen Mißtrauens kündigt Supermacht A eine Vergrößerung ihres atomaren Waffenarsenals an. Supermacht B zieht gleich und erklärt, daß sie ihre Waffen ebenso vermehrt, um A daran zu hindern, einen Vorsprung zu erzielen. Diese Reaktion bestätigt A in dem Verdacht, B habe imperialistische Absichten.

Ganz Ähnliches passiert in der vertrauten Situation in der klinischen Praxis, in der die Frau sagt: „Ich schreie ihn an, weil er nie mit mir spricht", und der Mann darauf antwortet: „Ich habe keine Lust mehr, mit ihr zu sprechen, wenn sie mich so angeschrien hat". Der Kern dieses Mißverständnisses liegt darin, daß beide Seiten von verschiedenen Ausgangspositionen ausgehen. Sie fühlen sich beide völlig im Recht, da die scheinbare Abfolge der Ereignisse ihre Interpretation zu rechtfertigen scheint. Jeder Außenstehende sieht aber, daß sie in einem Teufelskreis gefangen sind. In den vergangenen 10 Jahren ist in der psychologischen Forschung ein neuer Bereich entstanden, der sich mit solchen psychologischen Fallen befaßt, mit unserer Fähigkeit nämlich, auf Vorhaben zu bestehen, die offensichtlich scheitern werden (Rubin 1981). In Experimenten sind die Faktoren untersucht worden, die dafür verantwortlich sind, ob Menschen sich dafür entscheiden, eine bereits zum Scheitern verurteilte Handlungsweise beizubehalten oder abzubrechen. Eine Theorie (Levi 1981) geht davon aus, daß die Stärke des Willens, durchzuhalten, paradoxerweise direkt proportional zur wahrgenommenen Größe des bereits erlittenen Verlustes steht. Das wirft vielleicht etwas Licht auf das Verhalten sowohl von Argentinien wie auch von Großbritannien in verschiedenen Phasen des Südatlantikkonfliktes.

In Krisenzeiten treffen die Politiker ihre Entscheidungen gern in kleinen Krisenkabinetten und in solchen Gruppen kann es auf ganz bestimmte Weisen zu Fehlern kommen. Die Besonderheiten politischer Gruppenentscheidungen sind von Janis (1972) untersucht worden, der von verschiedenen Krisen der Geschichte Fallstudien erstellt hat und 6 Symptome des „Gruppen-Denkens" identifizieren konnte, die zu falschen Entscheidungen beitragen.

1. Die Illusion der eigenen Unverwundbarkeit, die von den meisten Gruppenmitgliedern geteilt wird.
2. Kollektive Versuche, bestimmte Informationen zu ignorieren oder wegzurationalisieren, wenn durch diese unsichere, aber bevorzugte Annahmen in Frage gestellt werden.
3. Ein blinder Glaube an die in der Gruppe bestehende Moral.
4. Stereotype Auffassungen vom Feind als entweder „zu feindselig, als daß man verhandeln könne" oder „zu dumm, um eine Gefahr darzustellen".
5. Die gemeinsame Illusion darüber, daß die Gruppe in den meisten Punkten übereinstimmt.
6. Selbstverordnete „Denk-Barrieren", die die Gruppe vor unangenehmen Informationen schützen.

Diese Ergebnisse zeigen, daß falsche Entscheidungen unter Streßbedingungen wahrscheinlich sind und daß unter Zeitdruck die Gefahr unvernünftiger und gefährlicher Entscheidungen noch verschärft wird.

Die Risiken eines zufällig ausgelösten Atomkrieges

In einem ausführlichen Bericht zu den Risiken eines Atomkriegs äußert Britten (1983) die Befürchtung, daß, obwohl die atomaren Sicherheitsvorkehrungen in den USA zweifellos stark verbessert worden sind, man sich zu sehr auf vermeintlich unveränderliche Daten aus Fehleranalysen verläßt und dabei zu Unrecht an die menschliche Vernunft glaubt, und daß die Gefahr einer zu großen Selbstzufriedenheit immer gegeben ist.

„Trotz der Verbesserungen bei den Sicherheitsvorkehrungen ist es beunruhigend, daß der Ton vertrauensvoller Versicherung, der in vielen Veröffentlichungen und in den meisten Regierungserklärungen zur heutigen Atomwaffensicherheit anklingt, sich von dem, der Mitte der sechziger Jahre zu hören war, nicht unterscheidet. Damals waren ernste Fehler bei der technischen Sicherheit und bei den administrativen Verfahren ans Licht gekommen und korrigiert worden, aber trotzdem kam es danach noch zu mehreren sehr schweren Unfällen“ (S. 43).

Außerdem führt Britten an, daß die Atomwaffen für die Bürger ein Risiko darstellen, das zu beurteilen sie nicht in der Lage sind, da ihnen die entsprechenden Fakten nicht bekannt sind.

Frei (1983) hat für die Vereinten Nationen die Frage eines unbeabsichtigt herbeigeführten Atomkrieges diskutiert und in ihrer Eigenschaft als offizielle Publikation verdient diese Besprechung besondere Aufmerksamkeit. Er gebrauchte den Ausdruck „ungewollter Atomkrieg“ für die folgenden drei Möglichkeiten:

1. Ein Atomkrieg, der unabhängig von jeder Entscheidung der Verantwortlichen entsteht;
2. Ein Atomkrieg, der absichtlich und freiwillig, jedoch aufgrund falscher Voraussetzungen von den Verantwortlichen ausgelöst wird;
3. Ein Atomkrieg, der größere Intensität und Ausmaße annimmt, als bei der Entscheidung, militärische Gewalt anzuwenden, vorgesehen war – zum Beispiel also ein konventioneller Krieg, der in einen Atomkrieg eskaliert, ohne daß die gegnerische Seite das vorhersehen hätte können;

Frei beschreibt dann in einem Überblick die Prinzipien der streitenden Parteien und verwendet dabei Beispiele wie das Gefangenendilemma und weitere Strategie- und Spieltheorie-Ansätze zum Thema Rüstungswettstreit und atomare Konfrontation. Ein herausragendes Merkmal der gesamten Diskussion ist die wachsende Dringlichkeit, die durch den immer geringer werdenden Zeitraum zwischen dem ersten Alarm und dem Einschlagen offensiver Waffen erzeugt wird. Diese Zeitspanne ist infolge technologischer Neuerungen in den letzten Jahren rapide kürzer geworden. Sie soll für landstationierte Raketen weniger als 30 Minuten, für auf U-Booten stationierte Raketen 15 Minuten und für Kurzstreckenraketen wie die SS 20 und die Pershing II weniger als 8 Minuten betragen. Nach Aussage des „United States Office of Technology Assessment“ (1981) kann die Zeit, die für eine Entscheidung bleibt, um auf einen sowjetischen Angriff zu reagieren, im Höchstfall 20 Minuten betragen; möglicherweise bleibt aber auch überhaupt keine Zeit dafür. Darüberhinaus wird betont, daß das Einhalten dieser Frist davon abhängt, ob der Präsident mit seinen Beratern bereits vorher entsprechende Maßnahmen getroffen hat. Frei diskutiert weiter die Gefahren der Politik des Präemptivangriffs (launch-on-warning) und untersucht einige weitere Möglichkeiten, wie zum Beispiel die, die Abschuß-Erlaubnis vorzeitig an Einheiten zu delegieren, die sich im Kampfgebiet befinden.

Bei der Diskussion von verschiedenen äußeren Belastungen, die zu einem ungewollten Krieg führen könnten, zitiert er die Ansicht von Barnaby (1981), militärische Technologien besäßen ihre eigene Antriebskraft, die – erst einmal in Gang gesetzt – sich weitgehend außerhalb jeder politischen Kontrolle bewegt. Außerdem sei, bei den heutigen größeren und zielsicheren destruktiven Waffen verstärkt Anlaß vorhanden, eine Politik des Erstschlags zu verfolgen, nach der Theorie, Atomwaffen müsse man gebrauchen oder verlieren.

Frei bezieht sich auch auf die oben diskutierten psychologischen Variablen, wie das „Gruppen-Denken“ und auf die mangelnde Flexibilität der standardisierten Verfahrensweisen. Bei der Diskussion des „Gruppen-Denkens“ weist er darauf hin, daß unter den höchsten Entscheidungsträgern die Tendenz besteht, sich mit Beratern zu umgeben, die in erster Linie als psychologische Unterstützung fungieren. Das verringert die Wahrscheinlichkeit, daß die Entscheidungen objektiv und kritisch beurteilt werden. Unter der Überschrift „standardisierte Verfahrensweisen“ zitiert er die Arbeit von Betts (1977) zur Kuba-Krise und zeigt, daß das Verhalten der amerikanischen Marine bei der Blockade mehr von Regulationen der Marine als von den Wünschen der Regierung bestimmt war. Diese Differenzen führten während der Krise zu schweren inneren Streitigkeiten darüber, wo sich die Blockadeschiffe genau aufhalten sollten und wie man reagieren sollte, wenn sich die sowjetischen Schiffe weigerten, ihre Ladung anzugeben. Die Trägheit bürokratischer Routineverfahren kann wesentlich zu unangemessenen und gefährlichen Reaktionen beitragen.

Was den menschlichen Faktor betrifft, so erwähnt Frei die Untersuchungen zu Alkoholismus, Drogenabhängigkeit und psychischen Krankheiten, aber er scheint zu glauben, daß diese durch technologische Sicherungen, die die Aktivierung der einzelnen Sprengköpfe überwachen, angemessen abgedeckt werden. Seiner Ansicht nach schließen die vorhandenen Sicherungen aus, daß technisches Versagen oder Fehler einen mehr oder weniger ernsten Unfall oder Zwischenfall verursachen können. Einzelheiten zu den erwähnten Sicherungsmaßnahmen werden von ihm nicht aufgeführt.

Nach einem ziemlich ausführlichen Überblick über die Literatur kommt Frei zu der Schlußfolgerung: das Risiko eines ungewollten Atomkrieges sei nach einer in Prozentwerten ausgedrückten Wahrscheinlichkeit minimal. Diese Wahrscheinlichkeit schätzt er mit fast „gleich Null" ein. Darauf folgt ein eine Seite umfassender Anhang von Dr. Sontag, der überschrieben ist mit „Die versuchsweise quantitative Einschätzung des Risikos eines ungewollten Atomkrieges", der offensichtlich aus einer Arbeit von Frei (1981, S. 222) stammt. Dieser Anhang bezieht sich nicht direkt auf den vorhergehenden Text; es wird darin festgestellt, daß „die folgenden Kalkulationen auf sehr groben und subjektiven Schätzungen beruhen, die durch empirische Befunde weder bestätigt noch widerlegt werden können". Das ist eine außergewöhnliche Aussage, nach der die Zahlen keiner sinnvollen Analyse unterzogen werden können. Sogar die Tabelle selbst scheint jedoch Frei mißverstanden zu haben. Ohne jede Erklärung oder Zusammenhang mit den im Buch aufgeführten Faktoren versucht Sontag, die Wahrscheinlichkeit eines globalen Atomkrieges innerhalb der nächsten 5 Jahre einzuschätzen. Unter normalen Bedingungen wird diese Wahrscheinlichkeit mit eins zu hundert, unter Krisenbedingungen mit eins zu zwanzig angegeben. Diese Wahrscheinlichkeiten sind natürlich statistisch gesehen sehr hoch, da sie die Art des Risikos miteinbeziehen. Offensichtlich hat Frei die Schreibweise, die für die Wahrscheinlichkeitsberechnungen verwendet wurde, mißverstanden. Das ist die einzig mögliche Erklärung dafür, daß er aus derart alarmierenden Daten so beruhigende Schlußfolgerungen zieht.

Frei zählt in seiner Studie die Risiken auf, ohne detailliert zu versuchen, ihren Schweregrad abzuschätzen. Die Zahlen im Anhang scheinen auf keine erkennbare Weise in einer Beziehung zu den vielen im Text diskutierten Risikofaktoren zu stehen. Diese Daten sind offensichtlich falsch interpretiert und in mißverstandener Form in die Schlußfolgerungen eingebaut worden.

In jüngerer Zeit ging eine Gruppe westlicher und russischer Wissenschaftler und Ärzte in einer Arbeit über vernünftige Entscheidungsfindung (IPPNW 1983) von der Ansicht aus, das Risiko eines ungewollten Atomkrieges wäre beträchtlich. Kabanov (1983) konnte zwar keine Daten zum Drogenmißbrauch oder zu den Ausleseverfahren in der sowjetischen Armee liefern, aber er gab zu, daß der Alkoholismus in der Zivilbevölkerung ein Problem darstelle. Weisenbaum (1983) lenkte die Aufmerksamkeit darauf, daß größere Computersysteme, die wiederum in große Organisationen eingebaut sind, sehr schwer zu ändern sind, da jede kleine Programmänderung große unbeabsichtigte Auswirkungen haben kann. Die Organisationen wollen nicht riskieren, einen Computerservice, von dem sie abhängig sind, zu verlieren, und ziehen es allgemein vor, die Unzulänglichkeiten im System einfach zu umgehen, wodurch bestehende Fehler erhalten bleiben.

Bracken (1983) macht auf die großen Gefahren aufmerksam, die entstehen, sobald Atomwaffensysteme in Alarmbereitschaft versetzt werden, und Bereanu (1983) sieht das heutige globale nukleare System nahe an einem Punkt, an dem es zu einem sich selbst aktivierenden Waffendepot wird.

Cull et al. (1983) haben die wichtigsten Bereiche, in denen Fehler möglicherweise zu ungewollten Atomexplosionen führen können, zusammengefaßt; sie versuchen jedoch nicht, die jeweiligen Wahrscheinlichkeiten zu berechnen. Nach ihrer Ansicht können in den folgenden Bereichen Fehler und Schwierigkeiten eine nicht geplante Atomexplosion auslösen:

1. Signalerkennung durch Warnsysteme;
2. Kommunikation mit Entscheidungsträgern;
3. Selektion der Reaktionen durch Verantwortliche;
4. Kommunikation mit Ausführenden;
5. Ausführung der Kommandos

a) Zusammenstellung der Sprengköpfe
b) Bereitschaft der Fahrzeuge
c) Auswahl der Ziele
6. Wartung aller Systeme
7. Bewachung aller Systeme

Auf der Grundlage der Kenntnisse über menschliches Versagen umreißen sie den möglichen Ablauf eines globalen atomaren Unfalls:

1. Die Supermächte befinden sich in einem Zustand der Spannung;
2. Ein mehrdeutiger militärischer Vorfall oder ein Irrtum führt zu einer erhöhten Alarmbereitschaft;
3. Die Bereitschaft wird aufrechterhalten, während die Verhandlungen fortgesetzt werden, ohne zu einem Ergebnis zu kommen;
4. Man einigte sich auf eine teilweise Zurücknahme der Alarmbereitschaft; die Verantwortlichen sind angespannt und stehen unter dem Druck, nicht nachzugeben; die Kommandomannschaften sind hochgradig erregt und emotional erschöpft;
5. Ein zweiter Fehler passiert.

In diesem anschaulichen Beispiel wird davon ausgegangen, daß in einer Phase der Spannung zufälligen Ereignissen böswillige Absichten unterstellt werden. Die darauffolgende Alarmbereitschaft läßt die Menschen glauben, sie befänden sich in einer wirklichen Gefahr, und daher sind sie eher geneigt etwas zu tun, das angeblich zu ihrer eigenen Verteidigung notwendig ist. Ergebnislose Verhandlungen erhalten die Spannung aufrecht und verringern das Vertrauen. Eine teilweise Entspannung führt zu leichtsinnigem Verhalten zu einem Zeitpunkt, an dem die Atomwaffen noch aufgestellt und abschußbereit sind. Dieser zweite Fehler wird falsch interpretiert.

Dieses Beispiel entspricht der Methode der Unfallanalyse, bei der eine Kette von jeweils unwahrscheinlichen einzelnen Ereignissen angenommen wird. Das Zusammentreffen der Ereignisse führt dann schließlich trotz aller Vorsichtsmaßnahmen zu einer hohen Wahrscheinlichkeit für ein Unglück.

Ein schon lange feststehendes Maß für das Gesamtrisiko eines Atomkrieges wurde vom *Bulletin of the Atomic Scientist* eingeführt, der 1947 die Zeiger seiner „Atomkrieg"-Uhr auf 7 Minuten vor Mitternacht stellte. 1953, als die UdSSR ihre erste Wasserstoffbombe zündete, standen die Zeiger auf 3 Minuten vor Mitternacht, und 1972, als die SALT 1-Verträge unterzeichnet wurden, auf 12 Minuten vor Mitternacht. Die heutige Schätzung setzt nach Ansicht der 47 Wissenschaftler (darunter 18 Nobelpreisträger) die Zeiger auf 3 Minuten vor Mitternacht, also auf den bedrohlichsten Punkt seit 30 Jahren (*Bulletin of the Atomic Scientist* 1983).

Schlußfolgerungen

Die immer bestehende Möglichkeit menschlichen Versagens hat zur Folge, daß keine Unternehmung jemals ganz fehlerfrei sein kann. Zu Fehlern bei komplizierten Tätigkeiten tragen viele Faktoren bei, und wenn dazu noch die Schwierigkeiten kommen, unter Streß und Zeitdruck vernünftige Entscheidungen treffen zu müssen, erscheint die Gefahr eines zufällig ausgelösten Atomkrieges größer als offiziell zugegeben wird. Drogenmißbrauch kann erheblich zu gefährlichen Unfällen beitragen. Nur eine einzige Atommacht hat bezüglich dieser Probleme innerhalb ihrer Streitkräfte Zahlen angegeben, und diese Ergebnisse sind sehr besorgniserregend. Das volle Ausmaß dieses Problems wird man erst dann erkennen, wenn andere Atommächte ihre Daten dazu bekanntgeben. Technische Sicherungsmechanismen können unzuverlässiges Verhalten nicht völlig abdecken, schon gar nicht während eines Alarms. Eine detaillierte Analyse dieser Gefahr kann man ohne eine vollständige Erfassung der Operationssysteme der Atommächte nicht erstellen, und solche Daten sind nicht verfügbar. Dagegen ist es möglich, die einzelnen Regierungserklärungen zur Unwahrscheinlichkeit eines Atomkrieges im Lichte dessen zu beurteilen, was man über alle anderen menschlichen Unternehmungen weiß, bei denen die Sorge um die Sicherheit Vorrang hat. Jede Untersuchung eines Unfalls zeigt, daß die Möglichkeit eines Unfalls auch bei einem noch so sorgfältig konstruierten System nie ganz ausgeschlossen werden kann, obwohl bestimmte Unfälle durch entsprechende Vorkehrungen auf ein Minimum reduziert werden können. Es gibt keine Daten, die anzeigen, daß die Atommächte dieses Problem gelöst haben. Da jeder Bürger von der Gefahr durch diese Waffen bedroht ist, muß gefordert werden, daß die Öffentlichkeit über die entsprechenden Sicherheitsvorkehrungen vollständig informiert wird.

Wenn über 50 000 Atomwaffen bewacht werden müssen, darf die Gefahr eines nuklearen Terrorismus nicht unterschätzt werden. Angesichts der verbreiteten Kenntnisse auf dem Gebiet der Atomphysik muß jedes spaltbare Material in den Händen von Terroristen als eine Gefahr angesehen werden.

Wenn man das ganze Spektrum menschlicher Verhaltensweisen und Motivationen berücksichtigt, ist die Gefahr eines ungewollten Atomkrieges größer, als von den offiziellen Fehleranalysen angegeben wird, da diese weitgehend von fehlerlosem und gutwilligem Verhalten des Personals ausgehen.

5. Verhandlungen und Konfliktlösung

In einem Buch wie diesem ist es nicht möglich, ein Gebiet mit so vielen psychologischen und historischen Implikationen völlig abzudecken. Es werden nur einige wichtige Punkte herausgestellt, die die psychologischen Aspekte internationaler Verhandlungen beleuchten und mögliche Wege zu produktiven Abrüstungsgesprächen zeigen. Das Thema Verhandlungsgespräche ist von Morley und Stephenson (1977) eingehend untersucht worden. Tysoe (1982) hat in neuerer Zeit eine Arbeit über Verhandlungen veröffentlicht. Aktuelle Krisen wurden von Hermann (1972), Brecher (1978), Janis (1972) und Wilkenfeld und Brecher (1982) untersucht. Einen allgemeinen Überblick darüber, wie die Psychologie zur Krisen- und Konfliktlösung beitragen kann, gibt Oppenheim (1984). Dem nun folgenden einführenden Abschnitt liegt sein Erklärungsrahmen zugrunde.

Der Beitrag der Psychologie zur internationalen Konfliktlösung

Psychologen, die daran gewöhnt sind, sich mit Individuen zu beschäftigen, glauben vielleicht, daß das Gebiet internationaler Beziehungen zu weit und zu komplex ist, als daß eine psychologische Analyse sinnvoll sein könnte. Reines Experimentieren ist sicherlich nicht möglich. Man kann aber einerseits die aktuellen Konflikte empirisch untersuchen, indem man die Beteiligten befragt und Dokumente und Ergebnisse analysiert. Andererseits kann man möglichst lebensnahe Verhandlungen unter verschiedenen experimentellen Bedingungen simulieren. Psychologen gehen im allgemeinen ungern über die Untersuchung kleiner Gruppen hinaus, da ihnen die Themen um die es bei internationalen Beziehungen geht, vage, ungreifbar und schlecht erforschbar erscheinen.

In den frühen sechziger Jahren interessierten sich die internationalen Wissenschaftler mehr und mehr für die verhaltenstheoretischen Zugänge, und einige Sozialpsychologen, die sich der Gefahr eines

Atomkriegs bewußt waren, widmeten ihr Können und ihre Theorien diesem neuen Gebiet.

Die Spieltheorie wurde als eine Form der Konfliktsimulation häufig verwendet, und zum Gegenstand der heutigen Forschung gehört die Analyse davon, wie der Einzelne das Spiel wahrnimmt; man geht also nicht mehr davon aus, daß alle nach den gleichen Regeln spielen (Bennett & Dando 1983). Solche Simulationen konnten zeigen, wie zwei Parteien in einen Wettstreit geraten können, der sie dann in eine noch größere Gefahr bringt.

Neue Untersuchungsformen, die den psychologischen Variablen mehr Platz einräumten, wurden bei der wissenschaftlichen Untersuchung von Krisen angewandt und als Hilfe zur Konfliktlösung wurden Trainingskurse zur Problembewältigung eingesetzt (Burton 1971). Dennoch blieb diese Forschung auf bestimmte Themen beschränkt, während andere, wie zum Beispiel die Wahrnehmung nationaler Interessen, die bürokratischen Verfahren der einzelnen Regierungen oder der Einfluß der Verteidigungsindustrie bisher ausgeklammert blieben.

Entscheidungen werden jedoch nach wie vor nicht von körperlosen Mächten, sondern von Menschen getroffen, die gewöhnlich in kleinen Gruppen arbeiten. Daher kann man durchaus psychologische Studien durchführen, ohne dabei unbedingt die Haltungen und die Funktionsweise ganzer Nationen zu untersuchen. In den Worten eines führenden Wissenschaftlers ausgedrückt, ist bei Verhandlungsgesprächen „eine nichtreduzierbare psychologische Komponente" enthalten (Morley 1979, S. 214).

Auch die prominentesten Entscheidungsträger sind fehlbarer als ihr Publicity-Apparat es uns glauben machen will, und sie sind ebenso anfällig für Vorurteile, falsche Ausgangshypothesen, Aufmerksamkeits- und Gedächtnislücken, mangelnde Praxis und ganz einfach fehlende Kenntnisse. Außerdem müssen die Verantwortlichen im Rahmen einer Organisation arbeiten, deren Charakter die zu fällenden Entscheidungen beeinflußt.

Die psychologische Arbeit kann also weit darüber hinausgehen, nur die Persönlichkeiten der nationalen Führer zu untersuchen. In diesem Abschnitt sollen zuerst die Krisen untersucht werden, die deutliche

Einbrüche in den friedlichen Beziehungen zwischen den Nationen darstellen und so sowohl das Interesse der Öffentlichkeit wie auch das der Wissenschaft auf sich lenken. Die Krisen werden daraufhin untersucht, wie sie die Beteiligten beeinflussen und wie sie von ihnen wahrgenommen werden, und es werden einige Aussagen zur Krisenprävention gemacht. Weiter werden dann Verhandlungsgespräche analysiert und einige Vorschläge für mögliche Verbesserungen diskutiert.

Psychologische Aspekte des Krisenverhaltens

Die menschlichen Reaktionen auf Streß entsprechen dem Verlauf einer Kurve. Mit dem Anstieg der Erregung verbessert sich die Leistung zunächst, da die Motivation steigt. Bei einem weiteren Anstieg der Erregung durchläuft die Leistungskurve ein Plateau und beginnt zu sinken. Auf dem höchsten Punkt der Belastung bricht die Leistung ganz zusammen. Auf eine ähnliche Weise können die Anfangsphasen einer Krise zunächst stimulierend wirken; wenn sie aber anhält oder ernster wird, wird die Leistungsfähigkeit jedoch wahrscheinlich nachlassen (Oppenheim 1984).

Nach Brecher (1978) bestimmen die folgenden vier Hauptfaktoren eine Krise:

1. Große Bedrohung – letztlich Lebensgefahr;
2. Große Unsicherheit bezüglich der Absichten und Möglichkeiten des Gegners;
3. Starker Zeitdruck, so daß die Entscheidungen schnell getroffen werden müssen;
4. Angst vor Uneinigkeit in den eigenen Reihen: unter Druck müssen gemeinsame Ziele beibehalten werden;

Auch wenn von einer größeren Krise alle Bürger betroffen wären, so würden jedoch im Laufe der weiteren Entwicklung die Entscheidungen nach oben weitergegeben werden, und immer weniger Leute den Verlauf der Krise beeinflussen können. In extremen Fällen spürt schließlich nur noch eine kleine, isolierte Gruppe von Entscheidungsträgern ihre wesentlichen Auswirkungen.

Kognitions- und Wahrnehmungsprozesse in einer Krise

Man kann Krisen als Übergangsphasen zwischen Krieg und Frieden auffassen (Snyder 1972), die eine komplizierte Mischung von für beide Zustände typischen Verhaltensweisen entstehen lassen. Im folgenden werden nun die wesentlichen Merkmale der meisten Krisen aufgeführt.

Krisen müssen erzeugt werden, und dazu müssen antagonistische Parteien ihre Gegnerschaft offen zeigen. Man nimmt bestimmte Positionen ein, spricht Drohungen aus, schließt die eigenen Reihen und verleitet den Gegner zu einer Reaktion. In diesem Stadium scheint das Ganze noch unwirklich und die Lage relativ sicher, da dieses antagonistische Verhalten möglicherweise nicht ganz ernst gemeint ist.

Die Wahrnehmung wird polarisiert, man sieht die Dinge nur noch schwarz oder weiß, schlechte Eigenschaften werden auf die gegnerische Seite projiziert, und die eigenen Fehler werden übersehen, auch wenn sie für die Krise von höchster Bedeutung sind. Nach Oskamp (1965) zeigten sich amerikanische Studenten gegenüber Aktionen der USA, wie zum Beispiel verstärkten Ausgaben für die Verteidigung und den Vorschlägen zur Abrüstung, positiver eingestellt als gegenüber den identischen Handlungen der UdSSR. Jeder ist dann überzeugt, daß der andere die Welt beherrschen möchte und sich so unzivilisiert verhält, daß man mit ihm nicht ernsthaft verhandeln könne. Dieser Spiegelbild-Effekt (Bronfenbrenner 1961) beeinflußt alle Wahrnehmungen der Handlungen auf der anderen Seite. Solche Vorstellungen vom Feind haben vielleicht den Zweck, auf die Anwendung von Gewalt vorzubereiten, die durch solche Projektionen des „Bösen“ gerechtfertigt erscheint (Fisher 1969).

Diese Wahrnehmungen auf seiten der Politiker wurden mit Hilfe von genauen Aufzeichnungen ihrer kognitiven Strukturen untersucht. Bei früheren Studien der psychischen Konstitution prominenter Politiker blieb meistens zwischen den persönlichen Eigenschaften und dem tatsächlichen Verhalten unter politischem Streß eine Lücke offen. Diese Lücke kann man versuchen zu schließen, indem man die Haltungen, Anschauungen und bevorzugten Handlungsweisen der Entscheidungsträger untersucht. Solche Untersuchungen liefern einen Überblick über die geistige Welt der Politiker, zeigen, was man ihrer Ansicht nach aus der Geschichte lernen kann, ihre grundlegenden Wertvorstellungen und ihre Meinung über ihre Verbündeten und ihre Gegner. Solche Kenntnisse sind eine Hilfe, wenn man abschätzen will, wie innerhalb der internationalen Szene ein Politiker auf die Handlungen eines anderen reagieren wird. Sie können zwar nicht völlig bestimmen, wie ein Politiker im Falle einer Krise handeln wird, aber sie bieten ein genaueres Bild, als es durch eine Studie der einzelnen Persönlichkeit gewonnen werden kann.

Die Konfliktrhetorik wird in Gang gesetzt. Sie appeliert an das Gefühl und nicht an den Verstand, und sie ist von früher etablierten nationalen Identitätsgefühlen abhängig, deren Basis Flaggen, Hymnen und bestimmte Zeremonien bilden. Damit werden starke emotionale Reaktionen konditioniert, die eine vernünftige Betrachtung des entsprechenden Falls nicht mehr möglich machen. Wenn diese Rhetorik ihren Zweck erfüllen soll, muß schon vorher am Aufbau einer solchen nationalen Identität gearbeitet worden sein. Dabei wird wenig zwischen den Handlungen von fremden Militäreinheiten und den vermeintlichen menschlichen Eigenschaften ganzer Nationen unterschieden. Gallup (1972) hat wiederholt mit Umfragen die öffentliche Meinung der USA hinsichtlich der Charaktermerkmale von Menschen anderer Nationen befragt. 1942 wurden die Deutschen und die Japaner als kriegslustig, verräterisch und grausam angesehen, während den Russen, die damals Verbündete waren, keine dieser Beschreibungen zugedacht wurde. 1966 wurden die Deutschen und die Japaner nicht mehr so gesehen, dafür wurden nun aber die Russen als kriegslustig und verräterisch bezeichnet. Den Chinesen wurden ähnliche Eigenschaften zugeschrieben; dazu kam noch das rassenstereotype Vorurteil, sie seien hinterhältig. Nach Präsident Nixons Chinareise wurden sie dann als schwer arbeitend, intelligent, künstlerisch, fortschrittlich und praktisch beschrieben. Nach Frank (1982) ist die primitive Vorstellung vom „Feind", die aufgrund von Furcht und Mißtrauen entsteht, immer in etwa die gleiche und wird, unabhängig von der Realität, auf alle gegnerischen Gruppen projiziert. In Gefahrensituationen konzentriert man sich so ganz bewußt und in verstärktem Maße auf das eigene Land, um potentielle kriegerische Handlungen motivieren und koordinieren zu können.

Starke soziale Kräfte sind erforderlich, um eine Gruppe von Individuen so zu vereinen, daß sie zusammen eine gemeinsame Identität annehmen. Man kann das mit Bewußtseinstraining, öffentlichen Reden, beliebten Büchern, Filmen, Liedern und dem übrigen Beiwerk des Nationalismus erreichen. Dean Rusk (1984), ein früherer amerikanischer Außenminister, sprach angesichts der ungewöhnlichen Schärfe der gegenwärtigen Rhetorik zwischen den USA und der UdSSR die Warnung aus: „Die Rhetorik enthält einen selbsthypnotischen Effekt, der den einen oder beide dazu bringen kann, die eigenen exzessiven Beschimpfungen zu glauben, und so zu Gefahren führt, die wir versuchen sollten, zu vermeiden."

Die Möglichkeiten, die Krise zu entspannen, werden auf eine einzige reduziert. Längerfristige Pläne, die verschiedene Wege offenlassen, werden aufgegeben, und es dreht sich alles in erster Linie um praktische, kurzfristig wichtige Dinge.

Die Kommunikation mit der anderen Seite wird eingestellt, so daß deren Ansichten nicht mehr ersichtlich sind. Man sieht die gegnerische Seite als verräterisch und böswillig. „Genau in dem Moment, in dem sich beide Seiten am meisten um gegenseitige Rücksichtnahme und um gegenseitiges Verständnis bemühen müßten, brechen sie jede Kommunikation ab und ziehen ihre Botschafter zurück" (Oppenheim 1984).

Das Bedürfnis nach Einigkeit wird so dringlich, daß es zu ungünstigen Entscheidungen kommen kann, nur um eine einheitliche Front aufrechtzuerhalten; innere Spannungen müssen überdeckt werden. Die Massenmedien verbreiten Bilder, die das Land vereinen und Zweifel ersticken sollen. Sie betonen die innere Moral des eigenen Landes und stellen die des Gegners in Frage. Solche Propaganda stützt die Verantwortlichen in Zeiten, in denen sie von Streß und Zweifeln geplagt werden, und es werden vielleicht sogar Schritte ergriffen, um Informationen zurückzuhalten und jede Diskussion, die bereits gefällte Entscheidungen in Frage stellt, zu unterdrücken. Wer anderer Meinung ist, wird als Verräter betrachtet.

Krisen erzeugen mit einer schnelleren Geschwindigkeit eine größere Menge von Nachrichten, die von größerer Bedeutung sind als normale Alltagsereignisse. Das führt zu einer richtiggehenden Nachrichtenexplosion. Es wird mehr Personal benötigt, Fernschreiber und Telefon lösen geschriebene Meldungen ab, und vielleicht werden neue organisatorische Verfahren erforderlich, um alle erhaltenen Nachrichten zu bearbeiten und zu beantworten. Das führt, zusammen mit dem bestehenden Zeitdruck, zu einer Überlastung der Verantwortlichen. Holsti (1972) untersuchte die Krisen 1914 und 1962 (Kuba-Krise) hinsichtlich der Punkte Zeitdruck, Alternativmöglichkeiten und Kommunikation. In einer sehr detaillierten Analyse der historischen Berichte, Regierungsverlautbarungen und persönlichen Beschreibungen zeigt er, daß der Zeitdruck 1914 sicher zum Zusammenbruch der Verhandlungen beigetragen hat, aber daß der bewußte Versuch, diesen Zeitdruck zu bewältigen, vielleicht zu der friedlichen Lösung der Kuba-Krise geführt hat. Sicher dachte Präsident Kennedy an die Fehler, die 1914 gemacht worden waren, ebenso wie an seine jüngere, persönliche Niederlage bei dem Invasionsversuch in der Schweinebucht zwei Jahre zuvor. Trotz aller Versuche, genügend Zeit für beide Seiten zum Nachdenken zu schaffen, war der Druck enorm. Robert Kennedy, der die ganze Krise miterlebt hat, erinnert sich daran, daß „einige (amerikanische Entscheidungsträger) wegen des Drucks der Ereignisse sogar ihre vernünftige Urteilskraft und ihre psychische Stabilität zu verlieren schienen" (Kennedy 1969, S. 6). Chruschtschows Botschaft vom 26. Oktober, die nie veröffentlicht wurde, soll nach Aussage derer, die sie gelesen haben, die Verwirrtheit einer Person am Rande des totalen Zusammenbruchs gezeigt haben (Holsti 1972).

In einer Krise gibt es zu viele Fakten, die man aufnehmen und berücksichtigen muß, und zu wenig Zeit, in der das geschehen kann und in der die entsprechenden Antworten formuliert werden können. Anstatt daß mehrere Beratergruppen in Ruhe die neuesten Tatsachen diskutieren und dazu ihre unabhängigen Ansichten äußern können, müssen sich die Entscheidungsträger während einer Krise noch Meldungen verständlich machen, die von den Ereignissen schon wieder eingeholt worden sind. Das geschieht in Eile und alleine oder nur mit wenigen Schlüsselberatern, in einer Situation, in der um jeden Preis eine bestimmte Politik beibehalten werden muß. Darüberhinaus haben sie wenig Zeit zum Schlafen, Essen und Nachdenken außerhalb der Atmosphäre der Krisenkontrollräume. Wenn sie zusätzlich noch Flugreisen durch verschiedene Zeitzonen unternehmen müssen, dann kann die Störung des biologischen Tagesrhythmus ihre Fähigkeit, sich vernünftig und ruhig zu verhalten, stark herabsetzen (Colquhoun 1971). Die Verantwortlichen müssen die wesentlichen Merkmale einer Krise verkraften: Hohe Einsätze, extreme Dringlichkeit, große Ungewißheit und die Gefahr interner Gespaltenheit (Brecher 1978).

Erfahrungen von Beteiligten

Um zu erfahren, wie eine Krise von den unmittelbar Beteiligten erlebt wird, befragten Wissenschaftler die Mitglieder der Krisenstäbe und gingen die öffentlichen Verlautbarungen mit ihnen durch. Brecher (1978) führte so eine sehr detaillierte Studie der Arabisch-Israelischen Konflikte durch, wobei er von den Teilnehmern fast stündliche Berichte erhielt. Auch Simulationsexperimente haben brauchbare Daten geliefert, so daß man die wesentlichen Merkmale einer jeden Krise aufstellen konnte. Oppenheim (1983) lieferte einen Überblick über die wichtigsten Ergebnisse.

Die Entscheidungsträger stehen bereits unter Streß, wenn sich die Krise entwickelt. In der ersten Phase kann das ganz angenehm sein, weil es den Politikern das Gefühl verschafft, wichtig zu sein, und ihre Kompetenz erweitert. Sie sind wahrscheinlich zunächst durchaus in der Lage, hart zu arbeiten und sich durch komplizierte Probleme durchzukämpfen; vielleicht genießen sie auch die Teamarbeit. Wenn sich die Krise dann zuspitzt, werden eher polarisierte und stark vereinfachte Meinungen entstehen die von Emotionen beeinflußt sind. Die Verantwortlichen entwickeln eine Art „Scheuklappen"-Denken und sind nicht mehr in der Lage, die Ansichten der anderen Seite zu verstehen. Kurzfristig wichtige Dinge werden Langzeitzielen vorgezogen, auch wenn die kurzfristigen Ziele dem entgegengesetzt sind, was auf lange Sicht erreicht werden soll. Die Entscheidungsträger finden es schwierig, für das Problem mehr als eine Lösung zu finden und bleiben gern bei der zuerst vorgeschlagenen; außerdem sind sie nicht in der Lage, mögliche Reaktionen des Gegners zu antizipieren. Mit dem wachsenden Streß läßt die Konzentrationsfähigkeit nach. Die Angst steigt an, in erster Linie verursacht durch die Ungewißheit, und die Denkweise wird starrer. Einigkeit wird als absolut notwendig angesehen, und es herrscht ein Gefühl der Dringlichkeit vor, das jede Verzögerung von Entscheidungen als fatalen Fehler einstuft. Die Entscheidungsträger zeigen die unter anhaltender Gefahr häufig zu beobachtenden Reaktionen. Schlechte Nachrichten sind dann besser als überhaupt keine Nachrichten, da sie schließlich ein Ende der unerträglichen Belastung signalisieren. Informationen von der anderen Seite werden mißtrauisch und durch Angst verzerrt wahrgenommen; daher vertreten die Mitglieder eines Krisenstabs auch oft übertriebene Verhandlungspositionen anstelle von realistischen Kompromissen, was die Krise nur verschlimmert.

Interessanterweise teilen alle, die eine schwere Krise miterlebt haben, die Erfahrung, daß sie nach der Krise nicht verstehen können, wie es überhaupt dazu kam (Janis 1972). Das unterstreicht die Bedeutung von Gruppenprozessen, wenn es darum geht, den Ereignissen, die die Krise auslösten, einen Sinn und eine gemeinsam anerkannte Bedeutung zuzumessen. Die Krise beginnt, eigenständig zu existieren, weil die Beteiligten an sie glauben wollen und ihre Dringlichkeit ernstnehmen. In gewisser Weise können die meisten Krisen der Geschichte, wenn auch nicht als „folies à deux“, so doch als Verrücktheit von jeweils zwei Dutzend Menschen bezeichnet werden, die in den Kriegskabinetten sitzen.

Organisationen reagieren auf Krisen, indem sie in den offensichtlich wesentlichen Bereichen härter arbeiten und andere Verpflichtungen vernachlässigen. Intern versuchen sie so zu verfahren, daß die Entscheidungsprozesse beschleunigt und die Bedürfnisse des Kriegskabinetts erfüllt werden, das vielleicht zu beschäftigt oder zu vorsichtig ist, um wie sonst Ratschläge zu akzeptieren. Wenige Länder können es sich leisten, ständig gut geschulte Krisenbewältigungsteams zu unterhalten, schon gar nicht zwei alternierende Teams, wie sie von den USA bei der Kuba-Krise zur Maximierung der Verhandlungsleistungen eingesetzt wurden (Oppenheim 1984).

Der Rüstungswettstreit in der Geschichte

Lazlo und Keys (1982) haben alle größeren Kriege (mit über 1000 Gefallenen) zwischen 1816 und 1965 untersucht und dabei die Dauer des Krieges, die Anzahl der daran beteiligten Staaten und die Gesamtzahl der Gefallenen erfaßt. Sie kamen zu dem Resultat, daß sich für einen Krieg eine statistische Wahrscheinlichkeit von 11% ergibt, sobald es zwischen zwei zufällig ausgewählten größeren Staaten zu einer militärischen Konfrontation kommt. Stehen die betroffenen Nationen darüberhinaus noch in einem Rüstungswettstreit, dann beträgt diese Wahrscheinlichkeit 80%.

Eberwein (1981) benutzt die gleichen Daten und berichtet, daß eine militärische Konfrontation entweder innerhalb von 14 Tagen oder überhaupt nicht zu einem Krieg führt. Das ließe vermuten, daß der Zeitdruck eine wichtige Auswirkung auf die Entscheidungen in einer Krise hat und daß die relativ unmittelbare, unter Zeitdruck entstandene und oft emotionale Reaktion entscheidend sein kann (Holsti 1972).

Bei der nordkoreanischen Invasion in Südkorea wurde der Entschluß der USA, in den Krieg einzugreifen, innerhalb von 6 Tagen getroffen. Der Krieg dauerte drei Jahre und war, gemessen an der Zahl der Gefallenen, der fünftschwerste in der Geschichte der Vereinigten Staaten (Paige 1972).

Wallace (1981), der ebenfalls dieselben Daten verwendete, überprüfte die Theorie, man solle sich für den Krieg vorbereiten, wenn man den Frieden erhalten wolle. Als Index für den Rüstungswettstreit benutzte er das Produkt des Rüstungswachstums von jeweils zwei Staaten in den 10 Jahren vor ihrer Verwicklung in einen ernsthaften Konflikt oder eine militärische Konfrontation. Er fand, daß dieser Index für den Rüstungswettstreit 23 von 26 Kriegseskalationen und 63 von 73 friedlichen Ausgängen vorhersagen konnte. Weitere Analysen der Daten zeigen, daß die „para bellum“-Hypothese nicht zu halten ist.

Aus solchen Untersuchungen kann man ersehen, daß die vorbereitenden Aktivitäten, nämlich Mittel in Waffen zu investieren und Menschen zum Gebrauch dieser Waffen anzuleiten, die Entscheidung fördern, diese Waffen in einer Krise zu gebrauchen.

Historischer Hintergrund der russisch-amerikanischen Beziehungen

Da bei nuklearen Abrüstungsgesprächen die Beziehungen zwischen den Supermächten einen wesentlichen Faktor darstellen, ist es psychologisch gesehen wichtig, zu verstehen, mit welchem Geschichtsverständnis im Hintergrund die beiden Seiten an den Gesprächen teilnehmen.

Prins et al. (1982) haben die russisch-amerikanischen Beziehungen beschrieben und charakterisieren sie als kontinuierliches gegenseitiges Mißtrauen. Die am Ende des Ersten Weltkrieges aus Desillusionierung und Erschöpfung entstandene Krise führte in Rußland zur Revolution und in anderen Ländern zu der drohenden Gefahr einer Revolution. Unter Lenin warb Rußland um Frieden, und die westlichen Mächte waren über diesen Rückzug ebenso verärgert wie über jede Herausforderung, die der Marxismus mit sich brachte. Als in Rußland ein blutiger Bürgerkrieg ausbrach, intervenierte der Westen auf der Seite der Weißrussen. Amerikanische, britische, französische und japanische Truppen landeten in Rußland, um gegen die rote Armee zu kämpfen. Die Intervention schlug fehl, und während das für den Westen nicht weiter von Bedeutung war, schürte es in Rußland ein tiefes Gefühl des Mißtrauens gegenüber dem Westen, mit dem die Russen schon vorher relativ wenig Kontakt gehabt hatten, und schuf die bis heute noch vorhandene Furcht, von feindlichen Mächten „umringt“ zu werden.

Zu Beginn der dreißiger Jahre hatte Rußland mit Europa Handelsabkommen geschlossen und diplomatische Beziehungen aufgenommen und durchlief den schmerzhaften Prozeß einer schnell erzwungenen Industrialisierung. Amerika weigerte sich 15 Jahre lang, das neue Rußland diplomatisch anzuerkennen, sogar nachdem Stalin Trotzki und seine Idee von der internationalen Revolution besiegt hatte und nun die Politik des Sozialismus in einem Land folgte. Nach Ansicht der Amerikaner war der Kommunismus ein nicht funktionsfähiges System, dessen Anerkennung nur seinen unvermeidlichen Zusammenbruch hinauszögern würde. Amerika vertrat eine Politik des Isolationismus, und nach dem Aufkommen des Nationalsozialismus in

Deutschland versuchte Rußland, sich mit anderen europäischen Nationen zu einem anti-faschistischen Pakt zusammenzuschließen. Diese wollten jedoch ihre Streitkräfte nicht mit einem Land zusammenlegen, dem sie mißtrauten, und ein Teil der Beschwichtigungspolitik bestand in der Hoffnung, daß Faschismus und Kommunismus sich schließlich gegeneinander wenden würden. Als Stalin schließlich auf die Seite Hitlers trat, wurde das Mißtrauen bestätigt.

Weder Rußland noch die USA wollten in den Zweiten Weltkrieg eintreten, aber beide wurden schließlich dazu gezwungen, nachdem sie überraschend angegriffen wurden. Rußland zahlte einen hohen Preis dafür, daß es auf den Überraschungsangriff nicht vorbereitet war, und verlor innerhalb weniger Wochen fast alles, was es seit der Revolution erreicht hatte. Millionen von Russen wurden gefangengenommen, Städte zerstört oder belagert, bis die neuorganisierte russische Armee dann die Eindringlinge vertrieb und es dabei mit einem großen Teil der deutschen Armee aufnahm. Die 7,5 Millionen russischen Soldaten, die fielen, stellten $\frac{1}{22}$ der Bevölkerung dar; dazu kamen 12 Millionen getötete Zivilisten. Der harte Schlag verband die Regierung und die Bevölkerung in nationalistischem Patriotismus und hinterließ bei der russischen Nation einen großen und nachhaltigen Eindruck.

Die USA hatten im eigenen Land weder Gefallene noch Zerstörung zu beklagen, während sie in Europa 405 000 Soldaten einbüßen mußten. Die Wirtschaft der USA blühte, während Europa sich selbst zerstörte, und die USA traten als unumstrittene Weltmacht aus dem Krieg hervor.

Die Völker beider Nationen haben also eine völlig ungleiche Erfahrung mit dem Krieg gemacht, was zu dem unterschiedlichen psychologischen Blickwinkel beiträgt, aus dem jede Seite die internationalen Beziehungen sieht.

Es ist sehr schwierig, die nachfolgende Geschichte der sowjetisch-amerikanischen Beziehungen zu beschreiben, ohne dabei von der Sichtweise eines der beiden Staaten auszugehen.

Die Geschichte der Konfrontation zwischen USA und UdSSR

Da die historische Berichterstattung über die Konfrontation der beiden Supermächte selbst in hohem Grad politisiert ist, sollte man zur Feststellung von längerfristigen Trends allgemeine Standardwerte benutzen und eine allen verfügbare Datenbasis verwenden. Wilkenfeld und Brecher (1982) haben die Datenbasis für internationales Krisenverhalten „CRISBANK" benützt und untersuchten die 39 amerikanischen und 20 russischen Krisen zwischen 1945 und 1975. Internationale Krisen werden als Zeiten definiert, in denen die Verantwortlichen eines Staates eine große Wahrscheinlichkeit für militärische Feindseligkeiten, eine Bedrohung der fundamentalen Werte ihres Landes und eine begrenzte Zeit für Reaktionen sehen. Die Autoren haben versucht, die Auslöser für die Krisen, ihre Inhalte, den Grad der jeweiligen Gefahr, die Technik der Krisenbewältigung und das Ausmaß der Gewaltanwendung zu erfassen.

Wilkenfeld und Brecher zeigten, daß indirekte militärische Gewaltanwendung, an der keine der beiden Supermächte direkt beteiligt war, die meisten Krisen auslöste. Die UdSSR erkannte in keiner der indirekten Gewaltanwendungen, in die die USA verwickelt waren, für sich selbst eine Krise. Die USA sahen dagegen in 5 der 7 Fälle, in die die UdSSR verwickelt war, auch eine Krise für ihr eigenes Land.

Während andere Länder ihr Territorium, ihren Einfluß, ihre politischen Systeme, ihre wirtschaftlichen Interessen und letztlich ihre Existenz schützen wollten, bestand die Gefahr für die Supermächte fast immer in einer Bedrohung ihres Einflusses. Die Daten zeigen dabei sowohl für jede der Supermächte große Differenzen als auch beträchtliche Unterschiede zwischen den beiden Ländern. 50% der Krisen der UdSSR zeigen die Sorge um einen möglichen Verlust ihres Ansehens innerhalb des eigenen Blocks, während das nur für 5% der amerikanischen Fälle gilt. Für die UdSSR zählten zu diesen Fällen die ersten kommunistischen Machtübernahmen in Osteuropa und die nachfolgenden Interventionen, während für die USA allein die Korea-Krise Sorgen um das Prestige innerhalb des eigenen Blocks verursachte. Das läßt Wilkenfeld und Brecher vermuten, daß die UdSSR sich hinsichtlich der Kontrolle ihres eigenen Blocks weniger sicher ist als

Tabelle 5: Die wichtigsten bisher verwendeten Techniken zur Krisenbewältigung

Technik	Anzahl der Fälle USA	UdSSR
Verhandlungen	11	2
Verschiedene gewaltfreie Techniken	10	4
Militärische gewaltfreie Techniken	5	9
Nichtmilitärischer Druck	1	0
Gewaltanwendung	9	2
Verschiedene Techniken einschließlich Gewaltanwendung	3	3

(aus: Wilkenfeld & Brecher 1982, Tab. 8.5)

die USA. Die USA sind mehr besorgt, möglicherweise ihren Einfluß auf nicht ihrem Block zugehörigen oder angeschlossenen Staaten zu verlieren, was in 56% der Fälle für die Krisen verantwortlich war; die UdSSR zeigte diese Sorge nur in 25% der Fälle.

In der nun folgenden Tabelle (Tab. 5) sind die einzelnen, von den Supermächten verwendeten Techniken der Krisenbewältigung aufgeführt.

Wilkenfeld und Brecher bemerken, daß die USA verhältnismäßig mehr Techniken der Verhandlung und Gewaltanwendung benutzt haben, während die UdSSR öfter zu gewaltlosen militärischen Vorgehensweisen überging. Das gilt vor allem für die Konsolidierung mit kommunistischen Regimen in Osteuropa kurz nach dem Zweiten Weltkrieg.

Wenn man die Krisen nach dem Ausmaß der dabei ausgeübten Gewalt kategorisiert, so findet man, daß beide Supermächte eher selten zu extensiver Gewalt gegriffen haben, um eine Krise zu bewältigen.

Betrachtet man die Ausgänge der Krisen, so ergibt sich für die Autoren, daß die UdSSR allen 5 Konfrontationen zwischen den USA und der UdSSR nachgeben mußte (Iran 1946, Berlin-Blockade 1948, Kuba 1962, Stanleyville/Kongo 1964, 6-Tage-Krieg 1967), während sie an keiner der 5 amerikanischen Niederlagen beteiligt war. Die USA

Tabelle 6: Ausmaß der Gewaltanwendung als Technik zur Krisenbewältigung

Ausmaß der Gewaltanwendung	Anzahl der Fälle USA	UdSSR
Ausschließliche Gewaltanwendung	5	2
Hauptsächliche Gewaltanwendung, aber auch andere Methoden	7	2
Geringe Gewaltanwendung	1	1
Keine	26	15

(aus: Wilkenfeld & Brecher 1982, S. 195)

hatten also bei Krisenkonfrontationen zwischen den beiden Supermächten deutlich die stärkere Position.

Der untersuchte Zeitraum läßt eine Veränderung im Status der UdSSR erkennen. In der Zeit von 1945 bis 1962 waren die Krisen bipolar, nach 1962 waren sie polyzentrisch.

Was den wesentlichen Punkt, nämlich die Beziehung zwischen Krisenbewältigungstechnik und Ausgang der Krise angeht, so kommen Wilkenfeld und Brecher in ihrer Untersuchung zu mehreren Schlußfolgerungen. Erstens wird das internationale System von den USA und ihren Interessen dominiert. Die USA erlitten nie eine Niederlage durch die UdSSR, während bei allen Krisenniederlagen der UdSSR die USA direkt beteiligt waren. Die Anwendung extremer Gewalt als Krisenbewältigungstechnik durch die USA verbesserte gewöhnlich, besonders bei Konfrontationen mit der UdSSR, die Chancen, das Ziel zu erreichen. Die Situation der USA begann sich in dieser Hinsicht nach 1963 signifikant zu verändern. Ab diesem Zeitpunkt dauerten amerikanische Krisen länger und waren auch bei Anwendung extremer Gewalt weniger erfolgreich.

Die UdSSR zeigte eine eigenartige Unfähigkeit, militärische Sicherheitskrisen zu ihrem Vorteil zu entscheiden. Das auffallende, wesentliche Merkmal des russischen Krisenverhaltens besteht in der Angst, innerhalb des eigenen Blocks an Einfluß zu verlieren. Für beide Supermächte zahlte sich Gewaltanwendung in Krisen aus.

Die Autoren zeigen zum Schluß, daß sich, trotz aller Merkmale, die

die einzelnen Krisen einzigartig machten, wichtige Regelmäßigkeiten im Verhalten der einzelnen Staaten und im internationalen System finden lassen. Diese Regelmäßigkeiten bilden die organisatorischen Normen, innerhalb derer die einzelnen Regierungen handeln müssen. Sie liefern die nationalen ‚kognitiven Landkarten' einschließlich des psychologischen Standpunktes bestimmter politischer Schlüsselfiguren. Die amerikanischen Entscheidungsträger scheinen einen größeren Überblick zu haben und erfolgreicher zu sein, während die Verantwortlichen in der UdSSR mehr auf ihre Verteidigung hin orientiert sind und bei Konfrontationen mit den USA oft Niederlagen erlitten haben.

Krisenprävention

Die Wahrscheinlichkeit gewalttätiger Konflikte kann durch eine Weiterentwicklung von Maßnahmen zur Krisenprävention reduziert werden. Das bedeutet, daß die für die Krisenbewältigung zuständigen bürokratischen Systeme größere Kommunikationskapazitäten, besser geschultes Personal und weniger Einschränkungen in ihrer Handlungsfreiheit benötigen, um flexibler reagieren zu können.

Zu diesem Zweck kann man Personal auswählen, das unter Streß höchstwahrscheinlich ruhig und überlegt bleibt, in seinen Problembewältigungsmethoden flexibel ist und die Fähigkeit besitzt, immer einige Schritte im voraus zu denken. Dieses Personal kann mit Simulationstechniken trainiert werden und so seine Kompetenzen üben. Eine mögliche Methode ist die Anwendung von Trainingskursen zur Problembewältigung (Burton 1979), in denen versucht wird, gestörte Kommunikation wiederaufzubauen, eingeschränkter und einseitiger Wahrnehmung entgegenzuarbeiten und die Konfliktrhetorik abzubauen. Gleichzeitig wird beiden Seiten dabei geholfen, die den Argumenten zugrundeliegenden und bis dahin unzugänglichen Motivationen aufzudecken und eine vertrauensvolle Atmosphäre zu schaffen. In der Sprache der Spieltheorie heißt das, den Konflikt von einer Nullsumme auf eine positive Summe zu bringen, bei der alle Teilnehmer profitieren. In diesen Workshops werden rechtliche und territoriale Fragen vermieden und man konzentriert sich auf Bedürfnisse, Ängste und Wahrnehmungen. Die Teilnehmer empfinden den Prozeß als befreiend und haben oft Schwierigkeiten, wenn sie zu ihren ursprünglichen Gruppen zurückkehren, bei denen die alten antagonistischen Haltungen vorherrschen. Wie diese die nachfolgenden Leistungen der Gruppenteilnehmer beeinflussen, ist noch nicht ausreichend untersucht worden.

Die gegenwärtige Krisenprävention verläßt sich noch auf die alten Lösungsmethoden wie Bündnisse und Kräftegleichgewicht und auf idealisierte Lösungen wie zum Beispiel das internationale Recht. Produktivere Ansätze könnten in gemeinsamen Sicherheitsabkommen liegen, die von mehr Flexibilität versprechenden, praktischen Vereinbarungen unterstützt werden könnten.

Verhandlungen

Eine Verhandlung wird als eine verbale Kommunikation definiert, die von den Parteien aufgenommen wird, um gemeinsam einen zwischen ihnen bestehenden Interessenskonflikt zu lösen. Bei einer Verhandlung haben die Parteien gemischte Motive: einerseits wollen sie eine möglichst günstige Lösung für die eigene Seite finden, und andererseits wollen sie kooperieren, um überhaupt zu einer Lösung zu kommen (Morley & Stephenson 1977).

Experimentelle Paradigmen, die zur wissenschaftlichen Erforschung des Verhandelns verwendet wurden, reichen von einfachen Null-Summen-Spielen (was eine Seite gewinnt, verliert die andere) über Positive-Summen-Spiele (bei denen es durch Kooperation möglich wird, daß beide einen Gewinn verbuchen können) bis hin zu Rollenspielen. Die Resultate solcher simulierter Verhandlungen sind mit verschiedenen Methoden analysiert worden; am zufriedenstellendsten erwies sich dabei die Methode der detaillierten Inhaltsanalyse, die „Conference Process Analysis", wenn sie auch ziemlich aufwendig ist. Sie wird von Morley und Stephenson ausführlich beschrieben.

Verhandlungen folgen gewöhnlich immer dem gleichen Muster. Vor Beginn der Verhandlung treffen sich die Verhandelnden mit ihrer eigenen Partei, um ihre Positionen zu diskutieren. Damit legen sich die Verhandlungsteilnehmer gewöhnlich noch stärker fest, was eine Einigung weniger wahrscheinlich macht (Fischoff 1972, Louche 1975). Dieser Effekt zeigt sich möglicherweise noch deutlicher, wenn davon auch die nationalen Wählerkreise betroffen sind.

Danach finden Verhandlungen über die Verhandlungen statt. Dabei muß entschieden werden, wer, mit wievielen Teilnehmern und mit welchem Status an den Verhandlungen teilnehmen soll. Die Verhandlungen in Paris über den Vietnamkrieg wurden zum Beispiel in dieser Phase von einer Meinungsverschiedenheit zum Status der Vietkong-Repräsentanten aufgehalten. Eine Anerkennung der Teilnehmer als Repräsentanten ihres Landes wäre nämlich einem Zugeständnis hinsichtlich eines der Hauptpunkte gleichgekommen, um die der Krieg ging.

Danach muß über die Tagesordnung gesprochen werden. Es muß entschieden werden, ob miteinander verknüpfte inhaltliche Punkte zusammen oder in getrennten Konferenzen besprochen werden sollen. Nachweislich führt es zu schnelleren Entscheidungen, wenn mehrere Punkte zusammengefaßt werden, anstatt jeden Punkt einzeln zu besprechen, da zusammengefaßte Konzessionen leichter ausgehandelt werden können (Tysoe, 1982).

Andere Merkmale von Verhandlungsgesprächen kann man aus den zugänglicheren und besser erforschten Bereichen der industriellen Verhandlungen ersehen. Douglas (1957, 1962) zeigte, daß eine Verhandlung drei bestimmte Phasen durchläuft, bevor es zu einem Beschluß kommt. Die erste Phase, die sie das „Einrichten des Verhandlungsspielraums“ nannte, besteht darin, daß die Teilnehmer beider Seiten ihre Positionen ausführlich darstellen. Bei diesen Darlegungen wird jeweils die Aussage der anderen Seite angegriffen. Morley und Stephenson (1977) fügen hinzu, daß die Parteien in diesem Stadium die relative Überzeugungskraft ihrer Argumente testen und ihre relative Kapazität, der anderen Seite zu schaden, wenn sich die Verhandlungen festfahren sollten.

Die zweite Phase besteht im „Auskundschaften des Verhandlungsspielraums“. Nun werden die Vorschläge überprüft und Versuche gemacht, innerhalb des abgesteckten Handlungsspielraums eine günstige Position zu gewinnen. Die dritte und letzte Phase ist das „Beschleunigen der Entscheidungskrise“, in der die Angebote abgeschlossen werden und eine Lösung herbeigeführt wird.

Schließlich müssen die Verhandelnden, sobald eine Lösung erreicht worden ist, zu ihren Parteien zurückkehren und diese überzeugen, daß in ihrem besten Interesse gehandelt wurde. Dabei sind die Wähler vielleicht noch in den emotionalen Auswirkungen der Konfliktrhetorik gefangen und haben Schwierigkeiten, sich den eingeschränkteren und vernünftigen Zielen, die erreicht worden sind, anzupassen.

Initiativen bei Abrüstungsgesprächen

Die bisherige Geschichte der nuklearen Abrüstungsgespräche ist sehr enttäuschend. Nach Leitenberg (1978) haben die Verhandlungen zwischen den USA und der UdSSR im allgemeinen nur dazu gedient, militärische Vorbereitungen zu legalisieren und institutionalisieren, die seit dem Zweiten Weltkrieg uneingeschränkt weitergeführt wurden. Keine einzige Atombombe, keine Rakete, kein Flugzeug, kein Schiff, kein Panzer und kein Gewehr sind aufgrund eines Abkommens der beiden Länder bisher vernichtet worden. Öffentliche Abrüstungsangebote betrafen im allgemeinen Einschränkungen, die sich für die andere Seite nachteilig ausgewirkt hätten und daher zurückgewiesen wurden. Zu bestimmten Gelegenheiten ergaben sich jedoch echte Chancen. Typischerweise wurden aber jedesmal, wenn die Verhandelnden einer Seite ihre Position schließlich so verändert hatten, daß diese zufällig mit den früher vorgeschlagenen Angeboten des Gegners zusammentraf, diese früheren Angebote zurückgezogen. Solche verpaßte Gelegenheiten sind besonders bedauerlich, wenn die darauffolgende weite Verbreitung von Kernwaffen ein Übereinkommen noch mehr erschwert. Kommt es manchmal zu einem Fortschritt, dann sind die Verhandelnden meistens der Ansicht, daß sie sich schneller vorwärtsbewegen, als es innenpolitische Zwänge erlauben, und der Prozeß gerät wieder ins Stocken.

Es ist schon Vieles vorgeschlagen worden, um Abrüstungsgespräche produktiver zu machen. Einige meinen, man solle eine Kriegsprävention auf der Grundlage der internationalen Sicherheit aufbauen (Benjamin 1983); es wurde betont, daß man als Berater positiv zur Friedenssicherung beitragen könne (Mitchell 1982). Neben Problemlöse-Workshops zum Beilegen von Streitigkeiten (Burton 1979) wurden auch notwendige Einstellungsänderungen vorgeschlagen, die bewirken können, daß die gewaltsamen Reaktionen sich in Richtung auf das friedliche Verfolgen gemeinsamer Ziele verändern (Frank 1982). Zur Veranschaulichung wird hier nun ein älterer Ansatz diskutiert, nicht zuletzt, weil die darin enthaltenen Ideen, wenn auch in anderer Form, heute zunehmend akzeptiert werden.

Osgood (1962) hat eine Verhandlungsmethode vorgeschlagen, die er die graduellen reziproken Initiativen zur Spannungsreduktion nennt und die eine Alternative bietet zur inakzeptablen Dualität von Krieg oder Niederlage. Diese Methode ist eine flexible, interaktive Vorgehensweise, bei der jede Seite ihre eigenen Initiativen entsprechend den Erwiderungen der anderen Seite reguliert. Das Ziel besteht darin, die Spannung zu reduzieren und eine Atmosphäre gegenseitigen Vertrauens zu schaffen. Vertrauen wird dabei nicht als eine notwendige Bedingung für die Gespräche angesehen, sondern als eine Folge der einzelnen, unilateralen Schritte. Solche Schritte ersetzen nicht die multilateralen Verhandlungen, die einen natürlichen Anteil am gesamten Ablauf haben. Die von Osgood vorgeschlagenen Regeln können so zusammengefaßt werden:

1. Aus den Initiativen darf keine Partei mit einem Monopol für Atomwaffen hervorgehen. Das Ziel sollen Reduktionen sein, aber endgültige Schritte sind von einem bilateralen Abkommen abhängig.
2. Die Initiativen dürfen die Kapazität für eine konventionelle Verteidigung nicht einschränken.
3. Die Initiativen sollten in ihrem Risiko den Reaktionen entsprechen. Der erste Schritt sollte ziemlich groß und dramatisch sein und man sollte keine unmittelbare Reaktion darauf erwarten.
4. Die Initiativen müssen vielseitig sein, öffentlich angekündigt und dann durchgeführt werden. Dabei können sowohl kulturelle wie auch militärische Aspekte miteinbezogen sein. Die zu ergreifenden einzelnen Schritte sollten vorher angekündigt werden und man sollte daran festhalten.

Etzioni (1967) untersuchte die Abrüstungsgespräche zwischen Kennedy und Chruschtschow von Juni bis November 1963. Er zeigt, wie eine Reihe unilateraler Schritte, die sich innerhalb sorgfältig eingeschränkter Grenzen bewegten, bilaterale Vereinbarungen erzeugen konnten. Hier eine Zusammenfassung:

10. Juni. Obwohl noch kein Jahr seit der Kubakrise vergangen ist, ruft Kennedy in einer Rede dazu auf, die Sowjetunion im Licht der dortigen, konstruktiven Veränderungen zu sehen. Er bittet außerdem die Amerikaner, ihre Rolle im Kalten Krieg neu zu überdenken. Kennedy kündigt darauf als unilateralen Schritt einen Stopp für alle Atomtests in der Atmosphäre an. (Dieser Schritt ist weniger dramatisch als man denkt; die USA haben zu diesem Zeitpunkt gerade so viele Tests durchgeführt, daß sie 2 Jahre für die Analysen brauchen werden; außerdem sind sie aus innenpolitischer Sicht daran interessiert, die radioaktive Verseuchung zu reduzieren. Unterirdische Tests können weiterhin durchgeführt werden.)

11. Juni. Vor der UNO nimmt die UdSSR unilateral ihre Einwände gegen westliche Beobachter beim Bürgerkrieg im Jemen zurück. Die USA ziehen ihrerseits ihre Weigerung zurück, Ungarn diplomatisch anzuerkennen, die seit seit 1956 aufrechterhalten hatten. Der vollständige Wortlaut von Kennedys Rede wird in russischen Zeitungen abgedruckt und die Störsender werden von der Rundfunkstation „Voice of America" entfernt.

15. Juni. Chruschtschow begrüßt Kennedys Rede und erwidert den Stopp für Tests in der Atmosphäre. Er verkündet, daß, im Widerspruch zur marxistisch-leninistischen Lehre, ein Krieg zwischen Kommunismus und Kapitalismus nicht unvermeidlich sein müsse. Er kündigt unilateral an, daß die UdSSR die Produktion strategischer Bomber einstellen wird. (Auch das ist eher ein scheinbares Angebot als ein echtes, da diese Entscheidung wahrscheinlich aus militärischen Gründen bereits getroffen ist. Sie erfüllt aber den Zweck, die Friedensinitiativen zu erwidern.)

20. Juni. Die UdSSR stimmt einem früheren Vorschlag der USA zu, daß ein „Heißer Draht" zwischen den beiden Nationen eingerichtet werden solle. Während der nächsten Monate wird über einen teilweisen Test-Stopp (Partional Test Ban Treaty) verhandelt und das Abkommen wird am 5. August 1963 unterzeichnet.

9. Oktober. Kennedy zeigt sich mit einem 250-Millionen-Dollar-Weizenhandel mit der Sowjetunion einverstanden, der psychologisch gesehen ein Fortschritt ist, obwohl andere Handelsbeschränkungen erhalten bleiben.

19. September. Gromyko schlägt ein Abkommen vor, das verhindern soll, daß Atomwaffen im Weltraum stationiert werden. Die USA erwidern dieses unilaterale Angebot. Am 19. Oktober wird das Abkommen unterzeichnet.

Ende Oktober begann sich der Prozeß zu verlangsamen. Etzioni (1967) glaubt, daß die USA dadurch alarmiert waren, daß die UdSSR zu schnell gleichzog und darüberhinaus begann, den Prozeß zu kontrollieren. NATO-Alliierte, besonders die Bundesrepublik Deutschland, begannen zu protestieren, und als die Wahlen kamen, war Kennedy der Meinung, daß er im Moment genug getan habe und daß ihn weitere Schritte der Gefahr aussetzen würden, einer Beschwichtigungspolitik bezichtigt zu werden. Die Ermordung Kennedys bereitete dann dem Prozeß ein Ende.

Crossley (1983) liefert weitere Berichte von Bedingungen, unter denen eingeschränkte, unilaterale Initiativen den Verhandlungsprozeß unterstützt haben.

Im Februar 1971 zeigten amerikanische Satelliten, daß die Sowjets große neue Raketensilos bauten, was den Verlauf der Abrüstungsgespräche (SALT) gefährdete. Im April 1971 legten die sowjetischen Konstrukteure für die amerikanischen Satelliten alle Silo-Bauteile in der Reihenfolge ihres Einbaus nebeneinander aus, um zu zeigen, wie sie zusammengesetzt werden; ebenso zeigten sie einen Raketen-Container. Sie hatten tatsächlich nur die Konstruktionsmethoden verändert. Anstatt ein enges, tiefes Loch zu bohren und die Bauteile hineinzupassen, gruben sie einen breiten Trichter in den Boden, ordneten die Bauteile an, gossen Zement herum und schoben die Erde wieder zurück. Was sich veränderte, war nur der scheinbare Durchmesser des Lochs während des Baus und nicht die Größe der Rakete.

Unilaterale Initiativen wurden von der Sowjetunion im April 1971 ergriffen, als die Sowjets bekanntgaben, daß sie die Produktion der SS 9 Raketen einschränken würden, und im April 1975, als sie die einzelnen Ebenen der Streitkräfte des Warschauer Pakts bekanntgaben. Die USA verzichteten im November 1969 auf bakteriologische

Waffen und versprachen, tödliche chemische Waffen nicht als erste zu verwenden. Im April 1978 kündigte Präsident Carter an, daß keine Neutronenbomben hergestellt würden und Breschnew zog gleich. Im Juni 1983 gab Großbritannien die Einzelheiten seiner wichtigsten chemischen Produktionen bekannt, um zu zeigen, daß die Chemikalien nicht militärischen Zwecken dienten.

Der erste Schritt auf einer Seite in einem Konflikt kann, auch wenn er relativ klein ist, eine psychologische Wirkung haben, die dann später entsprechende Schritte der anderen Seite wahrscheinlicher macht. Die politischen Begriffe „unilateral" und „multilateral" sind bei der Beschreibung dieses Prozesses nicht sehr hilfreich, da sie mit polarisierten Interpretationen und mit politischen Handlungen assoziiert werden.

Es wäre genauer und produktiver, wenn Verhandlungsprozesse mit verschiedenen Methoden untersucht würden. So könnte zum Beispiel jedes Angebot nach dem Grad des Risikos für beide Seiten, nach der wahrgenommenen Wahrscheinlichkeit, sich im akzeptablen Bereich der anderen Seite zu befinden, und nach dem Ausmaß, in dem darauf eine Erwiderung erforderlich ist, bewertet werden. Die gemeinsamen Standards, die diesen Bewertungen zugrundeliegen, müßten erst ausgehandelt werden. Bei einer solchen einfachen Analyse wird sich herausstellen, daß dasjenige Angebot am wenigsten erfolgversprechend ist, das das größte Risiko in sich birgt, jenseits der Grenzen des Akzeptablen liegt und so einen starken Widerspruch provoziert. Aber gerade diese Merkmale sind die Bestandteile vieler, in der Öffentlichkeit stark diskutierter Abrüstungsvorschläge. Solche Vorschläge werden gewöhnlich sofort zurückgewiesen oder mit Gegenvorschlägen abgewehrt, die für die andere Seite ebenso inakzeptabel sind. Sieht man das nur im Hinblick auf die Verhandlung, so ist es vielleicht die traditionelle Art, das „Terrain zu sondieren". Psychologisch gesehen geht dies aber auf Kosten des Vertrauens und ist mit einer deutlichen Konkurrenzhaltung verbunden. Angebote, die große Erfolgschancen haben, enthalten demnach ein geringes Risiko, liegen innerhalb des akzeptablen Bereichs der anderen Seite und stellen an die Beantwortung geringe Anforderungen. Dabei ist vielleicht der unmittelbare praktische Gewinn sehr gering, aber der kumulative psychologische Effekt erzeugt Vertrauen und eine kooperative Haltung.

Von der Theorie zur Praxis

Zwischen dem wissenschaftlichen Studium von Konflikten und den praktischen Anleitungen für die Verhandelnden bestehen hinsichtlich der Methoden und des Stils beträchtliche Unterschiede. Während diese in ihrer ganzen Bandbreite hier nicht diskutiert werden können, soll jedoch ein Beispiel herausgegriffen werden, das zeigt, wie man aus theoretischen Modellen praktische Vorschläge ableiten kann. Wahrscheinlich können damit nur Ideen angeregt werden, und es wären Trainingskurse zur Problembewältigung und Gruppenarbeit erforderlich, um praktische Kompetenzen zu erzielen (Burton 1979).

Fisher und Ury (1981) haben in deutlicher und gut verständlicher Form einige der Arbeiten des „Harvard Negotiation Project" beschrieben. In diesem Projekt wird versucht, vom „harten" oder „sanften" Positions-Verhandeln zum sogenannten grundsätzlichen Verhandeln oder Verhandeln nach Vorteil überzugehen. Sie beschreiben anschaulich, wie zwecklos eine Verhandlung aus festgefahrenen Positionen heraus ist, und zeigen, daß weder eine gegensätzliche, mißtrauische, drohende, „harte", noch eine freundliche, vertrauensvolle, zugeständnisreiche, „sanfte" Haltung auf Dauer zu befriedigenden Ergebnissen führt. Natürlich wird der „sanfte" Zugang eher zu einem Übereinkommen führen, aber ein solches Ergebnis entspricht dann vielleicht nicht dem angestrebten Ziel.

Das Verhandeln nach Grundsätzen kann in vier Punkte zusammengefaßt werden:

1. Die Personen. Die Personen müssen vom Problem getrennt werden. Dahinter liegt die Absicht, die psychologische Identifizierung mit einer Position zu reduzieren, die ansonsten zu Unnachgiebigkeit führt, um das Gesicht zu wahren. Es geht darum, eine Atmosphäre zu schaffen, in der die Teilnehmer miteinander arbeiten und das Problem angehen anstatt sich gegenseitig zu attackieren. Sherif (1962) konnte zeigen, daß nur ein gemeinsames Problem, an dem auf kooperativer Basis gearbeitet wird, die antagonistischen Gefühle zweier miteinander im Wettstreit stehender Gruppen verändern kann. Verbrüderungsversuche waren erfolglos, aber die gemeinsame Aktivität bei der Lösung eines Problems, das für beide Gruppen die gleiche Bedeutung hatte, konnte eine beträchtliche Einstellungsveränderung bewirken.

2. Die Interessen. Man muß sich auf die Interessen und nicht auf die Positionen konzentrieren. Verhandlungspositionen werden oft schon so eingenommen, daß sie später dann wieder Raum für Konzessionen zulassen, oder auch, um die wirklichen Wünsche der Beteiligten zu verschleiern. Indem man sich auf die dahinterliegenden Interessen konzentriert und nicht so sehr auf die oberflächlichen Positionen, wird man eher eine Einigung erreichen können, die den menschlichen Bedürfnissen entspricht, welche anfänglich zur Einnahme der Verhandlungspositionen führten.

3. Die Angebote. Es müssen viele verschiedene Vorschläge gemacht werden, bevor endgültig entschieden wird. Der Versuch, in einem Streit die beste Lösung zu finden, während man sich unter Druck befindet und den Gegner vor Augen hat, kann das Gesichtsfeld einengen und die Kreativität einschränken. Solche Einschränkungen kann man vermeiden, indem man innerhalb einer bestimmten, vereinbarten Zeit eine große Menge möglicher Lösungen aufstellt, die die gemeinsamen Interessen berücksichtigen und die gegensätzlichen Interessen auf kreative Art vereinen. Bevor man dann versucht, zu einer Übereinstimmung zu kommen, muß man Vorschläge machen, die zu einem beidseitigen Gewinn führen können.

4. Die Kriterien. Man muß darauf bestehen, daß das Resultat bestimmten objektiven Standards genügt. Sturheit kann den Verhandlungsprozeß verzögern oder verzerren und aufgrund reiner Willkür zu stimmungsabhängigen Resultaten führen. Diesen Fehler kann man vermeiden, indem man sich auf gemeinsame, objektive Kriterien einigt und sich an diese hält.

Der Kommunikationsprozeß selbst sollte die Stadien der Analyse, der Planung und der Diskussion durchlaufen, wobei die eben erwähnten vier Punkte als Richtlinien benutzt werden sollten.

Eine weitere Diskussion darüber, wie man die Personen vom Problem trennen kann, konzentriert sich auf Fragen der Wahrnehmung und der Kommunikation. Fisher und Ury betonen: „Letztlich befindet sich der Konflikt nicht in der objektiven Realität, sondern in den Köpfen der Menschen.“ Sie empfehlen, die Wahrnehmungen offen zu diskutieren und sich so gegen die Projektion böswilliger Intentionen auf der Grundlage von Angst zu schützen. Sie betonen ebenso, daß keine Verhandlung ohne effektive Kommunikation funktionieren kann. Die Beteiligten müssen aktiv zuhören und das Gesagte akzeptieren. Sie müssen versuchen, die einzelnen Punkte der Debatte zu verstehen, nicht nur sie zu gewinnen. Schließlich müssen Gefühle erkannt und auf legitime und nicht-destruktive Weise ausgedrückt werden, wenn sie nicht das Wesen der Verhandlung bestimmen sollen.

Camp David

Rogers (1984) berichtet von seinen persönlichen Erfahrungen als Gruppenhelfer bei Konferenzen mit gegnerischen oder miteinander im Kampf stehenden Gruppen und beschreibt das allgemeine Muster, nach dem solche Sitzungen ablaufen. Die gegnerischen Parteien sind gewöhnlich von der Richtigkeit ihrer Sache überzeugt, und die erste Aufgabe eines Gruppenhelfers besteht darin, eine vorurteilsfreie und die Gegensätze akzeptierende Runde zu schaffen, in der die einzelnen Ansichten vorgetragen werden können. In gewisser Weise erleichtert das Anhören und Verstehen der Ansichten der Gegenpartei es auch, die Sorgen der anderen Seite herauszuhören und zu verstehen. In einer verständnisvollen Atmosphäre können Gruppen, die sich in ihrem Status beträchtlich unterscheiden, ihre Anliegen mit gleichem Recht zum Ausdruck bringen. So entsteht vorübergehend die Möglichkeit einer gut funktionierenden Kommunikation. Der Gruppenhelfer überredet niemanden und stellt sich auf keine Seite, aber er erzeugt die psychologische Atmosphäre, in dem sich die Fähigkeiten einer Gruppe zeigen können. Am Beispiel der schon sehr lange bestehenden Haßgefühle in Nordirland zeigt Rogers, daß eine 16stündige Diskussion zwischen gegnerischen Gruppen genügte, um den Haß abzuschwächen und in einigen Fällen tiefgreifende Änderungen zu erreichen. Die Gruppe arbeitete nach ihrer Rückkehr nach Belfast weiter und zeigte dort den Film von den Gruppenprozessen in Kirchenversammlungen, Schlüsselfaktoren dabei waren, daß beide Fraktionen aus ihrer eigenen Umgebung in eine andere Umwelt versetzt wurden und daß eine lockere Atmosphäre zustandegekommen war. Eine gefährliche Konsequenz, die sogar diese kleine Intervention mit sich brachte, war die, daß die gegenseitige Annäherung die einzelnen

Gruppenmitglieder verwundbarer machten, als sie wieder nach Hause in ihre unversöhnlichen gegnerischen Lager zurückkehrten.

Rogers und Ryback (1984) berichten weiter von der Konferenz in Camp David, die sie als psychologische Gruppenerfahrung betrachteten. Auch dieses Treffen, das im September 1978 stattfand, zeichnete sich aus durch die Merkmale einer angenehmen Umgebung und einer gelösten Atmosphäre. Die Unterbringung war bequem, aber nicht aufwendig, und es kam zwischen den Israeli und Ägyptern zu täglichen ungezwungenen Kontakten. Es wurde kein Protokoll geführt, und bei den Mahlzeiten saß man, wo man wollte. Sadat und besonders Begin behielten die meiste Zeit über eine gewisse Förmlichkeit in ihrer Kleidung und ihrem Benehmen bei. Sie konnten jedoch als Menschen sprechen und nicht in erster Linie als Repräsentanten ihrer Wählerschaften zuhause.

Die Konferenz war nach außen abgeschlossen und privat: die Medien hatten keinen Zugang. Eine breite Darlegung der Ausgangspositionen der Verhandlung hätte die Protagonisten handlungsunfähig gemacht. In Übereinstimmung mit dem „Harvard Negotiation Project" bediente man sich eines Verfahrens, das mit nur einer Textvorlage arbeitet. Beide Seiten sollten also versuchen, einen amerikanischen Entwurf zu verbessern und waren so nicht gezwungen über zwei verschiedene Fassungen zu streiten.

Bei den einzelnen Sitzungen wurden weder eine Tagesordnung noch geregelte Arbeitsstunden festgesetzt. Die Konferenzen selbst verliefen oft sehr emotional. Die Gemüter erhitzten sich, und Carter berichtete: „Die beiden Männer zeigten sich unversöhnlich, und fast jede Diskussion zu irgendeinem Punkt artete in einen unproduktiven Streit aus, der die alten Wunden der vergangenen politischen oder militärischen Streitigkeiten wiederaufriß" (Carter, S. 355). Die meisten Teilnehmer verloren einmal zu irgendeinem Zeitpunkt die Beherrschung und ein Scheitern der Verhandlungen schien sehr wahrscheinlich.

Während einiger zorniger Wortwechsel zwischen Sadat und Begin sagte Carter praktisch nichts, machte sich aber ausführliche Notizen und las sie am Ende des Gesprächs den beiden vor. Dabei legte er ruhig und klar die Punkte dar, die sie voneinander trennten, so daß man diese in einem rationalen Licht sehen konnte. Die Spannung entlud sich oft in Lachen, aber wenn sie so groß war, daß die beiden Anführer sich nicht begegnen wollten, fungierte Carter als Vermittler. Nach Rogers und Ryback ist es selten, daß die Beteiligten sich über längere Zeit weigern, einander zu sehen.

In Camp David wurden, wie bei jeder Gruppenerfahrung, Gefühle intensiver als sonst empfunden, und die Höhen und Tiefen wurden weit schärfer gespürt, da sich die gegnerischen Parteien jeden Tag trafen und nur mit einem Thema beschäftigt waren. Zu verschiedenen Zeiten glaubte jeder der drei Verantwortlichen, daß die Verhandlungen gescheitert waren. Sadat packte seine Sachen am 11. Tag und am 13. und letzten Tag beschloß Begin, nicht zu unterzeichnen und die Konferenz als Fehlschlag zu betrachten.

Obwohl er keine Erklärung dafür hat, stellt Rogers fest, daß „es manchmal passierte, daß bei intensiven Gruppensitzungen mit sich feindlich gegenüberstehenden Parteien gerade dann, wenn ich glaubte, es wäre nun kein Fortschritt mehr zu erzielen und die Sache sei hoffnungslos, eine Wende eintrat". Nach Rogers Ansicht führte ein sehr persönliches Ereignis dazu, daß die Verhandlungen in Camp David kein Fehlschlag, sondern sogar ein bedeutender Erfolg wurden. Von den drei Verantwortlichen waren Gruppenfotografien aufgenommen worden. Sadat hatte sie unterschrieben und Carter wollte das auch tun, da Begin für seine drei Enkelkinder einige Abzüge gewünscht hatte. Carters Sekretärin, Susan Clough, schlug vor, die Autogramme persönlicher zu gestalten und mit den Namen der Kinder zu versehen. Er tat das und brachte sie Begin. Als dieser die Namen sah, war er sehr gerührt und sprach mit Tränen in den Augen von seinen Enkeln. Eine Stunde später gab er über Telefon sein Einverständnis mit dem neuen Entwurf der Vereinbarung hinsichtlich Jerusalem durch. Dann besuchte er Sadat in seinem Zimmer und stimmte einigen weiteren Punkten zu. Rogers kommentiert:

„Es wird manchem vielleicht seltsam erscheinen, daß der Wendepunkt einer sehr bedeutenden internationalen Konferenz von einem emotionsgeladenen Gespräch über Enkelkinder und nicht von Inhalten der Konferenz ausgelöst wurde. Uns jedoch, die wir mit intensiver Gruppenarbeit vertraut sind, erscheint dies ganz natürlich. Nur wenn die tiefsten persönlichen Gefühle angesprochen werden, kann eine Veränderung in der Haltung des einzelnen stattfinden."

Ob diese Gefühle von Dauer sind oder nicht, hängt natürlich von der jeweiligen Situation und den Menschen ab.

An anderer Stelle weist Rogers eher kritisch darauf hin, daß die übrigen 24 Delegationsmitglieder in dieses intensive Gruppenerlebnis nicht mit eingeschlossen waren. Sie konnten die unter Schmerzen erreichten neuen Positionen ihrer Anführer nicht voll unterstützen, weil sie die intensive emotionale Interaktion in der Konferenz nicht erlebt hatten. Einige von Sadats Delegierten traten zurück, und als Begin nach Hause kam, stieß er auf heftige Kritik. Berücksichtigt man diese Dinge nicht, so können Friedensstifter dadurch leicht verwundbar werden.

Neue Ansätze nuklearer Abrüstungsgespräche

Nachdem nun einige Vorschläge zur Verbesserung von Verhandlungen diskutiert worden sind, kann man diese Methoden auch auf die nuklearen Abrüstungsverhandlungen anwenden. Das „Harvard Nuclear Negotiation Project" (Ury & Smoke 1984) versucht, effektivere Methoden als die üblichen zur Entschärfung von Krisen zu finden. Ury und Smoke sind wie andere der Ansicht, daß der wahrscheinlichste Weg zu einem Atomkrieg über Fehleinschätzungen, Fehlkommunikation oder unglückliche Zufälle führt und daß mit dem immer größer werdenden nuklearen Waffenarsenal und dem potentiellen nuklearen Terrorismus die Möglichkeiten für solche Fehler ständig steigen. Sie zählen die vier wesentlichen Charakteristika einer Krise auf, die eine Kontrolle erschweren: wenig Zeit für Entscheidungen, hohe Einsätze, große Unsicherheit und wenig brauchbare Alternativen. Um diesen Problemen entgegenzutreten, müssen schon vorher Maßnahmen ergriffen werden, die sicherstellen, daß jede Seite genügend Zeit für überlegte Entscheidungen haben wird, daß die Höhe des Einsatzes unter Kontrolle gehalten wird, die Unsicherheiten reduziert werden und für jede Seite akzeptable Möglichkeiten bleiben, einen Weg aus der Krise zu finden. Die Betonung liegt immer auf der Vorbereitung, die notwendig ist, wenn man eine eventuelle Krise überstehen will.

Ury und Smoke kamen zu diesen ersten Vorschlägen, indem sie amerikanische Politiker zum Thema Krisenbewältigung befragten und sie baten, sich vorzustellen, sie befänden sich am Beginn einer ernsten Krise. Dann wurden die Politiker gefragt, was sie vorher gern mit den Sowjets vereinbart und welche institutionellen Maßnahmen sie vorher gern getroffen hätten. Auf der Grundlage dieser Befragungen geben Ury und Smoke sechs spezifische Maßnahmen für die Kontrolle und die Vermeidung von Krisen an.

Zusätzliche Vereinbarungen für den Fall einer Krise

Der „Heiße Draht" und die 1972 zu ‚Vorfällen auf See' getroffene Vereinbarung könnten durchaus dahingehend erweitert werden, daß sie zufällige Land- und Luftübergriffe einschließen und eine Möglichkeit bieten, die Folgen von Atomexplosionen in den Griff zu bekommen, deren Ursachen und Hintergründe unklar sind. Sechs solcher Abkommen sind bereits formuliert worden, von denen der 1963 beschlossene „Heiße Draht" am bekanntesten ist. Einige der erwähnten Punkte waren in dem Vorschlag von Nunn-Jackson im September 1982 enthalten, ebenso Verbesserungsvorschläge zu den Verifikationsverfahren und zu den Maßnahmen zur Verlängerung der Vorwarnzeiten für beide Supermächte.

Das Abkommen zu nuklearen Unfällen („Accidents Agreement") von 1971 verpflichtet bereits jede Seite, die andere über nicht autorisierte Raketenstarts und alle anderen Ereignisse, die auf gefährliche Weise fehlinterpretiert werden könnten, zu informieren. Vereinbarungen dieser Art sind ein sehr nützlicher Beginn eines größeren Prozesses gegenseitiger Einigung über Maßnahmen, mit denen man gemeinsam mögliche nukleare Krisen bewältigen kann.

Kontrollzentrum für nukleare Krisen

In Washington und in Moskau sollten gemeinsame amerikanische und russische Einrichtungen bestehen, die ständig telefonisch miteinander in Verbindung stehen, so daß Diplomaten und Militärangehörige eventuelle Krisen ständig überwachen und so einen unabsichtlich entstehenden Krieg zu verhindern helfen. Ein solches Zentrum könnte auch eine Hilfe sein, um die bei unbeabsichtigten Boden- und Luftübergriffen entstehende Spannung und die durch Kriege Dritter ausgelösten Konflikte zu bewältigen. Das Zentrum sollte sich aus einer kleinen Gruppe russischer und amerikanischer Verhandlungs- und Verteidigungsexperten zusammensetzen. In Friedenszeiten sollte ihre Arbeit auf eine mögliche Krisenprävention und auf Kontrollmaßnahmen bezüglich verschiedener unvorhersehbarer Fälle gerichtet sein. In Krisenzeiten könnte das Zentrum den Austausch und die Beurteilung von Informationen erleichtern, den Einsatz von vereinbarten Maßnahmen unterstützen und die Verantwortlichen bei der Konfliktlösung beraten.

Beratungszeit in Krisen

Vorgeschlagen wird ein vereinbarter Zeitaufschub nach einer oder mehrerer nuklearer Detonationen im eigenen Territorium, während dessen überlegt und beraten werden kann. Auf diese Weise soll gesichert werden, daß die Herkunft des Angriffs und die dahinterliegenden Absichten beurteilt werden können, bevor ein Vergeltungsschlag erfolgt. In den frühen sechziger Jahren drang Verteidigungsminister MacNamara in den USA auf eine dahingehende Politik und wiederholte 1983 seinen Vorschlag, indem er sagte, es dürfe kein Vergeltungsschlag durchgeführt werden „bis über jeden möglichen Zweifel hinaus feststeht, daß die Atomexplosion, auf die der Vergeltungsschlag reagieren soll, tatsächlich beabsichtigt war" (New York Times 1983). Eine solche Vorgehensweise empfiehlt sich auch, wenn entschieden werden muß, wie man am besten auf nuklearen Terrorismus Dritter reagiert.

Gespräche zur Reduzierung des nuklearen Risikos

Es sollten halbjährliche Treffen zwischen Abgesandten der Verteidigungs- und Außenministerien der USA und der Sowjetunion stattfinden, um den Fortschritt zu begutachten und neue Beratungsverfahren zu entwickeln.

Krisenkontrollseminare

Vorgeschlagen werden Einsatzbesprechungen und Krisenübungen, die einen Präsidenten oder Präsidentschaftskandidaten mit dem Problem der Krisenbewältigung vertraut machen sollen. Ury und Smoke legen dar, daß der Präsident bei simulierten Kriegsspielen zwar miteinbezogen wird, sich aber mit der Krisenbewältigung kaum befaßt. Obwohl sich dieser Vorschlag an die Amerikaner richtet, könnte das Team eines Krisenzentrums durchaus beide Seiten mit den entsprechenden Informationen versorgen.

Verstärktes Eingreifen bei Konflikten anderer Staaten

Die Supermächte sollten verstärkt andere, regionale Konflikte durch ihre Vermittlung und den Einsatz friedensstiftender Maßnahmen unterstützen. So kann vermieden werden, daß solche Konflikte die Supermächte gegenseitig in ungewollte und gefährliche Konfrontationen bringen.

Vom psychologischen Standpunkt aus gesehen, ist es interessant, daß die von Ury und Smoke identifizierten Faktoren denen gleichen, die andere Wissenschaftler auf dem Gebiet der Krisenbewältigung aufgestellt haben. Ihre Arbeit auf dem Gebiet der Krisenkontrolle ist deshalb besonders wichtig, weil sie sehr detaillierte Vorschläge machen und hinsichtlich der erforderlichen oder zu erweiternden Maßnahmen direkt von Beteiligten bei Krisen beraten wurden.

Einige praktische Vorschläge: Überlegungen zu den wissenschaftlichen Ergebnissen

Was kann nun aufgrund der Erkenntnisse aus früheren Krisen von seiten der Psychologie im Hinblick auf eine Vermeidung zukünftiger nuklearer Konfrontationen geraten werden? Eine vorsichtige Antwort besteht vielleicht darin, daß präventive Schritte getroffen werden müssen, lange bevor eine Krise überhaupt entsteht, da es dazu während der sich überstürzenden Ereignisse in einer Krise zu spät ist. Die nun folgenden Punkte sind im Hinblick darauf zu verstehen, daß auf lange Sicht bessere Beziehungen geschaffen werden sollen. Sie gründen sich auf Beobachtungen und Vorschläge von Psychologen, die in diesem Bereich gearbeitet haben.

Eine Regierung und die von ihr regierte Bevölkerung reagieren oft nicht in Übereinstimmung miteinander. Die Bevölkerung ist nämlich in ihrer Wahrnehmung anderer Nationen durch die politische Rhetorik der eigenen Regierung noch stark beeinflußt, während inzwischen die Regierung schon lange weniger bekannte Wege eingeschlagen hat, um ihre eigenen Interessen zu sichern. Auf diese Weise stehen sich vielleicht die Sowjetunion und die USA nach außen hin höchst kritisch gegenüber, während sie sich insgeheim über Handelsabkommen und ihre gemeinsame Hilfe beim Lösen von Konflikten Dritter einig sind. Die öffentlichen Reaktionen können eine Regierung oft davon abhalten, ihren Kurs rechtzeitig zu ändern. Daher müssen geplante Veränderungen von der Regierung so koordiniert werden, daß sie auch gleichzeitig in der Öffentlichkeit stattfinden können.

Symbolische Veränderungen

In Zeiten von Spannung und Angst können symbolische Schritte die einzigen sein, die ein Land zu ergreifen wagt. Gleichzeitig kann Mißtrauen dazu führen, daß die streitenden Parteien auch symbolische Konzessionen nicht zulassen. Eine Normalisierung der Beziehungen ermöglicht es, daß Handel, Tourismus und kultureller Austausch Fortschritte machen. Auch wenn diese Kommunikationsformen keine unmittelbaren Auswirkungen zeigen, erleichtern sie doch die internationalen Beziehungen. Wirtschaftliche und politische Sanktionen erreichen nur selten ihr Ziel und führen nur zu einer Verzerrung der Wahrnehmung. Normale Beziehungen sind nicht das Ergebnis von Verhandlungen, sondern sie sind die erste wichtige Bedingung dafür. Jeder Schritt zur Normalisierung der Beziehungen verbessert die Kommunikation, erweitert den Handlungsspielraum und fördert den Willen in der Bevölkerung, einzelne Initiativen, die die internationalen Beziehungen fördern, zu unterstützen.

Rhetorik

Feindselige Reden schüren Emotionen, verbreiten Angst und Mißtrauen und schränken bei Verhandlungen den Handlungsspielraum ein. Sie können einem Politiker in seinem eigenen Land zwar Zuhörer gewinnen, aber sie zerstören die Beziehung zur größeren Zuhörerschaft, die sich verleumdet fühlt. Es wäre gut, wenn die politischen Führer eines Landes von der gegnerischen Seite immer so sprächen, als säße diese mit am Tisch.

Persönlicher Kontakt und Kommunikation

In der Geschäftswelt ist es eine bekannte Tatsache, daß das Vertrauen, das für einen Kontrakt oder eine Vereinbarung zwischen zwei Parteien erforderlich ist, beträchtlich davon beeinflußt wird, ob sich die Betroffenen persönlich kennen. Deshalb treffen sich Geschäftsleute, reden und essen miteinander, um auf diese Weise mehr über den anderen zu erfahren als es bei einem formellen Treffen der Fall wäre. Wenn sich die Beteiligten persönlich kennen, nützt das den Verhandlungen und bildet so eine wichtige Basis für gute Geschäfte. Im Gegensatz dazu pflegen die Politiker von Ost und West relativ wenig persönlichen Kontakt miteinander. Daher haben sie wenig Gelegenheit, ungezwungen die Denkart der anderen Seite kennenzulernen. Für die amerikanischen Politiker, die die Kuba-Krise miterlebt haben, war das größte Problem, daß sie die andere Seite nicht gut genug kannten und daher nicht beurteilen konnten, wie diese reagieren würde. Trainingskurse zur Problembewältigung (Burton 1979;

Rogers 1984) könnten, wenn sie ein paar Jahre lang mit mittleren Führungskräften der beiden Supermächte durchgeführt würden, bei der Verbesserung des Verhandlungsprozesses den wichtigsten Einzelfaktor darstellen. Einige erste Schritte werden in diese Richtung bereits gemacht (Ury 1984).

Reaktion auf Angebote

Die unüberlegt schnelle Zurückweisung von Abrüstungsvorschlägen der anderen Seite gehört zum Propagandakrieg. Psychologisch gesehen wäre es besser, jeder Vorschlag würde zunächst begrüßt und die sich daraus ergebenden Folgen, zusammen mit eventuellen Verbesserungsvorschlägen, intern diskutiert. Noch sinnvoller wäre die Verwendung eines Verfahrens, bei dem beide Seiten an der Verbesserung eines gemeinsamen Vorschlags arbeiten, der danach an die Öffentlichkeit gebracht werden kann (Fisher & Ury 1981).

Vereinbarungen über langfristige Ziele

In Spannungszeiten scheinen Waffen das Gefühl von Sicherheit zu vermitteln. Daher ist es einfacher, man versucht, sich hinsichtlich von Punkten zu einigen, deren Auswirkungen weiter in der Ferne liegen. Das würde in die Theorie einer allmählichen Spannungsreduzierung (Osgood 1962) passen. Ein totaler Atomtest-Stopp liegt zwischen den Supermächten schon seit 20 Jahren in der Luft. Die Verifizierung ist heute einfacher als früher (Seismologisches Institut 1984), und ein solcher Stopp hatte einen verzögerten einschränkenden Effekt auf die Geschwindigkeit der Waffenentwicklung und würde darüberhinaus als Modell für eine verifizierte Rüstungskontrolle dienen.

Unfallverhütung in Krisen

Der „Heiße Draht" muß erweitert werden, und es müssen die erforderlichen Einrichtungen geschaffen werden, um im Falle einer Krise effektiv und schnell handeln zu können (Ury & Smoke 1984). Das wird einige Zeit dauern und Maßnahmen, die erst während einer Krise ergriffen werden, sind weniger erfolgreich. Das Vermeiden von Unfällen liegt offensichtlich im Interesse beider Seiten und könnte einen Ausgangspunkt für ausführliche Diskussionen bieten.

Kategorisierung von Verhandlungen

Die gegenwärtige Aufteilung der Verhandlungen in umstrittene und sich überschneidende Kategorien hat das psychologische Klima, in dem die Diskussionen stattfinden, verschlechtert. Das Zählen von Waffen war schon immer eine äußerst emotionale Angelegenheit, und die gegenwärtigen Arrangements tragen nur zu einer Verschlimmerung bei. Wahrscheinlich wäre es besser, die einzelnen Debatten nach bestimmten Interessensbereichen einzuteilen als nach Positionen oder Waffensystemen. Ein zentrales Interesse beider Seiten ist es zum Beispiel, für die Entscheidung, was im Fall einer Krise zu tun ist, genügend Zeit zur Verfügung zu haben. Vielleicht können Gespräche über die Absichten der einzelnen Seiten und darüber, wie Angriffe auf die Komandozentralen vermieden werden können, in diesem Stadium zum Abrüstungsprozeß mehr beitragen als eine Reduzierung von Waffen (Ury & Smoke 1984, Bracken 1984).

Gemeinsame Aufgaben und Interessen

Gewichtige politische, soziale und finanzielle Kräfte halten den Rüstungswettstreit zwischen den beiden Supermächten aufrecht. Diese Kräfte erschweren Veränderungen, und wenn die Energien in Zukunft anders eingesetzt werden sollen, müssen neue Aufgaben gefunden werden. Der internationale militärische, industrielle und politische Komplex ist das gemeinsame Erzeugnis sowjetischer und amerikanischer Unternehmen. Die gewaltige institutionelle Planung und die damit verbundene Macht unterstützt stark das Fortbestehen eines Konflikts zwischen den beiden Supermächten. Viele Vorschläge müssen gemacht und diskutiert werden, damit diese Kräfte in die Bahnen anderer Unternehmungen gelenkt werden können. Es würde enorme Vorteile mit sich bringen, wenn die für militärische Zwecke verwendeten Ausgaben auf soziale Bereiche umgelenkt werden könnten (Sivard

1983), aber die meisten Staaten sind davon nicht ausreichend überzeugt.

Verbleibende Schwierigkeiten

Wenn Verhandlungen erfolgreich sein sollen, dann muß der Wunsch nach einer Lösung größer sein als der Wunsch, den größtmöglichen Vorteil zu erringen. Die USA und die UdSSR haben seit dem Ende des Zweiten Weltkriegs an über 6000 offiziellen Konferenzen teilgenommen, aber die Atomwaffenarsenale beider Nationen sind ständig gewachsen.

Ein Beispiel dafür ist bekannt geworden. Richard Burt, der zweite Außenminister für europäische Angelegenheiten, sagte von den gegenwärtigen Abrüstungsgesprächen: „Der Zweck dieser ganzen Übung ist der eines möglichst großen politischen Vorteils. Es geht nicht um die Rüstungskontrolle, sondern um die Bündnispolitik" (Time No 49/1983). Bezieht eine Seite bei einer Verhandlung eine solche Position, so reduziert das die Chancen für eine Einigung beträchtlich.

Angesichts des Konfliktes zwischen der offenbar hohen Wahrscheinlichkeit, von der anderen Seite angegriffen zu werden, sobald diese einen Vorsprung im Rüstungswettlauf gewinnt, und der scheinbar geringeren Wahrscheinlichkeit, daß sich beide Seiten gegenseitig vernichten, wenn der Rüstungswettstreit in einem Krieg kulminiert, haben beide Seiten die Fortsetzung des Rüstungswettstreits gewählt. Offensichtlich sehen sie ihre Beziehung als Nullsummen-Spiel, bei dem jeder Einfluß und jede Macht, die die eine Seite gewinnt, von der anderen verloren wird. Es geht nun darum, die Beziehung in ein Positivsummen-Spiel zu verwandeln, bei dem die Vorteile einer Kooperation von beiden Seiten höher eingeschätzt werden als die möglichen Vorteile eines fortgesetzten Wettbewerbs.

Gegenwärtig erweitert jede Seite ihre Waffenbestände so wie ein Schäfer ständig seine Herde vergrößert. Jede zusätzliche Waffe ist ein Beitrag zu einer scheinbaren Sicherheit, ebenso wie jedes Tier zur wachsenden Produktivität der Herde beiträgt. Es entstehen auch

Kosten, aber diese werden auf die gesamte Gesellschaft abgeschoben und verteilt. Beim Beispiel des Schäfers bestehen die Kosten in der Ausbeutung des begrenzten Weidelandes durch eine zu große Herde. Im Fall des Rüstungswettstreits entsprechen die Kosten der Überlastung der menschlichen und natürlichen Energievorräte und außerdem dem immer vorhandenen Risiko einer nuklearen Vernichtung. Nach Hardin (1968) steht die heutige Menschheit aufgrund des Bevölkerungswachstums einem Problem gegenüber, das dem vergleichbar ist, wenn verschiedene Schäfer das gleiche Weideland benutzen. Jeder Schäfer erkennt, daß ein zusätzliches Tier ihm zwar Vorteile bringt, die Kosten aber von allen getragen werden müssen.

„Darin liegt die Tragödie. Jeder Mensch ist in ein System eingebunden, das ihn zwingt, seine Herde ohne Einschränkung zu vergrößern. Aber er lebt in einer Welt, die begrenzt ist. Alle rennen gemeinsam auf ihr Verderben zu, weil jeder nur seine eigenen Interessen verfolgt, in einer Gesellschaft, die an die Freiheit aller glaubt" (S. 1244).

Schließlich werden die gemeinsamen Kosten der individuellen Handlungen bekannt, und auf der Grundlage solchen Wissens und im Angesicht einer unmittelbar wahrgenommenen Gefahr kann man versuchen, dem Problem entgegenzuwirken. Es hat sich bei simulierten sozialen Konflikten gezeigt, daß sozial kooperative Entscheidungen eher getroffen werden, wenn genügend Zeit zur Verfügung steht, in der die volle Auswirkung dieser Entscheidung ermessen werden kann (Marwell & Ames 1979). Aber wenn die Gefahr erst wahrgenommen wird, wenn es bereits zu spät ist, ist eine solche Überlegung nicht möglich.

Zusammenfassung und Schlußfolgerungen

Viele Einzelfaktoren tragen zum Entstehen internationaler Krisen bei. Während historische, kulturelle und soziale Faktoren jeweils eine bestimmte Funktion haben, bleibt die psychologische Komponente immer die gleiche. Besonders in Krisenzeiten sind Entscheidungen abhängig von einer kleinen Gruppe von Menschen und daher wird deren psychologische Verfassung unverhältnismäßig wichtig. Ihre Weltanschauung, ihre nationale Zugehörigkeit und das, was sie aus der Geschichte gelernt haben, beeinflussen wesentlich ihre Entscheidungen. Am Anfang einer Krise stehen die Beteiligten unter immer größer werdendem Druck. Die gesteigerten Anforderungen an die Gefühle und an den Verstand beginnen ihren Tribut zu fordern. Die Wahrnehmungen werden zu einem einfachen Schwarz-Weiß-Denken polarisiert; die Vorschläge zur Problemlösung sind dadurch offenbar erheblich eingeschränkt. Der Druck, zu einer Entscheidung kommen zu müssen, löst ein starkes Bedürfnis nach Unterstützung und Einigkeit aus. Unabhängige, kritische Ratschläge werden möglicherweise ignoriert, weil sie bewährte Grundvoraussetzungen in Frage stellen. Der Zeitdruck beeinträchtigt die Krisenbewältigung stark und kann zu Entscheidungen führen, die die Krise verschlimmern. Gruppendruck kann auf die Beteiligten einwirken, so daß sie auf eine Weise zu handeln beginnen, die sie später nicht mehr erklären können. Diese Faktoren, in Verbindung mit den durch die modernen Waffensysteme bedingten kürzeren Entscheidungszeiten, zeigen, daß im Atomzeitalter jede Entscheidungsfindung in einer Krise sehr riskant ist und eine substantielle Gefahr darstellt.

Ein Vergleich der Krisenbewältigungstechniken der beiden Supermächte weist einige Unterschiede auf, und zeigt auch, daß Gewalt oft zum Erreichen nationaler Ziele geführt hat.

Die größte Hoffnung der Krisenprävention liegt in der Verbesserung der Verhandlungen, mit dem Ziel, Krisen gar nicht erst entstehen zu lassen. Obwohl psychologische Techniken die historischen und kulturellen Faktoren nicht überdecken können, so können sie doch zur Konfliktlösung beitragen. Bei Verhandlungen liegt die Hauptaufgabe darin, ein vernünftiges Verständnis vom Weltbild der anderen Seite zu gewinnen und die Interessen zu verstehen, die den äußeren Verhandlungspositionen zugrundeliegen. Verhandlungen können sich leicht durch zuviel Mißtrauen festfahren. Ein Beispiel für einen Ausweg aus einer solchen Situation sind entsprechende Trainingskurse zur Problembewältigung. Es stehen verschiedene psychologische Techniken zur Verfügung, mit denen antagonistische Haltungen gelockert und die gegnerischen Parteien dazu gebracht werden können, im Sinne eines beidseitigen Gewinns zusammenzuarbeiten. Diese Techniken könnten viel besser genutzt werden, als es offenbar bei den gegenwärtigen Abrüstungsgesprächen der Fall ist.

Anmerkungen

[1] Die in einer Materie aufgenommene Strahlungsmenge wird als rad (radiation absorbed dose) angegeben. Ein rad entspricht einer Energieaufnahme von 100 erg (Energiemeßzahl der Physik) pro Gramm der Materie.

[2] Die technische Bezeichnung für den durch Explosion verursachten Überdruck in der Luft oder unter Wasser wird im englischsprachigen Raum in psi (pounds per square inch) angegeben. 1 psi entspricht 0,07 atü.

[3] In der BRD gibt es die Broschüre ‚Ihr Vorsorgepaket. Selbstschutz – Vorsorge und Eigenhilfe der Bürger' vom Bundesverband für den Selbstschutz.

[4] Unter common mode-Fehlern versteht man Funktionsausfälle mehrerer Komponenten oder Teilsysteme, die auf eine gemeinsame Ausfallursache zurückzuführen sind, wie beispielsweise Planungs-, Fertigungs- und Bedienungsfehler.

[5] Inzwischen trifft diese Aussage nicht mehr zu: Im Zusammenhang mit der Libyen-Krise (1986) sind die Pershing II-Raketen aus ihren Depots herausgefahren und in Stellung gebracht worden.

[6] Darunter ist ein Angriff zu verstehen, der in der sicheren Annahme verübt wird, ein feindlicher Angriff stehe unmittelbar bevor oder habe bereits begonnen.

[7] Es gibt inzwischen neuere bekannt gewordene Pläne der USA, insbesondere das Leitlinien-Dokument, das eindeutig von einer Kriegsgewinnstrategie ausgeht: Leitlinien-Dokument (1982). Das geheime Pentagon-Programm zur umfassenden Kriegsvorbereitung 1984–1988. (Wortlaut des „New York Times"-Berichtes vom 30. Mai 1982). Blätter für deutsche und internationale Politik 8 (1982), 1011–1016. (Diesen Hinweis verdanken wir Prof. Gert Sommer, Marburg.)

Aktuelle Beiträge zu Tschernobyl

Tschernobyl[1]

James Thompson

Am 26. April 1986, nachts um 1.23 Uhr, ereignete sich in der Sowjetunion in dem Atomkraftwerk Tschernobyl ein Unfall. Als dieses Kapitel verfaßt wurde, waren weder die genauen Ursachen noch die gesamten Folgen dieses technologischen Desasters bekannt. Doch innerhalb weniger Tage nach dem Unfall ist klar geworden, daß dies der schlimmste Kernkraftunfall war, den die Menschheit jemals erlebt hatte.

Als Folge der ersten Explosion und des danach ausgebrochenen Feuers mußten 299 Beschäftigte des Kernkraftwerks und der Feuerwehr in Krankenhäuser gebracht werden, von denen 210 an akuter Strahlenkrankheit litten. Bis zum 24. Mai 1986 waren 21 Menschen gestorben, 89 waren aus dem Krankenhaus entlassen worden. 100 000 Personen wurden in einem Umkreis von 30 km evakuiert. Trotz 200 stationärer und 40 mobiler Meßgeräte konnten weder die exakte Strahlendosis noch die Ausbreitung der radioaktiven Strahlung vollständig ermittelt werden.

Die Strahlung am Reaktor blieb bedenklich. Man versuchte die individuelle Strahlenbelastung zu schätzen. Die gesamte Bevölkerung wird lange Zeit unter medizinischer Beobachtung bleiben (IPPNW 1986).

Die Explosion von Tschernobyl trägt – betrachtet man sie aus dem Blickwinkel der psychologischen Unfallforschung – mehrere klassische Merkmale. Sie ereignete sich während der Nachtschicht, zu einer Zeit also, in der die Wachsamkeit des Kernkraftpersonals aufgrund des natürlichen Lebensrhythmus herabgesetzt ist (s. S. 101). Berichten zufolge erbrachte das Kernkraftwerk 7% seiner vollen Leistung, wobei lediglich Wartungsarbeiten verrichtet wurden. Dies hätte man rational als sichere Phase verstehen können, was möglicherweise zu Nachlässigkeit geführt haben dürfte. Soweit man das den spärlichen, inoffiziellen Verlautbarungen entnehmen kann, wurden zu viele Steuerstäbe aus einem Bereich des Reaktorkerns entfernt, der sich dann auf alarmierende Weise erhitzte, so daß die Leistung des Reaktors bald auf 50% stieg. Diese extreme, lokale Hitze ließ kurz darauf die Kühlröhren im Kern bersten, und infolge des Wasserverlustes zerstörte eine Dampfexplosion einen Teil des Reaktors und riß das Dach vom Kernkraftwerk. Daraufhin fing ein Graphitblock Feuer, und es bestand die Gefahr, daß es auf die anderen Reaktorblöcke übergriff. Unter großen Opfern des Kernkraftpersonals konnte schließlich der Brand unter Kontrolle gebracht werden.

Unter anderem war klar, daß man sich mit einer vollkommen neuen Situation auseinandersetzen und verzweifelt herausfinden mußte, was geschehen war, damit Hilfsmaßnahmen unternommen werden konnten (s. S. 112f. und S. 117). Man bat andere Länder um Rat, und Ingenieure arbeiteten schnell, um zu verhindern, daß der Kern, falls er schmelzen sollte, mit dem Grundwasserspiegel in Berührung kommen konnte.

Aufgrund der jetzigen Informationen läßt sich sagen, daß einige Verantwortliche im Atomkraftwerk Bedenken über das Konstruktionsniveau und die Qualität der einzelnen Systemkomponenten geäußert hatten. Solche unbeachtete Warnungen sind üblich nach Unfällen, doch könnten, wenn man auf jede Warnung reagieren würde, nur wenige höchst riskante Technologien in Betrieb sein. Die Entwicklung solcher Systeme birgt unvermeidbar ein Risiko in sich. Die Risikoeinschätzung ist eine komplexe und ungenaue Angelegenheit (s. S. 91). Setzt man Todesfälle und Verletzte in Verhältnis zur Laufzeit eines Kernkraftwerks, so muß Atomkraft jetzt gefährlicher als je zuvor eingestuft werden. Doch aufgrund der Beschaffenheit nuklearer Abläufe ist eine solche Vorgehensweise unangemessen, da man hier Technologien, die – wie z. B. die Kohleförderung – regelmäßige Unfälle mit relativ geringen katastrophalen Auswirkungen aufweisen, vergleicht mit einer Technologie, die sich zwar durch seltene, aber gewaltige, verheerende Folgen auszeichnet.

Betrachtet man psychologische Reaktionen bei Katastrophen, so veranschaulicht Tschernobyl ein Phänomen, das zum ersten Mal in Three Mile Island aufgetreten ist (s. S. 56). Dort hatte die Bevölkerung das Gefühl, daß sie einer vollkommen neuen Gefahr gegenüberstand, die sich ihrer Kontrolle entzog und sie völlig den offiziellen Verantwortlichen auslieferte. Wenn die Informationen auch spärlich sind, so weiß man, daß es die Bevölkerung von Kiew beunruhigte, als sie hörte, daß westliche Studenten sofort nach dem Unfall wieder in ihre Länder zurückgekehrt waren. Dies führte dazu, daß einige Bürger den offiziellen Beteuerungen kein Vertrauen mehr entgegenbrachten.

Was werden die psychologischen Folgen von Tschernobyl sein? Ein Großteil derer, die direkt vom radioaktiven Niederschlag betroffen waren und evakuiert werden mußten, wird ein Leben lang verstärkt um seine persönliche Gesundheit Sorge tragen, was sich in erhöhten somatischen Beschwerden niederschlagen wird (s. S. 57). Da jede Form von radioaktiver Strahlung eine unterschiedliche Halbwertszeit hat, wird diese Angst ihren Höhepunkt erreichen, sobald bestimmte Krebsraten ansteigen. Diese Effekte zeigten sich bei den Überlebenden von Hiroshima und Nagasaki (s. S. 68f.). Bei denjenigen, die von den unmittelbaren Folgen verschont geblieben sind, weil sie vom Unfallort weiter entfernt waren, wird erhöhte Angst vor den Risiken nuklearer Energie auftreten. Diese Reaktion kann jedoch nach vier oder fünf Jahren etwas zurückgehen.

Auf bedeutende Weise wird Tschernobyl wesentlich die Einstellung zur Atomenergie verändern. Das heißt, es gibt jetzt ein Beispiel, wo vorher nur eine Hypothese vorhanden war. Das Abstrakte ist konkret geworden. Die Gegner der Kernenergie werden nicht mehr Schreckliches prophezeien müssen, da nun tatsächlich ein Unfall eingetreten ist. Die Verfechter der Kernkraft hingegen können nun nicht mehr länger ihre früheren Versicherungen aufrechterhalten. Stellt man Tschernobyl als typisch sowjetischen Fehler hin, so ist es möglich, daß der Bevölkerung in anderen Ländern im näheren Umkreis eines Kernkraftwerks die Angst etwas genommen wird. Wie auch immer, nach der Explosion von Tschernobyl beobachtete in den darauffolgenden Wochen jeder Bürger sorgsam die jeweilige Windrichtung. Es wird mindestens eine Generation dauern, um diese schlimme Katastrophe vergessen zu können.[2]

Anmerkungen

1 Stellungnahme des ausführenden Komitees der IPPNW zum Reaktorunglück von Tschernobyl. Presseäußerung vom 29. Mai 1986 auf dem 6. Internationalen Ärztekongreß zur Verhütung eines Atomkrieges in Köln. (IPPNW = International Physicians for the Prevention of Nuclear War – Internationale Ärzte für die Verhütung des Atomkrieges).

2 Übersetzt von Christa Neukirchinger.

Das Ende der „atomaren Gelassenheit"? – Psychische Kosten der Bewältigung des Nicht-Bewältigbaren[1]

Heiner Keupp

Vor vier Wochen hatten wir noch ein Thema, auf das wir uns mit einer relativen Gelassenheit vorbereiten konnten, zu dem wir unsere jeweiligen fachlichen Ressourcen sammeln, sichten und systematisieren konnten. Mit der durch Tschernobyl hergestellten Aktualität ergibt sich eine total veränderte Situation. Aus dem „Leben unter Dauerbedrohung" ist eine akute Bedrohung geworden. All jene Verarbeitungs- und Bewältigungsmechanismen, die es uns gestatten, mit der Dauerbedrohung zu leben, sie aus unserem Alltagsleben als permanenten Angstproduzenten auszuklammern, sind (befristet?) außer Kraft gesetzt. Die Reaktorkatastrophe und ihre Folgen haben die Pseudoadaptionen, die Bewältigungsmuster für das Nicht-Bewältigbare, aufgehoben, deren Resultat die „atomare Gelassenheit" (Norman Moss 1968) war. Aufgebrochen ist jene „atomare Fühllosigkeit" (Lifton 1986), die – zu einem hohen Preis – ein Leben ermöglicht, „als ob" die Bedrohung nicht existieren würde. Wir befinden uns in einer Phase, in der Realängste in einem zuvor kaum vorstellbaren Maße aufgetreten sind, in der die Kraft der Gefühle alle Dämme der rationalen Befriedigung durchbrochen hat. Aber wir erleben im Umgang mit unseren Ängsten, die wir ja überwinden wollen, wie unsere individuellen und kollektiven Bewältigungsmechanismen in Aktion sind und Normalität herzustellen versuchen. Die Schwierigkeit für jeden aktuellen Versuch der analytischen Aufarbeitung dieser Bewältigungsgeschichte liegt auf der Hand: Es fehlt uns jede Distanz, wir stecken selber in diesem Prozeß. Mir ist so bewußt geworden wie nie zuvor, wie wir mit unseren wissenschaftlichen Aussagen und Beobachtungen in der Unterströmung unserer persönlichen Betroffenheit wurzeln.

Ich möchte meine Überlegungen in folgenden Schritten entfalten. Zunächst möchte ich frage, wie jener Zustand der „atomaren Gelassenheit", jene Bewältigung des Nicht-Bewältigbaren erreicht werden kann, an dem wir in unterschiedlichem Ausmaß partizipiert haben. Ich greife dann auf meine eigenen professionellen Wissensressourcen zurück und frage mich, was das Belastungs-Bewältigungs-Modell in der sozialwissenschaftlichen Streß- und Epidemiologieforschung zu leisten vermag, die Entstehung solcher Lebensmuster des „als ob" erklären zu können. Schließlich möchte ich mich mit der gegenwärtigen Situation der individuellen und kollektiven Krisenhaftigkeit beschäftigen und der Frage nachgehen, wie mit ihr umgegangen wird. Ich sehe die gegenwärtige Nuklearkrise als Bedrohung und als Chance. Sie beinhaltet die Konfrontation mit der lebensbedrohlichen Qualität jeglicher Kernkraft. Die von den Apologeten der Atomprogramme so bemüht hergestellte semantische Differenz zwischen militärischer und friedlicher Nutzung der Kernenergie beginnt zu verwischen. Ich möchte zu diesem Punkt auf einige Passagen aus dem gerade veröffentlichten und aktuellen Buch des amerikanischen Psychiaters Robert J. Lifton „Der Verlust des Todes" (1986) zurückgreifen, in denen er den Zusammenhang von Kernkraft und Kernwaffen anspricht:

„Ich bin überzeugt, daß zwischen weitverbreiteten Reaktionen auf Kernenergieprogramme und der Angst vor einem Atomkrieg eine wirkliche Verbindung besteht. (...) Die Opposition gegen die Kernenergie könnte auch als der Versuch gesehen werden, die gesamte Bedrohung dessen zu symbolisieren, was als eine gefährliche neue Dimension von Wissenschaft und Technologie wahrgenommen wird, die nicht nur die Gefahr der Strahlung mit sich gebracht hat, sondern auch eine ganz neue Skala potentieller Zerstörung. In diesem Sinne können Atomkraftwerke eine Ausweitung dessen repräsentieren, was ich die ‚Vorstellung der Auslöschung' genannt habe. Diese Vorstellung ist hier um so beängstigender, weil sie die genannte ‚unsichtbare Verseuchung' enthält.

Gerade die Kernenergie erzeugt intensive Ängste und Gefühle in den Menschen, weil sie sehen, daß die Kernkraftwerke in ihrem Hinterhof errichtet werden sollen, in ihrer Nachbarschaft, ihrer Stadt. Kernwaffen hingegen sind etwas ‚da draußen', weg vom täglichen Leben. Kernwaffen gegenüber kann man sich eher verschließen, sie nicht wahrnehmen wollen; mit dem Reaktor von nebenan geht das nicht. Die hier ausbrechenden Ängste haben auf diese Weise etwas potentiell Positives für den Umgang mit dem verzweifelten Problem atomarer Waffen, das mehr und mehr außer Kontrolle gerät, automatisiert und bürokratisiert wird. Die Diskussion um die Kernenergie könnte uns helfen, unsere Sensoren wiederzufinden für die Gefahren der Kernwaffen und jeden anderen Holocaust, der uns bedroht, wie die Zerstörung der Umwelt und massive Hungersnöte. Menschliche Reaktionen auf die Kernenergie sind empfänglich für dramatische Umkehrungen" (1986, S. 466f.).

Die „atomare Gelassenheit": Die notwendige Lebensform für ein befriedetes Alltagsleben?

Aus welchem Zustand der Selbst-Befriedung hat uns die atomare Katastrophe eigentlich herausgerissen? Auch die unter uns, die seit Jahren im Kampf gegen den Atomtod engagiert sind, waren nicht vorbereitet, konnten gar nicht vorbereitet sein. Auch und gerade die Schreckensszenarien, die in der Friedensbewegung eingesetzt wurden, um die Gefahren einer weiteren atomaren Aufrüstung „hautnah" zu vermitteln, haben nicht verhindern können, daß wir uns eine Lebensform konstruiert haben, die uns eine Dauerkonfrontation mit unseren Ängsten und Panikgefühlen erspart hat. Vielleicht haben uns die auch nach dem Herbst 1983 anhaltenden Diskussionen (bei mir war es vor allem die Zivilschutzdiskussion nach dem Manöver Wintex 1985) an einer vollständigen Ausklammerung und Verleugnung der atomaren Bedrohung gehindert, aber das Bedürfnis dazu war und ist da. In den 40 Jahren seit wir wissen können, welches die Folgen von Atomwaffen sind, haben wir in den verschiedensten Varianten Formen des Alltagslebens entworfen und gelebt, in denen das Bewußtsein der Dauerbedrohung verschwunden oder mindestens eingeklammert war. Wir haben Lebensschablonen entwickelt, deren Funktion es ist, uns das Gefühl der „psychologischen Unwirklichkeit der Gefahr" zu vermitteln, wie es Jerome D. Frank (1981, S. 4) nennt. Wir alle kennen die Mechanismen der Gefahren- und Angstverdrängung und -verleugnung, die wir bevorzugt bei jenen untersuchen, bei denen sie sich zu scheinbar undurchdringlichen Panzerungen verhärtet haben.

Bei Überlebenden von Hiroshima und auch bei Menschen, die zivile und Naturkatastrophen durchlebt haben (z. B. den Beinahe-GAU bei Harrisburg), ist immer wieder ein Zustand der „psychischen Empfindungslosigkeit“ oder „Fühllosigkeit“ beschrieben worden. Gemeint ist damit die Unfähigkeit, Gefühle erleben zu können, die auf die Erfahrung der Vernichtung oder der potentiellen Vernichtung bezogen sind. Die reale Möglichkeit der eigenen Auslöschung, ja der ganzen Gattung, die damit verbundenen Gefühle der Sinnlosigkeit der eigenen Existenz übersteigen die Erlebnisfähigkeit. Diese Erfahrungen und Gefühle können nicht in ein Alltagsleben integriert werden, das unter dem Motto steht „Das Leben geht weiter!“ Es ist wiederholt gefragt worden, ob diese „nukleare Fühllosigkeit“ (Lifton 1986, S. 411) nicht auch für uns, die wir solche traumatisierenden Katastrophenerfahrungen nicht gemacht haben, ein notwendiger Schutzmechanismus ist. Gerhard Bolm formuliert diesen Gedanken in zwei zusammenhängenden Hypothesen: „Wenn ich die Gefahr atomarer Vernichtung verleugne, dann u. a. deshalb, weil ich angesichts meines drohenden gewaltsamen Todes Schutz brauche. (...) Wenn ich die Gefahr atomarer Vernichtung verleugne, dann u. a. deshalb, weil ich die Sinn- und Geschichtslosigkeit nicht ertragen kann, die meinem Leben durch die Gefahr des Gattungsmordes droht“ (1985, S. 166).

Einer totalen Verleugnung der Gefahr und Bedrohung unterliegen die wenigsten Menschen. In unserem kognitiven Wissensvorrat haben sie einen mehr oder weniger großen Raum. Sie sind uns als unterschiedlich differenzierte Informationen zugänglich, aber wir haben sie von der tiefgreifenden emotionalen Erschütterung, die sie bei uns permanent auslösen müßten, abgetrennt. Jonathan Schell hat diesen Spaltungsprozeß anschaulich beschrieben:

„Wir wissen, daß wir jeden Augenblick in den Abgrund stürzen können, wir wissen aber auch, daß dies nicht unbedingt der Fall sein muß. So nimmt das Leben seinen Fortgang ... Rational erkennen wir, daß wir alle Voraussetzungen für unsere Selbstvernichtung geschaffen haben, und daß wir diese Voraussetzungen jeden Tag vervollkommnen, emotional und politisch haben wir jedoch zu reagieren versäumt. Folglich haben wir zu leben begonnen, *als ob* Leben sicher wäre, aber leben *als ob* ist etwas ganz anderes als einfach leben. Ein Riß klafft zwischen dem, was wir wissen und dem, was wir fühlen. Wir stecken die alltäglichen Begebenheiten in eine Schublade unseres Lebens und die Bedrohung, der alles Leben ausgesetzt ist, in eine andere“ (1982, S. 172).

Robert Lifton spricht von einem „Doppelleben“, zu dem uns die nukleare Welt zwingt. Er sieht uns „von der Konstellation des atomaren Überlebens betroffen“, wir würden in einer ‚Welt der Überlebenden‘ leben, in der es mehr historische Gemeinsamkeit der nuklearen Viktimisierung gibt, als uns bewußt sein mag“ (1986, S. 436). Er bezieht sich dabei auf Untersuchungen über die psychische Repräsentanz nuklearer Vernichtung bei Menschen, in deren frühe Kindheit und Jugend der Atomschlag auf Japan fiel. In den tiefen Schichten der Menschen verbinden sich mit diesem Ereignis die Vorstellungen von der möglichen Auslöschung der eigenen Person, von der Unlenkbarkeit des Lebens und der „Verrücktheit“ der Welt. Diese Vorstellungen, die dem Vertrauen in die Sicherheit der eigenen Lebensgrundlagen den Boden entziehen müssen, kommen in den Träumen und Ängsten der Menschen hoch, und gleichzeitig lebt man seinen Alltag von diesen Vorstellungen abgeschottet, „dann *tut man einfach so,* als ob es nicht so wäre“ (Lifton 1986, S. 440). Man lebt ein „Doppelleben“. Doch „dafür muß ein psychologischer Preis gezahlt werden, wahrscheinlich in Form extensiver psychischer Fühllosigkeit. Das Doppelleben wird zu einem kontinuierlichen Muster und trägt dann stark zur Entstehung von Gräben bei (...) Wir haben über den Graben zwischen Technologie und Konsequenz gesprochen, aber der tiefere Graben, der durch das Doppelleben nur größer wird, ist der zwischen Wissen und Gefühl. Denn um den Tagesgeschäften nachzugehen, muß man seine Gefühle angesichts dessen, was man weiß, abtöten.“ Das „Doppelleben wird zu einem scheinbar notwendigen, aber unbefriedigenden Kompromiß mit der inneren und äußeren Umwelt“ (ebd., S. 440f.).

Gerade weil die auf Verleugnungs- und Abspaltungsprozessen beruhende „atomare Gelassenheit“ auf Unterströmungen aufbaut, die nicht zur Ruhe kommen können, und weil sie als Kompromißbildung gelten kann, die immer wieder neu zur Verhandlung ansteht, ist sie keine fixe Haltung. Sie kann zwar um den Preis einer psychischen Einbunkerung gegen alle Sensibilisierungen und Erschütterungen von Innen und Außen aufrecht erhalten werden. Aber sie kann fallen, sie kann den Ängsten und Befürchtungen Platz machen, die angesichts akuter Ereignisse wachgerufen werden. Können wir, bezogen auf

Ereignisse der letzten Wochen mit „dramatischen Umkehrungen" rechnen oder werden die alten Abwehrstrukturen wieder einrasten? Wird es eine Rückkehr zur alten Normalität geben, dem Doppelleben, oder wird die für jeden von uns notwendige Verarbeitung der Ängste und Alpträume zu einem machtvollen Veränderungspotential werden können? Haben wir zur Beantwortung solcher Fragen Anregungen, Informationen oder Wissensspuren aus der Psychologie und anderen Sozialwissenschaften zu erwarten?

Das Belastungs- und Bewältigungsparadigma und seine Anwendung auf die Nuklearkatastrophe: Die Angst muß weg – um jeden Preis!

Als Sozialpsychologe, der sich vornehmlich mit sozialepidemiologischen Fragen im Zusammenhang mit der Entstehung und Bewältigung psychischer Krisen und Störungen befaßt, habe ich natürlich auch in meinem engeren fachlichen Revier nach Konzepten und Befunden gesucht, die mir unser Umgehen mit der akuten Bedrohung nach Tschernobyl besser verständlich machen könnten. Vor allem das in der sozialwissenschaftlichen Streßforschung hochgehandelte Belastungs- und Bewältigungsparadigma bot sich zu einer genaueren Prüfung an. Ich bin dann sogar auf einige Studien gestoßen, die mit genau diesem Paradigma die psychischen Folgekosten des Reaktorunfalls von Three Mile Island im März/April 1979 untersucht haben.

Die klassische Belastungsforschung hat sich sehr stark in einem mechanistischen Reiz-Reaktions-Modell behavioristischen Zuschnitts bewegt: Aus der natürlichen oder sozialen Umwelt kommende belastende Ereignisse oder Reize führen zu Schädigungen bei den Subjekten. Das Modell der objektiv meßbaren Schadstoffwerte aus dem Bereich der Arbeitsphysiologie, nach dem Grenzwerte für die gesundheitliche Belastung bestimmt werden können, war das Leitbild für die Forschung. Das Subjekt mit seinen spezifischen Wahrnehmungen, Deutungen und Bewältigungsversuchen wurde vernachlässigt. In den vielfältigen Varianten der aktuellen Bewältigungsforschung hat sich die Situation grundlegend verändert. Ins Zentrum rückt jetzt das Subjekt mit seinen spezifischen materiellen, sozialen und psychischen

Ressourcen. Ob und in welchem Maße ein „kritisches Lebensereignis" zu einer psychischen Krise führt und ob aus dieser eine psychische Störung wird, die eine Person massiv einschränkt, hängt aus der Sicht der Bewältigungsforschung entscheidend von den Ressourcen ab, die eine Person in die Auseinandersetzung mit belastenden Lebensbedingungen einzubringen vermag. Materielle Ressourcen entscheiden über die Entlastungen, die geschaffen werden können, und vor allem über die Qualität der Hilfen, die in Anspruch genommen werden können. Soziale Ressourcen bezeichnen die sozialen Beziehungsmuster (Netzwerke), in die Personen integriert sind (z. B. Familie, Freunde, Arbeitskollegen, Nachbarn), und die in Krisensituationen helfend, stützend oder unterstützend aktiv werden können. Psychische Ressourcen schließlich sind Potentiale der Person selbst, die bei Bewältigungsversuchen eingesetzt werden können (z. B. Ich-Stärke, Hilflosigkeit, Lebensansprüche, kognitive Kompetenzen).

Für den bewältigenden Umgang mit Belastungen und Bedrohungen hat nachweislich die Bedeutung, der Sinn einen zentralen Stellenwert, den eine Person einem Ereignis, einer Situation beimißt. Nehmen wir das Beispiel von lebensbedrohlicher Krankheit wie etwa Krebs. Für die Lebenserwartung von Krebspatienten spielt neben der Zugehörigkeit zu einem unterstützenden sozialen Netzwerk (vgl. Wortmann 1984) eine gelingende kognitive Einschätzung der eigenen Situation eine zentrale Rolle. Shelley Taylor (1983) arbeitet drei wichtige Elemente einer positiven kognitiven Bewältigungsreaktion bei Krebspatienten heraus: (1) Sie müssen in der Krebserkrankung für sich einen persönlichen Sinn erkennen können, der sie in die Lage versetzt, Lebenspläne und -prioritäten zu überdenken und neu zu konzipieren; (2) sie brauchen einen Bewältigungsoptimismus, also ein Vertrauen in Handlungsmöglichkeiten, die zur Bewältigung der Krebserkrankung gesehen und erprobt werden; und (3) müssen sie in der Lage sein, eine positive Selbsteinschätzung zu gewinnen oder wieder zu finden. Die Autorin betont, daß diese Interpretationsmuster oft keine realistische Grundlage haben und als Illusionen zu bezeichnen sind. Doch gerade diese hätten eine positive Funktion: Sie würden konstruktive Gedanken und Handlungen schützen und ermutigen. Haben wir es hier wieder mit der Philosophie des „leben als ob" zu tun?

Bei einer Reihe von psychischen und körperlichen Störungen wissen wir, wie wichtig solche Dimensionen wie aktiver Bewältigungsmodus, positives Selbstgefühl oder emotionale und soziale Unterstützung sein können, und doch besteht auch hier Grund, gegenüber einem allzu großen Bewältigungsoptimismus skeptisch zu sein. Und wie sehen die Bedingungen bei einem Reaktorunfall aus? Was bleibt da denn überhaupt an Bewältigungsmöglichkeiten? In einem aktuellen Zeitungsartikel, der wegen seines hohen Aufklärungswertes von vielen dankbar aufgenommen wurde, sagt Fredric Vester: „Wir leben von nun an in einem erhöhten Strahlenfeld, das uns innen und außen umgibt und dem wir uns nicht entziehen können. Wenn wir dies akzeptieren, so ist das einzige, was man für seine Gesundheit tun kann, das, was man normalerweise auch schon tun sollte: eine Lebensweise und Ernährung ohne belastende Giftstoffe, Stärkung der körpereigenen Abwehr durch Abhärtung, viel Bewegung und wenig psychischer Streß" (SZ vom 14. Mai 1986). Wie sieht es aber mit der Möglichkeit aus, jenen psychischen Streß zu reduzieren, der durch das Leben mit risikoträchtigen Reaktoren bedingt ist, gerade nach einem Unfall, wenn einem dieses Risiko traumatisch vermittelt wird?

Nach dem Unfall in Harrisburg hat der amerikanische Präsident eine Expertenkommission berufen, die die gesundheitlichen Folgeprobleme für die Menschen in unmittelbarer Nähe des Reaktors untersuchen sollte (vgl. zum folgenden Thompson in diesem Buch, Mufson 1982). Da in Harrisburg der Austritt von einem größeren Maß an Radioaktivität noch im letzten Augenblick verhindert werden konnte und die gesundheitlichen Folgen einer geringeren Strahlendosis nicht in unmittelbarer zeitlicher Folge erhoben werden können, hat man sich auf die psychischen Konsequenzen und Kosten des Reaktorunfalls konzentriert. Für mindestens zwei Wochen nach dem Unfall bestand die akute Gefahr, daß die sich bildende Wasserstoffblase explodieren könnte, und dann waren massivste gesundheitliche Folgen zu befürchten. Die in unmittelbarer Nähe des Reaktors lebenden Menschen gerieten nicht sofort in Panik. Notfallreaktionen traten erst einige Tage nach dem Unfall auf, vor allem als widersprüchliche Berichte über die Sicherheit der Anlage aufkamen. Die Menschen in den umliegenden Gemeinden hörten Gerüchte und sich widersprechende Verlautbarungen. Die Kenntnisse über möglicherweise freigewordene Radioaktivität waren mangelhaft, und es wuchs zunehmend die Angst vor einer Explosion des Reaktors und ebenso vor einer bevorstehenden Massenevakuierung. Die Bevölkerung mißtraute den offiziellen Sprechern des Kraftwerkes und der Behörden. Auch diejenigen, die sich immer für Kernkraft ausgesprochen hatten, äußerten nun die Überzeugung, daß ihnen nie die wirklichen Gefahren eines Kernkraftwerkes bewußt gemacht worden waren. Während vor dem Unfall die Rate für psychische Probleme wie Angst, Hilflosigkeit und depressive Zustände bei durchschnittlich 15% lagen, stieg sie in der Zeit unmittelbar nach dem Unglück auf über 25%. In den folgenden Monaten gingen Reaktionsmuster wie Appetitlosigkeit, Schlafstörungen und Reizbarkeit deutlich zurück, aber auch nach mehr als einem Jahr wurden bei den im Umfeld des Reaktors lebenden Menschen deutlich erhöhte Streßsymptome ermittelt (verhaltensmäßig und psychophysiologisch registriert), die meist jedoch als nicht mehr klinisch auffällig eingeschätzt wurden (Baum, Gatchel und Schaeffer 1983). Bei Müttern mit kleinen Kindern traten in dem Jahr nach dem Reaktorunfall jedoch extrem viele klinisch zu behandelnde Ängste und Depressionen auf (Bromet 1980).

Wichtig sind die Ergebnisse zur Rolle sozialer Unterstützung bei der Bewältigung – vielleicht sollte man besser sagen: bei der Abpufferung – der psychischen Belastungsfolgen. Es zeigte sich, daß Menschen, die nicht in ein stützendes soziales Netzwerk eingebunden waren, höhere Streßwerte aufwiesen (Fleming et al. 1982). Allerdings bewies diese Studie auch, daß ein noch so gutes Unterstützungsnetzwerk Belastungen nicht wirklich vermindern kann, es kann allerdings beim Umgehen mit solchen Belastungen hilfreich sein. Hier stoßen wir auf eine besonders prekäre Fragestellung: Was kann angesichts der Bedrohungs- und Belastungsqualität eines Reaktorunfalls überhaupt sinnvolle und effektive Bewältigungsstrategie sein? Auch hier sind aus den Reihen der genannten Expertenkommission Analysen angestellt worden, die ihre Konzepte aus dem Belastungs-Bewältigungs-Paradigma bezogen haben. Unterschieden werden zwei Bewältigungstypen: der eine bezieht sich auf die mit einer Belastung verbundenen psychischen Reaktionen und der andere auf die Veränderung der Situation, die

Belastungen erzeugt. Das gemeinsame Ziel beider Typen ist die Herstellung des Gefühls, Kontrolle über die eigene Lebenssituation zurückzugewinnen. Bei der Analyse der Bewältigungsversuche, die Menschen in Harrisburg unternommen haben, kommen die Untersuchungen zu einem bemerkenswerten Ergebnis (vgl. Collins et al. 1983; Fleming & Baum 1985): Bewältigungsversuche, die auf die Veränderung der objektiven Situation zielen (z. B. politische, antinukleare Aktionen) erwiesen sich als erfolglos und erhöhten durch Mißerfolgserlebnisse eher noch den psychischen Druck, wohingegen Bewältigungsversuche, die auf die Verminderung von emotionalen Streßindikatoren zielten (Entspannungstraining, kognitive Neueinschätzung und interessanterweise auch der Alkoholkonsum), wesentlich „erfolgreicher" waren. Die Autoren verabsäumen auch hier nicht, den Hinweis zu geben, daß angesichts der spezifischen Qualität der Umweltstressoren (der Reaktorunfall und seine Folgen) Bewältigungsversuche jeglicher Art bald an Grenzen stoßen können.

Als ich diese empirisch gut abgesicherten Befunde las und mir deren implizite Botschaft klarzumachen versuchte, habe ich gespürt, wie in mir die Wut aufstieg. Natürlich gebe ich den Autoren in ihrer Haltung recht, angesichts der Qualität von Atomunfällen vor einem allzu großen Bewältigungsoptimismus zu warnen. Gleichwohl haben sie selbst keine andere Empfehlung zu bieten, als sich auf ein psychisches Überleben in harten Zeiten einzurichten. Als Experten für psychologische Techniken können sie noch Ratschläge und professionelle Angebote für ein effektives Streß-Management geben, die alle das Ziel haben, die entstandene Angst möglichst und spurenlos wegzuarbeiten. Jemand, der seine Betroffenheit und Ängste als Motiv zu politischem Engagement aufnimmt, dem wird – und das ist ja nicht unrealistisch – angekündigt, daß der Druck nicht nachlassen wird und durch zu erwartende Bewältigungsmißerfolge eher noch zunehmen wird. Der Präsident der Vereinigten Staaten wird seiner Expertenkommission den ihr schuldigen Dank in der geeigneten Form zum Ausdruck gebracht haben. Sie hat ihr Mandat – natürlich im wohlverstandenen Interesse der Bevölkerung: Angstreduktion um jeden Preis! – in der pseudoobjektiven Rationalität von Experten wahrgenommen. Mir ist in diesem Zusammenhang besonders klar geworden, wie ein wissenschaftliches Modell, das ich selbst häufig genutzt habe, Dimensionen ausklammert, die im Rationalitätsverständnis instrumenteller Vernunft keinen Platz haben. Es zementiert eher seinerseits jene „nukleare Fühllosigkeit", deren Gehäuse durch die Erfahrung eines Reaktorunfalls und seiner Folgen Risse bekommt. Das Wegarbeiten der emotionalen Reaktionen – Thea Bauriedl (1986) spricht davon, daß die Angst „untergepflügt" wird wie die Salatköpfe – läßt sich als psychische Dichtungsmasse begreifen, mit der jene Risse wieder gekittet werden.

Tschernobyl und die Folgen: Soziopsychische Reaktionsmuster

In seinem SPIEGEL-Essay (vom 19. Mai 1986) hat uns der Soziologe Karl Otto Hondrich eine ermutigende Analyse der mittel- und langfristigen soziopsychischen Folgen des Reaktorunfalls in Tschernobyl geliefert. Sie hat mir in vielen Punkten aus der Seele gesprochen und mein Hoffnungspotential vergrößert. Hilflosigkeit beschreibt er als Grundmuster in der ganzen Vielfalt öffentlicher und privater Reaktionen auf die Folgen des Reaktorunfalls. Er nennt sie „das unmodernste aller Gefühle" und erwartet, daß eine Gesellschaft vom Zuschnitt der BRD alles unternehmen wird, um in einem breiten Aktivitätsspektrum die Überwindbarkeit dieser Hilflosigkeit zu demonstrieren (Politiker z. B. kündigen eine strengere Sicherheitsüberprüfung von Brokdorf an, gründen Institute zur Erforschung der Sonnenenergie). „... das neue Ereignis wird schnell von alten Interpretationsmustern und Gewohnheiten vereinnahmt werden", sagt Hondrich, aber es wird nicht mehr sein können wie vorher: „... in den Unterströmungen des sozialen Lebens wird sich etwas geändert haben. Hier bildet sich als Gegenteil zu offiziellen Verlautbarungen, politischen Entscheidungen, verallgemeinerbaren Argumenten eine zweite unterbödige Realität aus. In ihr dominieren Ängste, elementare Zu- und Abneigungen, Gespür für Macht- und Interessenänderungen, unausgesprochene Konflikte. Eine Unterwelt der Irrationalitäten also? Im Gegenteil: Hier wird einer Welt vordergründig geschliffener Rationalität die authentische Rationalität der eigenen Bedürfnisse entgegengestellt." Und abschließend knüpft der Autor weitreichende Hoffnungen an die „Unterwelt der Gefühle":

„Verunsicherung, Zweifel und Hilflosigkeit, die jetzt (erst jetzt!) zu ihrem Recht kommen, entfalten ihre eigene produktive Kraft: nicht nur vorübergehend als Anstoß für Lernen und neue Entscheidungen; sondern auch, auf lange Sicht, in der Verwandlung sozialer Beziehungen. Dabei wird autoritäres Bestimmenwollen durch eine neue Mündigkeit des Zweifels bedrängt. Es bleibt Hoffnung, daß wir den Gefahren des Fortschritts, deren Ahnung wir oft in die Unterströmungen des sozialen Lebens verbannen, auf diese Weise frühzeitig begegnen – nicht nur in der Unterwelt der Gefühle, sondern auch in der Oberwelt der politischen Entscheidungen".

Zusammengenommen mit der eingangs zitierten Einschätzung von Lifton: „Menschliche Reaktionen auf die Kernenergie sind empfänglich für dramatische Umkehrungen" könnte Hondrichs Analyse zu dem ermutigenden Schluß führen, die durch Tschernobyl ausgelöste tiefe *Krise* sollten wir vor allem als Chance und nicht bloß als *Gefahr* sehen und mit Capra im „geistigen Gepäck" sollte uns das doch wohl auch gelingen. Zugleich spüre ich die Last der zu großen Hoffnungen. Hinzu kommen die Beobachtungen der letzten Wochen und die Analysen über den Umgang mit der nuklearen Bedrohung vor Tschernobyl. Die in unseren psychischen Strukturen ausgeprägten Aushalte- und Verleugnungsstrategien, die uns eine „atomare Gelassenheit" und das Führen eines „Doppellebens" ermöglicht haben, sind nicht unwiderbringlich aufgelöst worden. Was Hondrich für den politischen Umgang mit dem Ereignis von Tschernobyl beschrieben hat, „es wird von alten Interpretationsmustern und Gewohnheiten vereinnahmt werden", gilt natürlich auch für jedes Subjekt. Der „atomaren Gelassenheit" ist zwar der Boden entzogen worden, aber wir haben die Erfahrung gemacht, daß die atomare Bedrohung nicht wirklich bewältigt werden kann. Gleichwohl werden auf dem Hintergrund dieser Erfahrung und den mit ihr verbundenen Formen tiefer emotionaler Erschütterung Lebensformen notwendig sein, die es uns erlauben unseren Alltag fortzuführen. Wie werden diese Lebensformen aussehen? Was wird bleiben an Erinnerung und welche Veränderungen werden folgen? Eine kollektive Verleugnung wird es kaum geben, aber das Bedürfnis nach Verleugnung wird bleiben.

Mir sind in den vergangenen Wochen folgende Umgangsformen, Reaktionsmuster und Antworten auf die Beunruhigung aufgefallen, die durch die Reaktorkatastrophe ausgelöst wurden. Sie sind keineswegs trennscharf und durchaus kombinierbar:

1. Die bewährte *Freund-Feind-Schablone des Antikommunismus,* die in der Geschichte der Bundesrepublik ein so überaus wirksames Mittel der soziopsychischen Befriedung gewesen ist, ist aktiviert worden. Ich komme fast täglich an einem Schaukasten der CSU vorbei, der in großen Lettern verkündet: „Vergeßt nicht, es ist ein sozialistischer Reaktor!" und die Regierungsparteien haben in den letzten Wochen zunächst fast ausschließlich auf diese Schablone gesetzt. Wahrscheinlich hatte dies keinen durchschlagenden Erfolg, aber ein Teil der hochgekommenen Ängste ist durch das angebotene Feindbild aufgefangen worden.

2. Die in hochindustriellen Gesellschaften zum Perfektionismus treibende *Sicherheitsphilosophie* wird uns Wege aufzeigen wollen, Reaktorunfälle durch eine weitere Verbesserung von Sicherungsmaßnahmen auszuschließen. Auch hier wird ein tief in unsere Zivilisation eingeschliffener Mechanismus aktiviert, den Horkheimer und Adorno als zentrale Triebkraft der wissenschaftlich-technischen Welt beschrieben haben. Die technische Bewältigung aller Lebensprobleme wird von einer „mythischen Angst" angetrieben. Diese Angst äußert sich in dem allenthalben beobachtbaren Streben nach theoretischen Gewißheiten und daraus ableitbaren Techniken, die darauf abzielen, die Bedrohungen unserer Existenz abzuwehren: „Ehe nicht der letzte Zweifel, die letzte Unsicherheit beseitigt ist, kann der neuzeitliche Geist keine Ruhe finden, ist er stets auf der Flucht nach vorn, auf der Flucht vor den Mächten der Finsternis ins Licht der wissenschaftlichen Weltbewältigung" (Strasser 1986, S. 33). In ihrer klassischen Studie über den autoritären Charakter haben Adorno und Kollegen als „potentiell gefährlichstes Syndrom" den „manipulativen Typus" beschrieben, der die Welt und die Mitmenschen zu technisch handbaren Objekten macht (Adorno 1982). Die Vorstellung, alle Gefahren

dieser Welt zu technisch lösbaren Sicherheitsproblemen zu machen, setzt eine „lebensfeindliche Dynamik“ frei: „Es ist dieser Prozeß der ständigen Verlagerung von Verantwortung auf die Apparate, der uns zwar einerseits von quälender Unsicherheit, von der Qual der Wahl, von täglicher Sorge und Vorsorge entlastet, der uns aber gleichzeitig immer gründlicher anonymen Mächten ausliefert. Geht etwas schief oder werden Schwächen und Lücken im System sichtbar, so erkennen wir unser Ausgeliefertsein. Panik erfaßt uns und mündet regelmäßig in den Ruf nach Perfektionierung des Systems. *Aber die Perfektionierung des Systems erhöht zugleich unsere Abhängigkeit von ihm. Sicherheit wird so zum destruktiven Ideal*“ (Strasser, ebd., S. 32). Robert Jungk hat in seinem Buch „Atomstaat“ (1982) beschrieben, in welcher Weise eine Gesellschaft, die von der Sicherheitslogik atomarer Energien und Waffen geprägt ist, jeden Impuls zur Mündigkeit und Selbstbestimmung unterdrücken muß. Die zivilisatorisch so übermächtige instrumentelle Vernunft hat einen Teil der Ängste der letzten Wochen in die Bahnen einer zu perfektionierenden Sicherheitstechnik gelenkt.

3. In den letzten Wochen waren nicht nur Zweifel an der Atomenergie, Angst vor ihr oder Ablehnung zu hören. Daneben gab es auch das trotzige „Dennoch“ und Bekenntnisse zur nach wie vor segensreichen Funktion von Kernenergie, die nicht nur die sauberste Energieform sei und die Zerstörung der Natur beenden könnte, sondern auch diejenige, die die Probleme von Armut und Ausbeutung in der Welt am ehesten endgültig lösen könnte.

Manche dieser Äußerungen sind sehr pragmatisch formuliert, aber bei vielen schwingt ein Glaubensbekenntnis mit. Robert Lifton hat in diesem Zusammenhang vom Nuklearismus gesprochen. Er bezeichnet ihn als „eine weltliche Religion, in der ‚Gnade‘ und auch ‚Erlösung‘ – die Herrschaft über den Tod und das Böse – durch die Macht einer neuen technologischen Gottheit erlangt werden. Diese Gottheit ist nicht nur der apokalyptischen Zerstörung, sondern auch der unbegrenzten Schöpfung fähig. Und der nuklear Gläubige oder ‚Nuklearist‘ verbündet sich mit dieser Macht und fühlt sich aufgerufen, die Vorzüge seiner Gottheit zu erklären. Irgendwann verläßt er sich darauf, daß die Welt erhalten wird“ (1986, S. 443). Ich erinnere mich an Technikbücher, die ich als Junge gelesen habe, in denen Vorstellungen vom Atom und seiner technischen Nutzung einen mythischen Höhenrausch auslöste, es war der idealisierte Zielpunkt technischen Fortschritts. In Liftons Buch wird der Wissenschaftsautor William Lawrence zitiert, der als Zeuge des ersten amerikanischen Atombombentests Bilder aus der Schöpfungsgeschichte heranzieht und der 1955 folgende Vision vom Kernreaktor entwickelt: Er „eliminiert die Basis für alle Kriege der Weltgeschichte – nämlich die Begehrlichkeit der Habenichtse nach den Gütern der Besitzenden. Denn mit dem Kernreaktor ist dem Menschen endlich die Energie gegeben, die er braucht, um Wohlstand, Müßiggang und geistige Befriedigung in einem solchen Ausmaß zu schaffen, daß keine Nation je wieder einen Grund haben wird, nach dem Wohlstand einer anderen zu verlangen" (zit. nach Lifton 1986, S. 450). Nur wenige Kilometer von meinem Wohnort entfernt steht der erste Forschungsreaktor, der in der BRD gebaut wurde, das „Atomei" von Garching. In seinem Aluminiummantel wird es bei Sonnenschein für jedes Auge ein Anziehungspunkt. Als ich kürzlich mit meiner Familie in der Nähe vorbei radelte, erzählte ich meinen Kindern, welch eine Faszination von diesem Atomei ausging, als es Ende der fünfziger Jahre gebaut wurde. Wenn ich meine eigene eher gebremste Technikbegeisterung nehme und mir klar mache, wie sie ausreichte, um meinen eigenen Nuklearismus zu ernähren, dann kann ich mir sehr gut vorstellen, daß ein Reaktorunfall nicht in der Lage ist, jenes Glaubenssystem zu zerstören, das sich um die Potentialitäten des Atoms aufgebaut hat.

4. Karl Otto Hondrich übersieht in seinem SPIEGEL-Essay nicht, daß Verunsicherung, Zweifel, Angst und Hilflosigkeit nicht nur produktive Prozesse in Gang setzt: „Die radioaktive Wolke zieht auch Fatalismus und Resignation, Verfall von Engagement, Abwendung von politischem Denken überhaupt nach sich." In Gesprächen mit älteren Menschen ist mir häufig die Wiederbelebung der mit dem letzten Krieg verbundenen Ohnmachtserfahrungen aufgefallen. Die akute Hilflosigkeit, die alle erfaßt hatte, führte zur Aktualisierung dieses Erfahrungshintergrundes. Ich habe von den Studien berichtet, die nach dem Reaktorunfall in Harrisburg durchgeführt wurden. Besonders häufig war ein Verhaltensmuster, das als *Demoralisierung* bezeichnet wurde. Dieses Syndrom drückt eine Grundhaltung aus, die

es als sinnlos erscheinen läßt, sich für oder gegen etwas einzusetzen. Menschen mit dieser Grundhaltung lassen Ereignisse fatalistisch auf sich zukommen und über sich hereinstürzen. Sie glauben nicht mehr daran, wirksam etwas gegen Ereignisse unternehmen zu können, die sie als schicksalhaft erleben. Für die USA gibt es Studien, die – unabhängig von einem dramatischen Ereignis – bei einem Viertel der nordamerikanischen Bevölkerung dieses Demoralisierungssyndroms festgestellt haben (vgl. Dohrenwend et al. 1980). Solche Untersuchungen gibt es für die Bundesrepublik nicht, aber mit einem vergleichbar hohen Demoralisierungsgrad kann man durchaus rechnen. Auch in diesem Handlungsmuster ist ein Teil der Betroffenheit versickert, die durch den Reaktorunfall entstanden war.

5. Wann immer in den letzten Wochen Menschen zusammenkamen, ob in der Nachbarschaft, in S- und U-Bahn, in Geschäften oder in ihren Arbeitsstellen, sofort entspannen sich Gespräche über bisher nie gekannte Probleme der Alltagsorganisation: Trinkt ihr noch Milch? Woher bezieht ihr sie? Laßt ihr Eure Kinder raus zum Spielen und schickt ihr sie zur Schule? Einen Teil unserer Panik und Angst konnten wir mit solchen *Aktivitäten, die sich um Probleme der Alltagsorganisation drehten, kleinarbeiten.*

Das zunehmende Mißtrauen gegenüber den Beruhigungsformeln inkompetenter Politiker und angeblicher Strahlenexperten, das immer größer werdende Vertrauensloch gegenüber der offiziellen politischen Kultur machten einen Prozeß der Entscheidungsfindung notwendig, der Elemente von Selbstorganisation (oder self-reliance) enthielt. Dazu gehörten allerdings auch Hamsterkäufe und Vorsorgemaßnahmen, in denen die Alltagsaktivitäten zu einem egozentrischen (oder familienzentrischen) Überlebenskampf einschrumpften. Ich mußte gelegentlich an die kulturkritische Deutung von Christopher Lasch denken, der in seinem neuesten Buch „Das minimale Selbst" (1984) das Handeln der Menschen in spätkapitalistischen Gesellschaften als defensives Verhalten sieht, als ginge es dauernd nur noch ums Überleben. In einer Gesprächsrunde mit meinen Studenten über die Folgen des Reaktorunfalls für uns persönlich waren wir auch sofort bei den Fragen, was wir eigentlich noch essen dürfen und wie schwer es besonders Vegetarier haben. Wir haben uns gegenseitig durchaus hilfreiche Tips gegeben. Mitten in diese Gespräche platzte eine Studentin mit einer unheimlichen Wut dazwischen. Unser Betroffenheitsgeseiere würde ihr unheimlich auf die Nerven gehen, jeder würde wieder einmal nur den Weg suchen, der es ihm gestatten würde, sein eigenes Schäfchen ins Trockene zu retten. Eine Woche später haben wir uns noch einmal in der gleichen Besetzung getroffen. Jetzt konnte uns die Kommilitonin mehr von dem Hintergrund ihrer Wut erklären. Sie stammt aus der Oberpfalz und arbeitet seit sechs Jahren in den verschiedensten Initiativen gegen den Bau der WAA. Jetzt würde bei ihr das Telefon nicht still stehen, weil sich viele Leute mit ihren Alltagssorgen an sie wenden („Du kennst Dich doch mit Problemen von Radioaktivität aus, kannst Du mich nicht mal beraten ...“). Viele von diesen Bekannten habe sie wiederholt zu Demonstrationen und Aktionen gegen die WAA eingeladen und immer wieder fadenscheinige Ausreden erhalten. Sie hält es gerade jetzt für so notwendig, daß sich die Betroffenheit in einen verstärkten Widerstand gegen alle Kernkraftprojekte richtet und natürlich sei er vor allem in Wackersdorf notwendig. Wir haben lange darüber gesprochen, ob wir die Betroffenheit, die sich jetzt erst einmal in der Artikulation von Alltagssorgen äußert, nur dann positiv bewerten dürfen, wenn sie sich sofort in politisches Handeln transformieren läßt, und waren uns einig, daß das zu einer problematischen instrumentalistischen Meßlatte würde. Aber Fragen sind bei mir schon geblieben, ob die überall spürbaren Verunsicherungen wirklich zu einem politischen Potential für „dramatische Umkehrungen“ (noch einmal Lifton) werden würden. Gleichzeitig ist mir auch klar geworden, wie das Hoffen auf grundlegende Veränderungen in der Atompolitik, das Bewußtsein, daß dafür jetzt der richtige Augenblick gekommen sei und die nächste beste Gelegenheit dies für alle sichtbar machen müßte, eine verzweifelte Entschlossenheit fördern kann, die sich radikalisiert und isoliert. Pfingsten in Wackersdorf hat für mich nicht nur erwiesen, daß der Atomstaat aggressiv an seiner Linie festzuhalten versucht, sondern auch, daß dramatische Umkehrungen nicht erzwungen werden können, in dem man einen Bauzaun zu durchlöchern versucht. Eine Kämpferavantgarde, die sich bereits verachtungsvoll von den Menschen abgewandt hat, die um ihre „kleinen Sorgen“ rotieren, verschüttet ihrerseits Lernprozesse und fördert die Militarisierung des Alltags, die allemal die bestehenden Ordnungsmuster festigt.

6. Die akute Bedrohung durch die Folgen des Reaktorunfalls hat ihre eigene aktuelle Dynamik, aber sie trifft auf ein spezifisches psychologisches Klima, in dem sie verarbeitet wird und das sie ihrerseits beeinflussen wird. In den vergangenen Jahrzehnten hat sich die psychosoziale Infrastruktur der spätkapitalistischen Gesellschaften erheblich verändert. Es ist keine Veränderung, die sich in institutionellen und politischen Brüchen beschreiben ließe. Sie ist nur unzureichend mit Schlagworten wie Werte- und Persönlichkeitswandel zu erfassen. Am besten wird diese Veränderung für mich durch das charakterisiert, was Oskar Negt als „Erosionskrise" beschrieben hat.

„Erosionskrisen unterscheiden sich von herkömmlichen Krisen dadurch, „daß diese sich vor allem *unterhalb* des öffentlichen Institutionensystems wirksam zeigen, daß sie die Subjekte in ihrer seelischen und geistigen Grundausstattung erfassen. Krisen diesen Typs verändern die Subjekte in ihren wichtigsten Lebensäußerungen, in ihrem Arbeitsverhalten, in ihrem Selbstwertgefühl, in ihren Wert- und Bedürfnisorientierungen. Was diese *Subjektseite* der Krise anbetrifft, so besteht eines ihrer hervorstechenden Merkmale darin, daß offenbar die Panzerungen der alten autoritär-autoritätsgebundenen Sozialcharaktere porös zu werden beginnen. Gewiß, sie sind nicht verschwunden, aber die geschichtlichen Bedingungen für deren Prägung sind ungünstiger geworden" (Negt 1984, S. 62).

Diese Erosionskrise, die jenes „Gehäuse der Hörigkeit" (Max Weber) rissig macht, das die kapitalistische Industriekultur in den Persönlichkeitsstrukturen der Subjekte höchst wirksam verankerte, geht einher mit einem Prozeß der Individualisierung, der Lebensformen und -traditionen auflöst, die die Subjekte gesellschaftlich integriert haben. Dieser Freisetzungsprozeß aus traditionellen Lebensformen und aus den mit ihnen verknüpften normativen Orientierungen schafft für die Subjekte den Zwang und die Chance zu einer selbstbestimmten Lebensplanung, sie schafft Spielräume, die belastende Dauerverhandlungen über lebbare Alltagsmuster erzwingen, aber zugleich auch jenes Selbstbewußtsein, das sich autoritär kaum mehr vereinnahmen läßt.

Auf dem Hintergrund der nur angerissenen tiefreichenden gesellschaftlichen Umbrüche läßt sich die Hoffnung formulieren, daß die akute Krise des Atomstaates nicht durch eine bloße Rückkehr zum „status quo ante" bewältigt werden wird. Vermutlich verschärft sie sogar eher die Erosionskrise. Die Zweifel an der Sinnhaftigkeit eines Fortschrittsweges, der die Lebensrisiken ständig steigert, werden wachsen. Der „Ausstieg aus der Kernenergie" wird ohne ein wachsendes Potential des Zweifels nicht möglich sein, er setzt den Auszug aus dem „Gehäuse der Hörigkeit' voraus. Nicht alle der in den letzten Wochen erfahrbaren Reaktionsmuster näheren den Optimismus, daß das gelingen könnte. Aber vielleicht ist die Basis dafür breiter geworden.

Anmerkung

[1] Referat gehalten auf dem 6. Weltkongreß der IPPNW am 30. Mai 1986 in Köln.

Literatur

Adorno, T. W.: Studien zum autoritären Charakter. Frankfurt: Suhrkamp 1982.

Baum, A., Gatchel, R. J. & Schaeffer, M. A.: Emotional, behavioral, and physiological effects of chronic stress at Three Mile Island. Journal of Consulting and Clinical Psychology 51 (1983), 565–572.

Bauriedl, T.: Beitrag zur Podiumsdiskussin „Der Gau und die Folgen". München 14. 5. 1986.

Bolm, G.: Warum und wozu ich die Gefahr atomarer Vernichtung verleugne. GwG-info 61 (Dezember 1985), 155–174.

Bromet, E.: Three Mile Island: Mental health findings. Pittsburgh: Western Psychiatric Institute 1980.

Collins, D. L., Baum, A. & Singer, J. E.: Coping with chronic stress at Three Mile Island. Journal of Applied Social Psychology 128 (1983), 280–289.

Dohrenwend, B. P. et al.: Mental illness in the United States. Epidemiological estimates. New York: Praeger 1980.

Fleming, I. & Baum, A.: The role of prevention in technological catastrophe. In: Wandersman, A. & Hess, R. (Hg.): Beyond the individual. Environmental approaches and prevention. New York: Haworth Press 1985, S. 139–152.

Fleming, R., Baum, A., Gisriel, M. M. & Gatchel, R. J.: Mediating influences of social support on stress at Three Mile Island. Journal of Human Stress 8 (1982), 14–22.

Frank, J. D.: Atomwaffen und der präatomare Mensch: Sozialpsychologische Aspekte des atomaren Wettrüstens. Darmstädter Blätter 8 (1981), 3–16.

Hondrich, K. O.: Unter der Wolke hilflos. DER SPIEGEL 40 (1986), 21.

Horkheimer, M. & Adorno, T. W.: Dialektik der Aufklärung. Frankfurt: Fischer 1971.

Lasch, C.: The minimal self. Psychic survival in troubled times. New York: W. W. Norton 1984.

Lifton, R. J.: Der Verlust des Todes. Über die Sterblichkeit des Menschen und die Fortdauer des Lebens. München: Hanser 1986.

Moss, N.: Men who play god: The story of the H-Bomb and how the world came to life with it. New York 1968.

Mufson, M.: Three Mile Island: Psychological effects of a nulear accident and mass media coverage. In: American Psychiatric Association (Hg.): Psychosocial aspects of nuclear developments. Washington 1982.

Negt, O.: Lebendige Arbeit, enteignete Zeit. Frankfurt: Campus 1984.

Schell, J.: Das Schicksal der Erde. München: Piper 1982.

Strasser, J.: Sicherheit als destruktives Ideal. Psychologie Heute 13 (1986), 28–36.

Taylor, S. E.: Adjustment to threatening events. A theory of cognitive adapation. American Psychologist 38 (1983), 1164–1173.

Vester, F.: Wenn der Körper selbst zur Strahlenquelle wird. Süddeutsche Zeitung, 14. 5. 1986.

Wortman, C. B.: Social support and the cancer patient: Conceptual und methodologic issues. Cancer 53 (1984), 2339–2360.

New Statesman
ZHORES MEDVEDEV
A spectre is haunting Europe
DUNCAN CAMPBELL: Opening the files
KENNETH REA: Performance Arts
MONICA BRIMACOMBE: Trade unions' Broad Right

DER SPIEGEL
Der Super-GAU in der Sowjet-Union
Mörderisches Atom

stern
So verseucht ist unser Boden
So geschockt sind unsere Kinder
So ist der Ausstieg möglich
Atom-Angst

Therapie der Gegenwart
125 JAHRE
22/23 30. Mai 1986 · 125. Jahrgang
©1986 Urban & Vogel GmbH

Q QUICK
So belog Rußland die Welt
DIE ATOMWOLKE
Exklusiv

A NUCLEAR NIGHTMARE
Newsweek
THE CHERNOBYL MELTDOWN
How It Happened
The Kremlin Cover-Up
The Fallout: What Are the Risks?

stern
magazin
In Tschernobyl verglühte die Illusion sicherer Kernkraft
Der Atom-Schock
und die Folgen

Konkret
Interview mit Gaddafi
Mit Kohl und Rau zum Super-GAU
Magazin für Politik und Kultur
Alles in Butter?
HOLGER STROHM über die Folgen von Tschernobyl

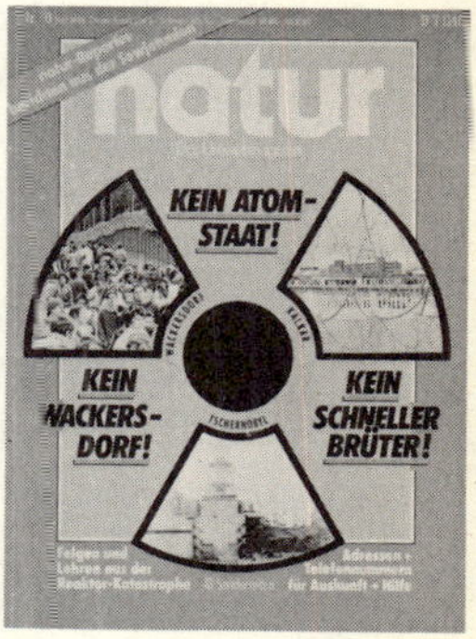
natur
KEIN ATOM-STAAT!
KEIN WACKERS-DORF!
KEIN SCHNELLER BRÜTER!

DER SPIEGEL
ANGST
opa + Flucht aus Kiew + Strahlenfurcht in Europa + Flu
ANGST

U.S.News
& WORLD REPORT
VIA AIR SPEED
HIGH TECH
Why so many disasters?

BUNTE
Nach dem Versagen der Behörden testet BUNTE
Kinder?
Gesundheit?
Natur?
Wasser?
Ernte?
Was dürfen wir noch essen?

Psychosoziale Folgen von Tschernobyl

Manfred Cramer

Gemeinsame Risiken von Atombombe und Atomkraft

Zu dem Zeitpunkt, als der Verlag eine erste Übersetzungsvorlage zu der Arbeit von Thompson erstellt hatte, passierte der größte nukleare Unfall in der vierzigjährigen Geschichte des nuklearen Zeitalters. Angesichts dieser Ereignisse war es dem Verlag wichtig, die Arbeit von James Thompson zusammen mit vier aktuellen Artikeln zu veröffentlichen.

Diese Aktualisierung erschien sinnvoll, denn die nukleare Bedrohung hat buchstäblich über Nacht, nämlich zwischen dem 30. 4. und 1. 5. 1986 in der BRD, eine neue Qualität erreicht. Sie ist für viele Menschen real geworden. Damit aber nicht genug: Der Unfall in Tschernobyl hat auch dafür gesorgt, daß die zumeist nur latent diskutierte Problematik der fortgesetzten Destabilisierung der Umwelt ab dem 1. Mai 1986 zu einem öffentlichen Thema geworden ist.

Halten wir uns vor Augen, daß einige Kilogramm radioaktiven Materials ausreichten, um in wenigen Tagen die nördliche Hemisphäre zu kontaminieren, eine Protestbewegung zu animieren und eine neue kollektive Nachdenklichkeit über das nukleare Zeitalter zu etablieren. Letzteres kommt in der Parole *Umdenken* der SPD bildlich zum Ausdruck.

Aufgrund der zum Zeitpunkt der Kernschmelze in Tschernobyl vorherrschenden östlichen Windrichtungen wurde auch Westdeutschland – und hier vor allem der Süden Baden-Württembergs und Bayerns – derart mit radioaktivem Material belastet, daß es nicht mehr ohne weiteres möglich war, so weiterzumachen wie bisher. Aufgrund der geographischen Lage Münchens in Südbayern und der vergleichsweise fortschrittsorientierten Programmatik der bayerischen Staatsregierung und der Münchner Stadtverwaltung, ist es lehrreich, die Folgeprobleme der Kontaminierung von *München* aus zu thematisieren.

In München konnte man in den Wochen nach dem Unfall lernen,

wie verletzlich die Gemütsruhe der Erwachsenen im nuklearen Zeitalter ist. Gründe (und einige Konsequenzen) dieser Verwundbarkeit werde ich im zweiten Teil dieses Nachwortes in Anlehnung an eine neuere Arbeit von Robert Lifton herausarbeiten.

Viele Münchner sind in den letzten Wochen besorgt und ängstlich geworden. Sie mußten erfahren, daß das nukleare Zeitalter seinen emotionalen Preis auch in Friedenszeiten verlangt.

Nach dem Unfall von Tschernobyl ist die theoretisch nur schwer nachvollziehbare These, wonach Atombombe und Atomkraftwerk[1] als psychologisch wirksame, belastende *Einheit* zu verstehen sind, vielen Menschen praktisch verständlich geworden. Diese Einheit nennt Lifton „Nuklearismus". Ihre Existenz stellt einen vorläufigen Höhepunkt des nuklearen Zeitalters dar.

Kurzum: Nach Tschernobyl hat die mit diesem Buch vorgelegte erste große psychologische Studie zur „militärischen Nutzung der Atomkraft" in deutscher Sprache auf dem Hintergrund der sichtbar gewordenen Probleme und Risiken der friedlichen Nutzung der Atomkraft traurige Aktualität erlangt.

Die Arbeit von Thompson ist aber nicht nur aktuell, sie ist auch als psychologisches Standardwerk im nuklearen Zeitalter anzusehen. Ein erster Grund liegt auf der Hand: Es fehlt eine vergleichbare Arbeit. Ein zweiter Grund hierfür leitet sich aus den Erfahrungen des Tschernobyl-Desasters ab. Es ist davon auszugehen, daß ein ähnlicher Unfall mit einiger Wahrscheinlichkeit wieder passieren kann.[2]

Im Vergleich zu den furchtbaren Auswirkungen des nuklearen Unfalls im engeren Umkreis von Tschernobyl ist man hier „noch einmal davon gekommen" (so der österreichische Gesundheitsminister). Aber auch hier, fast 2000 km vom Unfallort entfernt, müssen alle Menschen real erfahren, was es heißt, in einem „leicht" radioaktiv kontaminierten Gebiet leben zu müssen: Es ist schwer, sich an Radioaktivität sinnlich und emotional zu gewöhnen.

Zum Fortschritt vor dem Reaktorunfall

Seit einigen Jahren ist der Fortschritt bei einem kleineren Teil der Gesellschaft ins Gerede gekommen. Gegen ihn richtete sich die

Opposition vor allem von jüngeren Menschen, denen ihre Zukunft immer unsicherer erscheinen muß.

Die Abgase der Autos, Kraftwerke, die Chlorkohlenwasserstoffe, das PCB, Cadmium, Blei, die Kehrseite des immer weniger beherrschten Fortschrittes, stellen diesen selbst in Frage. Und nicht nur ihn, in zunehmenden Maße auch die Biologie – und damit auch die Lebensgrundlage für den Menschen selbst.

Die Kehrseite des Fortschrittes, die Sorgen um die Zukunft wurden zur Grundlage für die Herausbildung neuer Kulturen und neuer Subkulturen. Sie beeinflußten die Kunst und wissenschaftliche Strömungen und führten zu dem Senkrechtstart der „Grünen" Partei.

Gleichwohl hat sich in den letzten Jahren nichts geändert. Die großen politischen Parteien etablierten zwar eine neue Rhetorik; sie sehen z. B. Umweltschutz als wichtige Aufgabe, aber ansonsten handeln sie weiter wie bisher. Dem entspricht, daß auch auf individueller Ebene bisher weitgehend alles so weiter läuft wie bisher.

So ist zu erklären, warum über Jahre hinweg mehr, schnellere und größere PKWs gekauft werden, warum noch mehr Chlorkohlenwasserstoffe abgegeben, die Gewässer dreckiger und vergifteter werden, oder warum die Smogbelastung und die Giftigkeit der Müllberge zunehmen. Weil bisher alles so weiterging wie gewohnt, hat sich viel geändert. Es ist jetzt soweit gekommen, daß ganze biologische Systeme wie die Nordsee, die Ostsee[3], das Mittelmeer, die Alpenregion, die Luft im Ruhrgebiet, Nürnberg oder München, oder die Ozonschicht der Erde[4] eine meß-, fühl- und wahrnehmbare Bedrohung für die Menschen darstellen.

Diese empirisch gesicherten Sachverhalte sind bekannt und öffentlich diskutiert. Weil aber das Bedürfnis, wonach alles so weiterlaufen solle wie bisher, groß ist, werden solche Sachverhalte verdrängt und bestenfalls als singuläre Themen unter vielen behandelt. Denn: Es „muß ja weitergehen".

Mit derselben Logik wurde auch die Militarisierung und die Aufrüstung hingenommen. Zwar haben die Overkillkapazitäten langsam komische Züge angenommen – aber wie bisher werden gewissenhaft neue „Verteidigungslücken" erkundschaftet und mit neuen Waffentechniken gestopft. In dieser Logik geht man jetzt, nach der Hochrüstung der nördlichen Kontinente, auch noch an die „Militarisierung des Weltraumes". Mit der verniedlichenden Umschreibung „Strategische Verteidigungsinitiative" plant man zwar nicht den „Weltraum" (was immer das sein mag), dafür aber die luftlose Schicht über der Erde mit Atomwaffen auszustatten. Und wie zur Jahrhundertwende wird die Giftgasproduktion „für den Verteidigungsfall" aufs Neue intensiviert.

Diese beklemmend wirkende Impression ist kein Szenario; sie ist ein ausschnittweises Abbild der ökologischen Realität, an die man bisher mehrheitlich lernte, sich zu gewöhnen. Zu diesem Lernprogramm gehörte auch, daß jede neue Etappe auf dem Weg zur Demontage der Lebensbedingungen in den letzten Jahren zunehmend von Protesten und kollektiven Nachdenklichkeiten begleitet wurde. Diese Nachdenklichkeit kam und kommt u. a. in vielen mahnenden Zeitungsanzeigen oder auch in Stellungnahmen ganzer Berufsgruppen zum Ausdruck.

Erinnern wir uns: es gab Proteste, mahnende Zeitungsanzeigen und Diskussionen gegen/über die Altstadtsanierung, Müllverbrennungsanlagen, Lagerstätten für Atommüll, die Abgase der PKWs, PCB, Cadmium, Nitrate, Baumsterben, Säureverklappung in der Nordsee, Atombombenversuche, Abgasemissionen von Industrien, Pseudo-Krupp, Allergien, Bleivergiftung der Muttermilch, Tötung von Walen, Seehunden und Seelöwen, Tierversuche, Gift in der Nahrung, die „Neutronenbombe", Pershing-II, den neuen Militarismus in den USA, die nukleare Verseuchung der irischen See, Atomkraftwerke, nukleare Wiederaufbereitungsanlagen in Großbritannien und in Westdeutschland, usw.

Die Proteste und Diskussionen kamen auf – und gingen wieder unter. Geblieben sind jeweils die Erscheinungen, gegen die sich der Protest richtete, über die diskutiert und nachgedacht wurde.

Der Baumbestand in Westdeutschland ist zunehmend gefährdet; es kommt jetzt zu den vorhergesagten massiven Problemen etwa in der Alpenregion. Allergien, Krebs, Atemwegserkrankungen und andere Folgeerscheinungen von Störungen im Immunsystem haben zugenommen – aber, wie gesagt, es geht weiter wie bisher.

Dies zeigt sich eindrucksvoll daran, daß bislang immer noch kein mehrheitsfähiger Plan existiert, der auch nur in Ansätzen verdeutlicht, wie man die immer größer werdenden Probleme bewältigen will. Es fehlt auch wohl der gesellschaftliche Wille, solch einen Plan zu erstellen.

Aber: Jedes Lernprogramm hat seine Grenzen. Menschen können nicht lernen, sich an alles zu gewöhnen. Ist vielleicht die Militarisierung des „Weltraums" (die Stationierung einiger 1000 Atombomben über der Erde) eine Barriere für den ungebremsten Fortschritt?

Und es geht ja doch – Business as usual: Das gesellschaftliche Projekt der andauernden Umweltgefährdung wird fortgesetzt. Ungebrochen und unaufhaltsam werden größere Gefährdungen im biologischen Sinne ausgetestet, produziert und installiert. Die immer wieder versuchten kleinen Beiträge zu einer Verbesserung der Umweltbedingungen, die auf politischer und vor allem auf individueller Ebene angesiedelt sind, verblassen demgegenüber.

Sicherlich werden nachfolgende Generationen versuchen, sich ihre eigenen Antworten auf die Frage zu geben, wie es zu diesem Desaster kommen konnte. Für heute ist die Beantwortung dieser Frage ein schwieriges Unterfangen. Denn dieses Projekt wird schließlich in den demokratischen Ländern Europas von Mehrheiten getragen, es ist akzeptiert. Vermutlich ist diese Akzeptanz mit ein Ausdruck der Sorge um die persönliche Gegenwart und die nächste Zukunft.

Erwachsene sind zufrieden – Kinder haben Angst: Die Mehrheit der Erwachsenen in Westeuropa äußert sich „zufrieden" und „glücklich", befragt man sie über ihre *jetzigen Lebensbedingungen.* Die entsprechenden Zufriedenheits- und Glücksstudien kommen einheitlich über die Ländergrenzen hinweg zu diesem Ergebnis, das in einem krassen Gegensatz zu den Ergebnissen von Studien zur *Zukunftserwartung* bei Erwachsenen steht. Hier erwartet man mehrheitlich nicht viel Gutes. Ungetrübt ist demnach die gegenwartsbezogene Gemütsruhe der Erwachsenen wohl nicht.

Die pessimistische Zukunftserwartung der Erwachsenen kommt auch in den drastisch gesunkenen Geburtenraten zum Ausdruck. Gerade die Westdeutschen sind in dieser Hinsicht die einsamen Spitzenreiter, mit großem Abstand gefolgt von den Rumänen. In

Westdeutschland ist die Geburtenrate mittlerweise derart gesunken, daß die resultierenden Probleme, soweit man sie bisher erkennen kann, nur einen Vorgeschmack dessen darstellen, was die substantielle Überalterung und Verkleinerung der Gesellschaft in Zukunft mit sich bringen wird.

Gegenüber der gegenwartsbezogenen Zufriedenheit der Erwachsenen haben die gegenwartsbezogenen Zukunftsängste von Kindern in Europa und in den USA mittlerweile ein Niveau erreicht, infolgedessen sich nur eine Minderheit von ihnen überhaupt noch eine persönliche Zukunft vorstellen kann. Die vorliegenden Studien zu diesem Thema kommen zusammenfassend zu dem Schluß, daß mehr als zwei Drittel aller Kinder glauben, nicht eines „natürlichen Todes“ zu sterben. Die mit solchen Einschätzungen einhergehenden Ängste werden *gegenwartsbezogen* und unabhängig von den politischen Einstellungen der Eltern oder der Nationalitätszugehörigkeit formuliert. Es ist schwierig, diese Differenzen zwischen der Gemütsruhe der Erwachsenen und den gegenwartsbezogenen Ängsten ihrer Kinder pauschal zu interpretieren. Die großen Unterschiede zwischen den Kinder- und Erwachsenenperspektiven werfen aber u. a. die beiden Fragen auf:

Baut sich hier ein neuer Generationskonflikt auf? Sind Kinder vielleicht aufgrund ihrer noch nicht ausgebildeten Verdrängungskapazitäten zu vergleichsweise realistischeren Zukunftseinschätzungen fähig?

Die Gemütsruhe der Erwachsenen wird gestört. Beobachtungen und Bemerkungen zu den Auswirkungen des Unfalls in München

Am 28. 4. 86 meldete der Bayerische Rundfunk, daß in schwedischen Meßstationen Plutonium in der Luft gemessen wurde. Von daher vermutete man, daß es zu einem Unfall in einem Kernkraftwerk gekommen war. Bereits einen Tag später begannen einige Münchner, sich auf eine Kontaminierung Münchens einzustellen. Hierfür sprachen die Meldungen aus Schweden: vor allem aus Südschweden wurden beträchtliche Kontaminationswerte gemeldet. Es war meteorologisch sicher vorhersagbar, daß dieses Ereignis an München nicht vorübergehen konnte.

Ab der Nacht vom 29. 4. zum 30. 4. waren diese meteorologischen Bedingungen gegeben; in den nächsten Tagen wurde München in einem zuvor nicht vorstellbaren Ausmaß kontaminiert.[5]

Als sich die Größenordnung der Kontaminierung konturenhaft abzeichnete, begannen die Administrationen umgehend, eine Politik der Normalisierung und Bagatellisierung zu installieren, um – wie gehabt – weitermachen zu können wie bisher.

Diese Politik hatte von Anfang an einen schlechten Start. Es zeigte sich schon in den ersten Verlautbarungen, daß die angestrebte länderübergreifende Bagatellisierungsform in der zur Verfügung stehenden Zeit nur sehr uneinheitlich aufgebaut werden konnte. In der Folge reagierten die Administrationen der europäischen Staaten sehr unterschiedlich. Die Differenzen gingen so weit, daß teilweise konträre Beschwichtigungsformen entstanden.

Zum Beispiel war Anfang Juni der Konsum von Kirschen in München empfohlen (wie etwa im Bayerischen Rundfunk: Kirschbäume sind tiefwurzelnd; deswegen kann die Radioaktivität noch gar nicht in den Früchten sein). In der vergleichsweise geringer belasteten italienischen Provinz Bozen aber war der Verkauf von Kirschen aufgrund ihres Caesiumgehaltes untersagt.

Oder: Der Genuß von Johannisbeeren galt in Bayern offiziell als „unbedenklich“. In Österreich wurde vor allem schwangeren Frauen vom Konsum dieser Beeren dringend abgeraten.

Diese Beispiele veranschaulichen, wie ein breites und teilweise tief empfundenes Mißtrauen gegenüber den Administrationen entstehen konnte. Die Frage, ob man „den Politikern“ noch trauen dürfe, wurde zu einem Thema für Alltagsgespräche.[6]

Die Politik der Normalisierung und Bagatellisierung hatte aber nicht nur wegen ihrer unzureichenden Absprache einen schlechten Start: Nicht wenige Münchner hatten den Eindruck, daß viel mehr passiert war, als die offiziellen Stellen verlautbaren ließen. Mit dieser Vermutung lagen sie richtig, denn in den ersten Tagen nach dem Unfall in Tschernobyl war nicht bekannt, ob es dort gelingen würde, eine Explosion der ganzen Anlage zu verhindern. Die eventuellen Auswirkungen einer Explosion hätten zu einer „akuten Gefährdung" auch der Münchner Bevölkerung führen können.

Über dieses zunächst sehr große Risiko berichtete der Münchner US-Soldatensender „American Forces Network (AFN)" in dieser Zeit in einem für die meisten Deutschen nicht verständlichen US-Englisch. Zur selben Zeit beschränkte sich die Münchner Öffentlichkeitsarbeit auf die Normalisierung „der Wolke aus Tschernobyl".

Diese Verdrängungsleistungen betrieben die hiesigen Behörden auch noch zu dem Zeitpunkt, als im deutschen Atomforschungszentrum in Karlsruhe erste Computermodellrechnungen über die Wahrscheinlichkeit einer Katastrophe errechnet wurden. Die errechneten, auch langfristig bestehenden sehr großen Risiken, wurden zwar beispielsweise in der englischen Tageszeitung Guardian oder über die AFN, nicht aber hier erörtert.

Trotzdem waren solche und andere belastenden Nachrichten in München zugänglich und fanden eine breite Öffentlichkeit. Es reichte allein in den ersten 6 Wochen aus, bayerische, österreichische oder die Nachrichtensendungen von AFN im Vergleich zu hören, um sicher zu sein, daß irgendetwas nicht stimmte. Mit dieser Haltung entstand ein großes Bedürfnis nach „wirklichen" Informationen, man wollte nicht mehr „für dumm verkauft werden", und hörte z. B. die österreichischen Radiosender, die einen vergleichsweise demokratischen und insgesamt akzeptierten Normalisierungsversuch vermittelten.

Drei Beispiele zur Unglaubwürdigkeit des administrativen Krisenmanagements:

– AFN empfahl in den ersten Wochen, Nahrungsmittel nur in den Lebensmittelläden der US-Streitkräfte zu kaufen. Und während die Münchner Stadtverwaltung behauptete, daß eigentlich überhaupt nichts passiert sei, daß man sich im Freien aufhalten könne, und daß auch Kinder im Freien Sport treiben könnten, war dies im benachbarten Salzburg untersagt.

– Oder am selben Tag, als die Münchner Stadtverwaltung behauptete, daß die Strahlenbelastung in München aufgrund der Kontaminierung kleiner sei als die Strahlenbelastung von Garmisch-Partenkirchen vor dem Unfall in Tschernobyl, meldete AFN Kontaminationswerte für US-Staaten, die deutlich höher lagen, als die bayerischen Behörden für den Freistaat verlautbaren ließen; eine absolut unglaubwürdige Diskrepanz zwischen amtlich gemeldeten Werten wurde erkennbar.

– Die Administrationen ließen die Durchführung des Münchner Marathonlaufs zu einem Datum zu, als die Luftwerte derart erhöht waren, daß eine erwachsene Person (im Ruhezustand) etwa 680 Bq pro Tag allein aufgrund von Jod-131 durch die Luft inkorporierte. Etwa 7000 Münchner keuchten an diesem Tag stundenlang durch München; einige von ihnen reagierten später sehr emotional auf diese unnötige und zusätzliche Kontamination nicht nur ihrer Lungen. Es wurde (teilweise erbost) gefragt, warum man nicht gewarnt, oder warum man diesen Volkslauf nicht abgesagt oder verschoben hatte.

Zweifel der Experten an der Politik mit ihren Werten: Auch nicht wenige der vielgefragten Experten für Radioaktivität begannen, an Art und Umfang der nuklearen Normalisierungspolitik der Administrationen zu zweifeln. Einige fühlten sich zudem in ihrem beruflichen Ethos getroffen: Ein leitender Angestellter einer amtlichen Meßstation meinte beispielsweise anläßlich der vielen telefonischen Rundrufaktionen: „Naturwissenschaftliche Messungen unterschiedlich zu interpretieren, ist eine Sache, Meßergebnisse in diesem Ausmaß sinnzuentstellen, eine andere.“ Er begann, wie viele seiner Kollegen auf öffentlichen Versammlungen seine Meßwerte vorzulegen und Empfehlungen auszusprechen.

Eine Woche nach dem Unfall gerieten die zuständigen Politiker in eine schwierige Situation. Es gelang ihnen nicht mehr, die amtlichen und halbamtlichen Meßstationen zu einer einheitlichen Sprachregelung zu bewegen. Im Gegenteil, jetzt begannen einige Nuklearexperten, sich öffentlich über die Politiker zu beschweren.[7] So meinte z. B. einer der Direktoren der Gesellschaft für Strahlenforschung, Wolfgang Jacobi am 9. 6. 86 in der SZ, „er bedaure, daß von den Behörden keine Empfehlungen gekommen sind“.

Doppelter Streß im Strahlenwirrwarr: Die gescheiterten Normalisierungsversuche der Administrationen führten zu einer zusätzlichen Streßsituation. Es war und ist auch jetzt, 8 Wochen nach dem Unfall, mühsam, sich in dem Wirrwarr zwischen radioaktiven Belastungswerten und ihren unterschiedlichen Bearbeitungen durch die Administrationen zu orientieren[8]. Denn solche Orientierungsbemühungen setzen ein „radioaktives Grundwissen" voraus, das die meisten Menschen nicht haben.

In der doppelt erfahrenen Streßsituation gegenüber der Radioaktivität und der behördlichen Beschwichtigung kam es innerhalb weniger Tage

- zur Entstehung von Selbsthilfeprojekten (etwa zur Beschaffung von wenig kontaminierten Nahrungsmitteln)
- zur Entstehung einer Gegenöffentlichkeit in Form von Telefonketten (wo mehr oder minder korrekte radioaktive Belastungswerte und praktische Tips weitervermittelt wurden)
- zu zahlreichen informellen Gesprächskreisen und großen Versammlungen
- zu einem grauen Literaturmarkt, der von sich beanspruchte, die „Wahrheit" über das Ausmaß der Kontamination zu vermitteln.

Es wurden auch sehr pragmatische Bewältigungsversuche sichtbar: Von Anfang Mai bis Mitte Juni hatten die Reisebüros ein sehr gutes Geschäft. Flüge in nicht bzw. wenig kontaminierte Gebiete, wie z. B. nach Portugal, waren wochenlang ausverkauft.

Ausverkauft waren auch in vielen Supermärkten gefrorene Lebensmittel aus Übersee, und vor allem „alte" H-Milch. Den dezenten Flucht- und Absetzbewegungen entsprachen die Hamster-Einkäufe, die zu einem zeitweisen Zusammenbruch des Milch-, Frischgemüse- und Frischobstmarktes führten. Solche pragmatischen Bewältigungsversuche, die teilweise mit beträchtlichen Schuldgefühlen einhergingen, sind als Ausdruck der Sorgen und Ängste, die viele Münchner in dieser Zeit entwickelten, zu verstehen. Sie sind auch ein Beleg für die nicht vorhandene Bereitschaft, der nuklearen Normalisierungspolitik der Administrationen in den ersten Wochen nach dem Unfall Glauben zu schenken.

Die sehr mangelhafte Akzeptanz ihrer Politik führte bei den Administrationen zu einer Verhärtung ihrer einmal aufgebauten Politik. Zum Beispiel unternahm die Stadt München in den ersten 6 Wochen nach dem Unfall fast nichts, um für die von ihr direkt abhängigen

Personen (wie z. B. die Kinder, die in den Waisenhäusern der Stadt leben), oder um für Schwer- und Schwerstkranke, schwangere Frauen oder Kinder wenig kontaminierte Nahrung bereitzustellen. Erst Mitte Juni änderte die Stadtverwaltung ihre Politik ein wenig, nachdem DIE GRÜNEN und – in abgeschwächter Form – auch Teile der städtischen SPD und CSU entsprechende Hilfsmaßnahmen forderten und die öffentlichen Proteste nicht ab-, sondern zunahmen.

Zusammenfassend hat der Unfall von Tschernobyl für viele Menschen in München wie andernorts in Westdeutschland folgende Erfahrungen und Konsequenzen mit sich gebracht:

1. Zunehmende Sorgen und Zukunftsängste
2. Verschlechterung der jeweiligen individuellen Lebensbedingungen vor allem für Kinder
3. Größere Skepsis gegenüber des technisch-wissenschaftlichen Fortschritts
4. Zunehmende Existenzängste in bezug auf die biologischen Grundlagen
5. Individualisierung von Ausgeh- und (später) von Nahrungsmittelkonsum-Einschränkungen
6. Zunehmende Skepsis gegenüber den Administrationen
7. Zunahme an Streßbelastungen in Verbindung mit der jetzt über Jahrzehnte andauernden Niedrigdosenbelastung mit radioaktiven Materialien.

Die Rolle der Psychologie

Die psychologische Dimension der nuklearen Bedrohung ist nach dem Unfall von Tschernobyl sehr unterschätzt worden. Hierin besteht ein wesentlicher Unterschied zu der Verarbeitung des nuklearen Unfalls in Harrisburg 1979. Die vergleichsweise fortgeschrittene Psychologisierung der US-amerikanischen Gesellschaft findet auch hier ihren Ausdruck.

Es ist möglich, die psychologische Dimension nach dem Reaktorunfall auf der Basis der zahlreichen Untersuchungen über Harrisburg abzuschätzen.

Dies ist auch deswegen möglich, weil in vielerlei Hinsicht die

Struktur – nicht aber der Umfang und das Ausmaß – der Belastungssituation hier derjenigen nach dem Unfall in dem Kraftwerk „Three Mile Island“ in Harrisburg/USA im März 1979 ähnelt.

Zur Erinnerung an den Unfall in Harrisburg (die Ereignisse und ihre Abfolge in Tschernobyl setze ich als bekannt voraus): In Harrisburg versagten Kühlsysteme eines Atomkraftwerks. Drei Tage später, am „Schwarzen Freitag von Harrisburg“ kam es zur Freisetzung größerer Mengen radioaktiven Materials. In der Stadt Harrisburg brach eine Panik aus. Die Nationalgarde des Staates Pennsylvania wurde für den Fall einer Evakuierung in Alarmbereitschaft gesetzt. Am Freitagnachmittag empfahlen die Behörden, daß schwangere Frauen und kleine Kinder in einem Umkreis von acht km das Gebiet um den Reaktor verlassen sollten.

Es kam zu Fluchtreaktionen einiger 10 000 Menschen. In den nächsten zehn Tagen bestand die Gefahr, daß es – ähnlich wie in Tschernobyl – zu einer großen Katastrophe kommen konnte. In dieser Zeit ermächtigte die Diözese Harrisburg alle Priester, den Gläubigen die Generalabsolution zu erteilen. Es kam zu weiteren, größeren Fluchtreaktionen, auch von vielen Mitarbeitern der Krankenhäuser. Zehn Tage nach dem „Schwarzen Freitag“ – wie man heute weiß, buchstäblich in letzter Stunde – konnte die Explosionsgefahr, und damit eine große Katastrophe vermieden werden.

Gemeinsamkeiten und Unterschiede nach den Unfällen von Tschernobyl und Harrisburg[10]

Die ersten Tage – Suche nach Informationen und Bewältigungsversuche: Die ersten Tage waren durch hohe radioaktive Luft- und Bodenwerte und die Gefahr einer Explosion des Kraftwerk-Komplexes gekennzeichnet. In dieser Zeitspanne mußten die Menschen

- realisieren, daß München zur Zeit kontaminiert wird,
- sich über mögliche Schutzmaßnahmen informieren und
- lernen, die Folgen des Ereignisses hinzunehmen.[11]

Vermutlich die meisten Münchner konnten (und wollten) zunächst nicht akzeptieren, daß in Tschernobyl etwas passierte, was praktisch zeitgleich die Lebensbedingungen in München verändern sollte. Der „Mythos von der persönlichen Unverwundbarkeit“ (Thompson in diesem Buch) und die ersten Versicherungen von Politikern im Fernsehen, daß Westdeutschland ganz sicher nicht kontaminiert würde, standen gegen eine Akzeptierung der Gefahr. Gegen diese Barrieren setzte sich mit einer individuell verschiedenen Verzögerung in München die Haltung durch, zunächst „vorsichtig zu sein", Kinder nicht ins Freie zu lassen, nicht mehr alles zu essen usw.

Die zweite Phase nach dem Unfall war durch die Suche nach Informationen, nach „ehrlichen und unabhängigen" Sachverständigen gekennzeichnet. In dieser Phase entwickelte sich bei vielen Münchnern die „doppelte Streßbelastung im Strahlenwirrwarr" (s. o.) mit den charakteristischen Reaktionen, wie sie in psychologischen Studien zu den Belastungen und Verhaltensweisen in Perioden vor Katastrophen beschrieben worden sind[12].

Die ersten Wochen: Erste Informationen, Mißtrauen und Verleugnungen[13]*:* Nach gut einer Woche wurde die Gefahr einer Katastrophe kleiner. In derselben Zeit stiegen die radioaktiven Werte in der Milch, und später in anderen Nahrungsmitteln derart an, daß auch die bayerischen Behörden radioaktive Belastungshöchstgrenzen einführten. Diese Werte wurden aber so hoch angesetzt, daß viele Experten die Münchner davor warnten, sich darauf einzulassen. Tranken Kinder beispielsweise in der „kritischen Periode" der ersten zehn Tage täglich einen halben Liter Milch, so wurden sie allein dadurch mit etwa 1 rem belastet. Addiert man zu dieser Milchbelastung die der Luft für denselben Zeitraum, so wurden Kinder in diesem Zeitraum mit insgesamt 1,5 rem belastet. Dieser Wert entspricht der Zulässigkeitsgrenze pro Jahr für angestellte strahlenexponierte Berufstätige.

Trotz der unterschiedlichen Politik der Administrationen in Harrisburg und Tschernobyl nach den Unfällen kam es zu vergleichbaren Unsicherheiten, Zweifeln, Mißtrauen und Ängsten. Hieraus kann gefolgert werden, daß man die jeweilige Politik in einer solchen Belastungssituation nicht überschätzen sollte. Emotionen reagieren nur wenig auf Politik.

Ein Bauer: „Ich bin nicht stolz darauf, daß unsere Milch verkauft wird. Es gibt nur wenige Leute, die uns unterstützen, wenn wir sagen, daß unsere Milch nicht verkauft werden dürfte. Ich glaube, der einzige Grund, warum sie unsere Milch die ganze Zeit über verkauft haben, ist folgender: wenn sie unsere Milch nicht nehmen würden, würden sie zugeben, daß hier in der Gegend irgend etwas nicht in Ordnung ist. Und es gibt genug Leute, die nicht zugeben wollen, daß hier bei uns etwas nicht stimmt." Dieser Satz könnte wörtlich auf einem der vielen Treffen der ökologisch orientierten Bauern im Umkreis München formuliert worden sein. Er stammt von einem Bauern in Bainbridge bei Harrisburg vom 28. 6. 1979.

Ab dann – Fragen, Orientierungen und Entscheidungen; wie gehe ich mit der jahrelangen andauernden radioaktiven Belastung um[14]?: Zwei bis drei Wochen nach dem Unfall in Tschernobyl reagierten in München viele Menschen mit langsam zunehmenden Streßreaktionen, die sich innerhalb der Phasen entwickelten, wie sie von Thompson[15] in diesem Buch beschrieben werden. Dieses Phänomen, wonach Streßreaktionen nicht unmittelbar einsetzen, sondern sich innerhalb eines spezifischen Zeitraums entwickeln, wurde auch in Harrisburg beobachtet, und dort in einigen psychologischen Untersuchungen analysiert. Diese Untersuchungen hatten verschiedene Fragestellungen. Einige von ihnen wurden von dem damaligen US-Präsidenten in Auftrag gegeben. Die Ergebnisse dieser Auftragsstudien führten zu Folgeuntersuchungen und zu einer breiten öffentlichen und fachlichen Diskussion, u. a. auch über die Verantwortung und Aufgaben von Psychologen im nuklearen Zeitalter.

Die Ergebnisse dieser Studien stimmen in der Auflistung der folgenden psychischen Reaktionen aufgrund des Unfalls überein:

Für die *erste Zeit* nach dem Unfall werden die folgenden „effects" (ohne eindeutige Häufigkeitsangaben) genannt: Schlafstörungen, Angst, Furcht, psychosomatische Symptome, Schreckreaktionen, phobische Reaktionen, depressive Reaktionen und Fatalismus. Solche Reaktionen wurden stärker, wenn in dieser Zeit ein nahestehender Angehöriger starb.

Zu sehr unterschiedlichen Ergebnissen kommen die Studien in bezug auf die *langfristigen „effects"*. Übereinstimmung besteht aber darin, daß zwischen 10% und 20% der Personen, die zu Beginn starke Streßreaktionen zeigten, unter diesen auch noch neun Monate später litten.

Beachtenswert ist auch das Ergebnis einiger Harrisburg-Studien, wonach mittel- und langfristig eine natürliche Katastrophe psychologisch wesentlich anders als eine technische verarbeitet wird. Man muß auch davon ausgehen, daß ein nuklearer Unfall anders als eine technische Katastrophe, nämlich als ein Ausdruck der allgemeinen und nuklearen Bedrohung, verarbeitet wird.

Ich vermute, daß diese wesentlichen Unterschiede von vielen Politikern schlichtweg nicht verstanden wurden. Denn nicht wenige Politiker propagierten bald nach dem Unfall in Tschernobyl, daß man sich nicht mehr mit diesem „Schnee von gestern" beschäftigen solle – und verstärkten mit der entsprechenden Politik die psychosozialen Belastungen und die Zweifel an der Notwendigkeit weiterer technischer Fortschritte.

Ein Beispiel für das Ausmaß der Streßreaktionen: In einer Sitzung des Münchner Stadtrats mußte ein Stadtrat aus der SPD-Fraktion seinen Vortrag über „die Ängste und die Verärgerung in der Bevölkerung" weinend abbrechen. Seine von Verzweiflung getragene Frage war sechs Wochen nach dem Unfall: „Wie war die Situation kurz nach Tschernobyl wirklich, welchen Meßwerten soll man trauen, warum gab die Staatsregierung keine klaren Auskünfte?"

Als besonders belastet erwiesen sich in den Harrisburg-Studien die Mütter von Kleinkindern. In einer größeren, empirisch verläßlich durchgeführten Arbeit kamen Bromet et al.[16] 1980 u. a. zu den Ergebnissen, daß diese Mütter ganz erheblich unter Streßsymptomen litten. Ihre Wahrscheinlichkeit, unter manifesten, behandlungsbedürftigen Streßreaktionen zu leiden, stieg um das Fünffache. Demgegenüber zeigten die Arbeiter und Angestellten des Atomkraftwerks selbst, wie die „normalen" Klienten der psychosozialen Einrichtungen, vergleichsweise kleine „effects". Insgesamt aber war die erfahrene Belastung (auch bei den untersuchten Müttern) deutlich unter dem Niveau, das Menschen in traumatischen Situationen erfahren. Demgegenüber war die Häufigkeit der „subklinischen" Belastung geradezu epidemisch hoch.

Soweit die Analogie mit Harrisburg. Sie kann die psychologischen Dimensionen des jetzigen Unfalls abzuschätzen helfen. Viel mehr wird vermutlich nicht möglich sein.

Ich befürchte, daß es zu den psychologischen Folgen von Tschernobyl in Westdeutschland nur schwerlich zu Untersuchungen kommen wird. Denn solche Forschungen müssen öffentlich finanziert werden. Welche Administration ist aber an solchen Arbeiten interessiert?

Die besondere Qualität eines nuklearen Unfalls

Der niedersächsische Ministerpräsident Albrecht verglich in seinem letzten Landtagswahlkampf die nukleare Kontamination mit dem Alkoholkonsum. Aus seiner damaligen Sicht schadet „ein bißchen nicht".

Diese Vorstellung ist im biologischen wie psychologischen Sinne von Grund auf falsch, gleichwohl aber prominent. Ebenso ist es meines Erachtens Ausdruck eines großen Mißverständnisses, die Auswirkungen des Zigarettenkonsums, des PKW-Verkehrs, oder von AIDS in eine Beziehung zu den Auswirkungen des Unfalls in Tschernobyl zu setzen.

Denn in solchen Analogien wird nicht gesehen, daß die tiefgehende emotionale Verwirrung, die das nukleare Zeitalter seit seinem Beginn vor 40 Jahren mit sich brachte, immer nur oberflächlich harmonisiert wurde. Es ist, vor allem für Kinder, nur schwerlich vorstellbar, warum es notwendig sein soll, immer von der kollektiven Auslöschung bedroht zu sein.

Der Unfall von Tschernobyl zerstörte zunächst einmal die oberflächliche Harmonisierung nuklearer Gefahren. Die gebetsmühlenartig vorgetragene Behauptung, wonach man die Atomkraftwerke „domestiziert" habe, hat sich empirisch widerlegt. Das Gegenteil solcher Behauptungen wirkt überzeugender: Es gibt zur Zeit unter Strahlenexperten Diskussionen über die Frage, wie oft die verschiedenen biologischen Systeme (wozu in dieser Nomenklatur auch die Menschen zu zählen sind) eine vergleichbare radioaktive Belastung noch aushalten werden. Die Meinungen schwanken zwischen kein- bis dreimal.

Aber trotzdem geht alles so weiter wie bisher. Es werden auch nach Tschernobyl weitere Atomkraftwerke gebaut, und es werden weitere Atombombenversuche in den USA und der Südsee durchgeführt.

In der Folge dieser fortgesetzten Destabilisierung wird die Normalität weiter verändert und die nukleare Bedrohung weiter zunehmen.

Das nukleare Zeitalter kann seine Risiken immer nur oberflächlich domestizieren, weil es jederzeit in einer der Katastrophen enden kann, wie sie von Thompson beschrieben werden. Wir werden also auch in Zukunft in einer Zeit der nuklearistischen Krise leben, die jederzeit in einer Katastrophe enden kann.

Das nukleare Zeitalter[17]

Die tiefgehende emotionale Verwirrung im nuklearen Zeitalter ist einer der Preise, die der Existenz der nuklearen Technologie geschuldet ist. Die Selbstauslöschung der Menschen durch eine Technologie ist eine der neuen Folien für Normalität, der sich niemand entziehen kann. Sie ist keineswegs domestiziert. Sie stellt eine physische und psychische Bedrohung dar, schon allein durch ihre Existenz und unabhängig von ihrem Gebrauch oder Einsatz. Denn ihre Existenz betrifft den biologischen Modus[18]. Deswegen ist es auch nicht möglich, sich für eine post-nukleare Zeit eine biologische Nachwelt vorzustellen.

Lifton: Die Vorstellung von zerstörerischen Kräften unbegrenzter Dimensionen – ob als Waffe oder als Umweltgift – bleibt zumeist sehr im Hintergrund. Sie wird schnell aktiviert durch verschiedene Stimuli, wie atomares Schwerter-Rasseln, mögliche oder tatsächliche Auseinandersetzungen, oder einen Reaktorunfall.

Seit 40 Jahren, dem Beginn des nuklearen Zeitalters, gibt es keine verläßliche Zukunft mehr. Die Dauerhaftigkeit eines jeden menschlichen Unterfangens ist in Frage gestellt. Eine „neue Vergänglichkeit“ wurde normalisiert.

Gegen diese neue Vergänglichkeit richten sich die Versuche vieler (junger) Menschen, die auf das Land fliehen, dort einen Garten bestellen, einen Boden beackern, die die Dinge zum Wachsen bringen wollen. Einige von ihnen verhalten sich so, als sei die Bombe bereits gefallen. Sie reagieren auf die Bedrohung einer Vorstellung von

Auslöschung, indem sie mit der Natur eine neue Verbindung eingehen; sie ziehen ihre Kraft ebenso aus der Vorstellung der Natur wie aus den geernteten Früchten. Sie verhalten sich wie Überlebende, die die Todesvorstellung, die von den Atomkräften ausgeht, zu überwinden suchen[19].

Lifton: Die nukleare Welt verlangt von allen Menschen, ein Doppelleben zu führen. Der psychologische Preis hierfür wird wahrscheinlich auf mittlere Sicht in Form extensiver psychischer Fühllosigkeit zu zahlen sein. Wichtig ist in diesem Zusammenhang nicht so sehr der Graben zwischen Technologie und ihrer Konsequenz, wichtiger ist der Graben zwischen Wissen und Gefühl. Denn um den Tagesgeschäften nachgehen zu können, muß man seine Gefühle angesichts dessen, was man weiß, abtöten. Wird der Graben zwischen Alltag und Gefühl sehr tief, wie beispielsweise bei den Überlebenden von Hiroshima, so kann man die bisher nicht bekannte Empfindung einer lebenslangen Verwundbarkeit gegenüber „unsichtbaren Vergiftungen" feststellen. Psychologische Untersuchungen haben das übereinstimmende Ergebnis, wonach junge Menschen den Tod mit Auslöschung gleichsetzen. Hierin zeigt sich die fundamentale psychologische Deformation des nuklearen Zeitalters. Es ist eine absolute Deformation – man lebt damit und geht seinen Alltagsgeschäften nach.

Ein weiteres Phänomen, das in solchen Untersuchungen zum Ausdruck kommt, ist das der Unlenkbarkeit des Lebens. Junge Menschen expressieren durchgängige Zweifel an der Dauerhaftigkeit irgendwelcher eigener oder fremder Unternehmungen, und stellen damit die Glaubwürdigkeit eines jeglichen Anspruches auf Leistung und Errungenschaft in Frage. Denn die Vorstellung von der Auslöschung hinterläßt einen Eindruck von Verrücktheit, soweit die Existenz solcher auslöschender Techniken als verrückt angesehen wird. Solche Gedanken stimulieren bei Kindern die Entwicklung eines frühen Galgenhumors im Zusammenhang mit der tödlichen Absurdität, die ihnen angeboten wird.

Es kann, so Lifton abschließend, kein Zweifel bestehen, daß zwischen den weit verbreiteten Reaktionen auf Kernenergieprogramme und der Angst vor einem Atomkrieg eine wirkliche Verbindung besteht. Die Angst vor nuklearen Waffen hat sich in den Bereich der Atomkraftwerke ausgeweitet. Atombomben und Atomkraftwerke beinhalten dasselbe potentiell gefährliche Material und beide bedrohen potentiell mit denselben Strahlungen. In diesem Sinne repräsentieren Atomkraftwerke die Vorstellung von der Auslöschung und die Angst vor der unsichtbaren Verseuchung. Diese Vorstellungen und Ängste sind die grundlegendsten und frühesten: Sie zentrieren sich um die Unversehrtheit des menschlichen Körpers[20]. Man darf den Stellenwert solcher Ängste nicht unterschätzen, die sich an dem Sichtbaren, den benachbarten Kernkraftwerken, eher festmachen als an den Atomwaffen, die weiter weg vom täglichen Leben installiert sind.

Weil alles so weitergehen wird wie bisher, werden auch immer wieder Ängste vor und Proteste gegen Atomkraftwerke ausbrechen. Beides hat, so Lifton, eine sehr wichtige Funktion „für den Umgang mit dem verzweifelten Problem atomarer Waffen, das mehr und mehr außer Kontrolle[21] gerät, das automatisiert und bürokratisiert wird. (...) Die Ängste und Proteste gegen und die Diskussion um die Kernenergie können helfen, unsere Sensoren für die Gefahr der Kernwaffen wiederzufinden".

Anmerkungen

[1] Der Slogan von der „friedlichen und militärischen Nutzung der Atomkraft" kann als Bestätigung dieser These verstanden werden.

[2] Die Nuclear Regulatory Commission (NRC) der USA schätzt, daß es bis zum Jahr 2000 mit 45%iger Wahrscheinlichkeit zu einer Kernschmelze in einem der ca. 100 US-amerikanischen Kernkraftwerke kommen wird. Demgegenüber kommt die „Deutsche Risikostudie Kernkraftwerke. Eine Untersuchung zu dem durch Störfälle verursachten Risiko" des TÜV-Rheinland von 1979 zu dem sehr optimistischen Ergebnis, daß dieses Risiko für die Bundesrepublik bei „nur" 1:25 (= 4%) für denselben Zeitraum liege. Welche Prozentangabe die richtige ist, wird man sehen; auszuschließen ist eine Kernschmelze in der Bundesrepublik oder einem benachbarten Land sicherlich nicht.

[3] Die Folgeprobleme der Kontamination sollten in einem Zusammenhang mit der allgemeinen Umweltbelastung gesehen werden. Nur in diesem Kontext lassen sich auch die folgenden Vorhersagen angemessen einordnen:

Das Deutsche Hydrographische Institut rechnet als Folge des Unfalls von Tschernobyl mit einem Anstieg der radioaktiven Belastung der Ostsee in einem „kritischen Ausmaß" (Frankfurter Rundschau, S. 1, 16. 6. 1986).

Das schwedische Fernsehen berichtete von Caesiumwerten in den schwedischen Binnenseen, die mehr als 100mal die dort geltenden Höchstwerte überschritten. Ein Speiseverbot der Süßwasserfische aus den mehr als 20 000 Seen und Teichen Schwedens erscheint unausweichlich. Diese Entwicklung wurde als „beispiellose Umweltkatastrophe" gewertet (SZ, 19. 6. 1986).

4 Siehe hierzu Th. Ewe: Das Ozon-Drama. Bild der Wissenschaften No 6 (1986), 38–57.

5 Hierzu einige Anhaltszahlen (nach E. Krüger, Energie- und Umweltbüro München/Garching vom 20. 6. 1986): Die radioaktive Verseuchung der Böden und Flächen schwankte in München zwischen Höchstwerten von 250 und fast 300 000 Bq/m² (d. h. eine bis zu tausendfach „über normal" erhöhte Bodenaktivität). Die Aktivität der Isotope mit einer Halbwertszeit von mehr als einem Jahr liegt im Bereich zwischen 30–50% der Spitzen-Gesamtaktivität (diese lag zwischen 5000 und 500 000 Bq/m²). Die langfristige Aktivität der Isotope mit einer Halbwertszeit von mehr als 10 Jahren schwankt seit dem 24. 5. 1986 zwischen 3000 und ca. 27 500 Bq/m².

Für Flächen außerhalb der betrieblichen Überwachungsbereiche gilt nach der Strahlenschutzverordnung ein Grenzwert von 3700 Bq/m². Bei einer Überschreitung müssen die entsprechenden Flächen mit Strahlenwarnzeichen gekennzeichnet werden. Flächen mit Aktivitätswerten von über 37 000 Bq/m² gelten nach der Strahlenschutzverordnung als „Kontrollbereiche"; sie sind lt. dieser Verordnung für Schwangere und Kinder zu sperren und dürfen von anderen nur in Schutzkleidung betreten werden. Mit anderen Worten: Die Kontamination war und ist auf Dauer in München so hoch, daß die Strahlenschutzverordnung umfassende Maßnahmen vorschreibt. Mit der Nicht-Anwendung dieser Verordnung argumentieren in den ersten Wochen nach dem Unfall viele Protestbewegungen, die Schutzmaßnahmen forderten.

6 Eine Münchner Boulevardzeitung faßte das entstehende Mißtrauen bereits Anfang Mai in der Schlagzeile „Sagt uns die Wahrheit" auf ihrer ersten Seite zusammen.

7 Gewissermaßen im Gegenzug beschwerten sich daraufhin einige Politiker wie z. B. der Münchner Oberbürgermeister über die Wissenschaftler. Auf einer Informationsveranstaltung verteidigte er seine Entscheidung gegen umfassende Kinderschutzmaßnahmen (es wurden z. B. die Dekontaminierung der Kinderspielplätze und der Freiflächen in Form von Schreiben, Demonstrationen, Wahnwachen und Prozessen gegen die Stadtverwaltung gefordert) mit der Begründung: „Was soll ich denn machen? Da kommt der eine Wissenschaftler und erzählt mir etwas. Dann kommt der nächste – und erzählt mir das Gegenteil. So geht das nicht."

8 Der Bayerische Innenminister wies die untergeordneten Behörden und

Landratsämter an, daß „grundsätzlich davon abzusehen ist, inländische Lebensmittel allein deshalb zu beanstanden, weil ihr Caesiumgehalt den von der EG für die Einfuhr von Lebensmitteln aus Drittländern vorsorglich festgesetzten Grenzwert übersteigt" (SZ, 19. 6. 86, S. 21). Mit dieser Anordnung wurde es noch schwieriger, sich zu orientieren. Das Ausmaß der Unterschiede zwischen amtlichen hessischen, bayerischen und österreichischen Empfehlungen wurde dem zwischen amtlichen und nichtamtlichen vergleichbar.

[9] Siehe hierzu ausführlich Thompson in diesem Buch.

[10] Alle Zahlenangaben nach E. Krüger, Energie- und Umweltbüro München/Garching vom 8. 5. 1986.

[11] Dies war in Harrisburg leichter möglich als in München, denn in Harrisburg erörterten die Administrationen und die Presse die Risiken vergleichsweise offener.

[12] Siehe hierzu den Abschnitt „Die Art der Bedrohung" von Thompson in diesem Buch.

[13] In diesem Artikel gehe ich nicht auf die Verleugnung der Kontamination ein. Es war aber auffallend, daß beispielsweise Mitarbeiter (teil-)stationärer psychosozialer Einrichtungen in den ersten Tagen nach dem Unfall dessen Auswirkungen in München ignorierten. Ihre Arbeit wäre durch die Berücksichtigung der Kontamination konkret beeinträchtigt worden (wie zum Beispiel die gemeinsamen Pfingstausflüge oder die Nahrungsmittelversorgung der Klienten). Von daher lag es nahe, auf Anweisungen der dienstvorgesetzten Behörden zu warten. Als diese ausblieben, kam es teilweise zu emotionalen, vereinzelt sogar zu panischen Reaktionen.

Es war auch auffallend, daß nicht wenige Menschen auf die Auswirkungen des Unfalles überhaupt nicht, oder allein mit Verschwörungsüberlegungen reagierten (z. B.: Das ist nur ein Trick der Kommunisten, das haben die mit Absicht gemacht, das haben die GRÜNEN gemacht, usw.).

[14] Es ist davon auszugehen, daß man ohne Vorsichtsmaßnahmen die zulässige Inkorporationsrate an Isotopen (für den „außerbetrieblichen Überwachungsbereich") allein durch Jod 131 nach der Strahlenschutzverordnung weit überschritten hatte. Das Überschreiten dieser Grenze war auch nur durch regelmäßigen Milchkonsum selbst dann möglich, wenn man nur die Caesium-137-Werte berücksichtigte.

[15] Siehe hierzu den Abschnitt „Reaktionen bei Katastrophen". Demnach sind psychische Auswirkungen von Katastrophen als massive kollektive Streßbelastungen zu verstehen.

[16] Bromet, E., Parkinson, D., Schulberg, H. C., Dunn, L., & Gondek, P. C.: Three Mile Island: Mental health findings. Washington, DC: National Institute of Mental Health 1980.

Als kurze und lesenswerte Übersichtsarbeit zu demselben Thema ist folgender Artikel zu empfehlen: Hartsough, D. M. & Savitsky, J. C.: Three Mile Island. Psychology and Environmental Policy at a Crossroads. American Psychologist 10 (1984), 1113–1122.

[17] Die folgenden Thesen lehnen sich an die letzten beiden Kapitel des lesenswerten Buches von R. J. Lifton: Der Verlust des Todes. Über die Sterblichkeit des Menschen und die Fortdauer des Lebens. München: Hanser 1986 an. Zur Rezeption von Lifton siehe auch die Arbeit von H. Keupp in diesem Buch.

[18] In diesem Verständnis des nuklearen Zeitalters spricht einer der US-Ärzte, der in Moskau die schwerstkranken Opfer von Tschernobyl mitbetreut, der Kardiologe Sidney Alexander, von einer „neuen Generation der lebendig Toten" (SZ, 18. 6. 1986, S. 10).

[19] Scheitert dieser Versuch, wie jetzt bei vielen „Bio-Bauern" in Oberbayern aufgrund der Kontamination ihrer Böden, kann sich tiefe Ratlosigkeit und Verzweiflung breitmachen.

[20] Hier ist der wesentliche Grund für das Scheitern der Normalisierungspolitik nach dem Unfall von Tschernobyl zu erkennen. Solche Ängste können nicht einfach durch Beschwichtigungen gemildert werden.

[21] Zu einem möglichen Beitrag von Psychologen zur Rüstungskontrolle siehe den 5. Abschnitt der Arbeit von Thompson.

„Weil nicht sein kann, was nicht sein darf ..." Über die Verleugnung von Realität vor und nach Tschernobyl.

Thea Bauriedl

Weil nicht sein kann, was nicht sein darf, traf die Reaktorkatastrophe in Tschernobyl auch bei uns *alle* Bevölkerungsteile unvorbereitet. Keiner hatte sich das Ausmaß einer solchen – immer noch relativ harmlos verlaufenen – Katastrophe wirklich vorgestellt, nicht die Regierenden, nicht die Opposition, nicht der Verwaltungsapparat und nicht die Bevölkerung. Man konnte und wollte sich die Realität und die Folgen eines solchen Unfalles nicht konkret vorstellen. Angst und Unsicherheit wären zu groß gewesen; außerdem hätte eine realistische Vorstellung politische Konsequenzen gehabt, die sich erst jetzt, nach dem Unfall allmählich abzeichnen. Um die realistische Angst nicht aufkommen zu lassen und die realistischen Maßnahmen zur Abwendung der Gefahr nicht ergreifen zu müssen, wurde das aus technischer Sicht prinzipiell vorhersehbare Szenarium eines solchen Unfalles aus der Zukunftsperspektive verdrängt. Was nicht sein darf, was wir nicht haben wollen, das kann einfach nicht sein, ist unwahrscheinlich und kann vernachlässigt werden.

Trotz dieser kollektiven Verdrängung der Gefahr hatte wohl jeder von uns mehr oder weniger bewußt gefürchtet, daß irgendwann etwas sehr Schreckliches passieren würde: der aus Versehen oder absichtlich ausgelöste Ausbruch des Dritten Weltkriegs, oder auch eine ökologische Katastrophe, wie sie jetzt eingetreten ist. Dieses latente, immer wieder verdrängte Wissen um die Gefährdung stammt nicht nur aus rationalen Überlegungen und Warnungen oder aus den Erfahrungen mit kleineren Katastrophen. Es ist auch in dem kollektiven Wissen begründet, daß jeder Größenwahn vom Absturz bedroht ist, und daß unsere derzeitige politische, wirtschaftliche und wissenschaftliche Entwicklung zu großen Teilen ein Ausdruck von kollektivem Größenwahn ist. Wie die meisten Religionen, so enthält auch die christliche die immer wiederkehrende Warnung vor dem „Abfall von Gott", die Bedrohung der „sündigen" Menschen mit Strafen im Diesseits oder im Jenseits, und die Aufforderung, rechtzeitig Buße zu tun, auf dem falschen Weg umzukehren, um das Unglück abzuwenden. So hängen die Verleugnung der Gefahr und die Erwartung der „Strafe" eng zusammen, obwohl sich beides im Bewußtsein gegenseitig auszuschließen scheint.

Plötzlich hat sich nun für jeden von uns dieses längst erwartete und gleichzeitig für unwahrscheinlich gehaltene Ereignis eingestellt. Wir wundern uns einerseits darüber, daß wir es so relativ gut überlebt haben, denn unsere Zukunftsängste richteten sich häufig nur auf den plötzlichen und totalen Untergang, das Weltende. Wir wundern uns auch darüber, daß ein so relativ kleiner Störfall an einem „friedlichen" Kernkraftwerk Folgen von einem Ausmaß hat, das wir uns nicht ausmalen konnten. Es hat sich etwas ereignet, was nicht mehr rückgängig zu machen ist. Die Folgen sind zu einem großen Teil auch nicht vorübergehend wie bei anderen Katastrophen. Es bleibt eine Zerstörung, mit der wir und unsere Nachkommen werden leben müssen.

Für den einzelnen hat das alles eine jeweils spezifische Bedeutung. Das zeigen die unterschiedlichen Reaktionen. Es gibt aber auch eine kollektive Bedeutung, die ich hier kurz andeuten will: Der plötzliche Verlust einer bis dahin zumeist noch immer als heil empfundenen (oder phantasierten) Welt kommt dem Gefühl gleich, plötzlich von Vater und Mutter verlassen zu sein. Der gute Vater (die Regierung, der Staat, die Wissenschaftler, die Techniker) schützt nicht mehr, die Mutter (die Erde, die Natur, die Umwelt) ist vergiftet. Das bedeutet den Verlust des für jeden Menschen lebensnotwendigen Mindestmaßes an subjektiver Sicherheit und Geborgenheit und löst Ängste aus, die bis dahin durch verschiedene Mechanismen unter Kontrolle gehalten werden konnten. Plötzlich kann anscheinend doch sein, was bisher nicht sein durfte, nämlich, daß wir alle sehr hilflose und abhängige Geschöpfe sind und daß unsere Phantasien, wissenschaftlich, technisch, politisch, wirtschaftlich „alles im Griff" zu haben, die Realität weit verfehlen.

Das Besondere an der jetzt erlebten Bedrohung ist, daß wir die Gefahr mit unseren Sinnen nicht wahrnehmen können. Wir sind auf andere Menschen mit Geigerzählern angewiesen, um zu wissen, ob wir uns fürchten müssen oder nicht. Das führt zu einer Situation, die man mit einer kollektiven Neurose vergleichen kann, mit dem entscheidenden Unterschied, daß die kollektiven Ängste in diesem Fall real begründet sind und gleichzeitig notwendigerweise diffus bleiben müssen – ähnlich den Ängsten eines Menschen, der an einem Waschzwang oder an einem Vergiftungswahn leidet. Die Unterscheidung zwischen Realangst und neurotischer Angst ist auch für uns Psychotherapeuten schwer, da Geigerzähler und Wissenschaftler mit ihren immer wieder unterschiedlichen Meßergebnissen und Vorhersagen darüber entscheiden, welche Angst begründet ist und welche nicht. Mir persönlich ging es in den letzten Wochen immer wieder so, daß ich versuchen wollte, aus diesem Alptraum aufzuwachen. Ich konnte und wollte es einfach nicht wahrhaben, was mir da von offiziellen und inoffiziellen Stellen über eine mir unsichtbare Gefahr mitgeteilt wurde. Da dieses Erwachen aber nicht möglich war, weil es sich eben nicht um einen Traum handelte, erlebte ich immer wieder mit neuem Erschrecken, daß ich wie auch alle anderen dieser Bedrohung gegenüber ausgeliefert und ohnmächtig bin und daß es niemanden (keinen guten Vater und keine gute Mutter) mehr gibt, der oder die mich und alle anderen schützen kann. Das lang ersehnte herrliche Sommerwetter mit dem besonders üppigen Wachsen und Blühen konnte ich in meinem Bewußtsein fast nicht gleichzeitig mit der über all dieser Herrlichkeit liegenden Gefahr der radioaktiven Bedrohung wahrnehmen. Es überfiel mich wie sehr viele andere eine große Traurigkeit.

Das Kollektiv in Form des Staates war ebensowenig auf diese Situation vorbereitet wie der einzelne. Es zeigte sich wieder, daß die vielfältigen Einrichtungen und Vorschriften des Zivil- und Katastrophenschutzes nur zu einem kleinen Teil auf die Aufgabe vorbereiten, die Bevölkerung im Notfall zu schützen, zum größten Teil auf die Aufgabe, die staatliche Ordnung im Katastrophenfall gegen Panik und Widerstand der Bevölkerung zu schützen. Und es zeigte sich außerdem, daß niemand, auch nicht eine andere Regierung oder bessere Katastrophenpläne oder eine bessere Informationspolitik oder internationale Verträge über Kontrollen und Schadensersatz das Unglück selbst hätten verhindern oder aufhalten können. Radioaktive Substanzen machen nicht an Ländergrenzen halt, sie richten sich nicht nach Verordnungen und Grenzwerten. Sie gehen auch dann über uns åund unsere Umwelt nieder, wenn wir rechtzeitig in Bunkern sitzen oder nach überdimensionalen Evakuierungsplänen zu fliehen versuchen.

Diese allgemeine Verunsicherung scheint jetzt für viele, vor allem für die Regierungen und für ihre Anhänger, aber auch für ihre Ankläger das Problem zu sein. Die einen sagen, die Regierung habe nicht zur Verunsicherung beigetragen, die anderen behaupten das Gegenteil. Ich halte die Verunsicherung nicht für das Hauptproblem. Zum Teil bin ich dankbar dafür, daß nicht alles nach einem perfekt vorbereiteten Plan abgelaufen ist, wodurch vielleicht wieder die Phantasie entstanden wäre, daß uns perfekte Katastrophenpläne vor solchen Katastrophen bewahren könnten. Zwar wurde das allgemeine Gefühl der Unsicherheit in der Bevölkerung durch die verschleiernde Informationspolitik und die unterschiedlichen Einschätzungen der Experten verstärkt; doch entspricht diese Verunsicherung eben auch der *realen* Unsicherheit, in der wir leben, solange wir an Techniken festhalten, deren absehbare und unabsehbare Gefahren *niemand* kontrollieren oder abwenden kann.

Die unterschiedlichen Meßergebnisse und Aussagen über die Gefährlichkeit der radioaktiven Emissionen bzw. Immissionen machen deutlich, wie abhängig auch die Ergebnisse der Naturwissenschaftler von deren jeweiligem Erkenntnisinteresse sind, das heißt: wie sehr das gewünschte bzw. gefürchtete Ergebnis die „wissenschaftliche" Methode und Aussage bestimmt. Nicht nur die Politiker, auch die Wissenschaftler und Techniker, die gerade in der deutschen Öffentlichkeit so sehr als Autoritäten und allmächtige Schutzpatrone verehrt wurden, sind plötzlich in ihrer ganzen realen Unsicherheit für jeden erkennbar.

Vielleicht enthält die allgemeine Verunsicherung, die jetzt plötzlich fast überall erkennbar wird, viel mehr als nur die kurzfristige emotionale Reaktion auf einen mittleren Unfall. Ich glaube, daß in dieser Verunsicherung und in dem Aufbegehren des Volkes gegen die zivile Nutzung der Kernenergie viele Zweifel, Befürchtungen und Hoffnungen zutage treten, die sich schon seit langer Zeit latent angesammelt haben. Aufgrund und mit Hilfe dieses allgemeinen Schocks, der auch die Regierenden, die Institutionen, Wissenschaftler und Techniker als unsicher und unvorbereitet erkennbar werden ließ, wagen viele jetzt erstmals auch die Gefahren deutlicher wahrzunehmen, in denen wir schon seit langer Zeit leben und die ständig schleichend zunehmen. Viele wagen es auch erstmals, sich politisch gegen diese Gefahren zu engagieren. So bringt das zunehmende Bewußtsein realer Unsicherheit auch die Hoffnung auf größere Sicherheit für alle mit sich. Denn es kehren plötzlich nicht nur die Gefahren der von Kernkraftwerken ausgehenden Radioaktivität aus der Verdrängung zurück; auch die ständig zunehmende Bedrohung durch Umweltgifte aller Art und die mit der Existenz atomarer, biologischer und chemischer Waffen verbundene Lebensgefahr treten plötzlich deutlicher ins Bewußtsein. Durch die grenzüberschreitende Zerstörung der radioaktiven Wolke aus Tschernobyl wird die Gefahrengemeinschaft zwischen West und Ost direkt erlebbar. Diese Wolke hat auch jeden Bürger in der Bundesrepublik erreicht; es gab keine Nischen, in denen man sich vor ihr hätte verstecken können. Durch dieses allgemeine Gefühl, persönlich betroffen zu sein, wird bei vielen Menschen die Phantasie von der Machbarkeit des Glücks in Frage gestellt. Es stimmt nicht mehr, daß es für jedes Problem eine Lösung gibt, weil es einfach eine Lösung geben *muß;* es stimmt nicht mehr, daß jede Rechnung irgendwie aufgehen muß, weil wir Rechnungen, die nicht aufgehen, doch nicht gestellt bekommen *dürfen;* es stimmt nicht mehr, daß Rechtsansprüche, so zum Beispiel das Recht auf Unversehrtheit, die Sicherheit der Bürger garantieren können. Es kann eben doch sein, was nicht sein darf.

Nun ist aber das Gefühl der Machtlosigkeit und der diffusen Ängste für jeden Menschen nur bis zu einem gewissen Grad im Bewußtsein auszuhalten. Darüber hinaus und nach einer bestimmten Zeit setzen Mechanismen ein, die dieses Gefühl beseitigen und das zum Weiterleben nötige Sicherheitsgefühl – auch unabhängig von der Realität – wieder herstellen. Daran wird auch die plötzlich zutage getretene Nachdenklichkeit so vieler einzelner nicht schlagartig etwas ändern können. Weiterhin wird der eine sagen: Das ist ja alles gar nicht wahr, ich seh' ja gar nichts. Ein anderer wird sagen: damit kann man schon fertigwerden; da braucht man jetzt nur einen guten Geigerzähler, dann kann man sich und seine Familie schon schützen. Und wieder andere werden sagen: Jetzt sieht man endlich die Schuldigen: Die

UDSSR, die Regierung, die Institutionen, usw. Man muß eben die (russischen bzw. die deutschen) Kernkraftwerke noch sicherer machen und die Informationsmöglichkeiten verbessern, dann passieren solche Fehler nicht mehr.

In allen diesen verständlichen (und psychisch notwendigen) Bewältigungsversuchen geht die Wahrnehmung der bleibenden und durch keine Technik auszuschaltenden Bedrohung verloren. Diese Abwehrmechanismen sind hilfreich für die augenblickliche Beruhigung der einzelnen und der Gesellschaft. Aber sie sind auch gefährlich. Sie tragen nämlich dazu bei, daß die sicherste Form des Zivil- und Katastrophenschutzes, die Beseitigung *aller* völkermordenden Techniken, Substanzen und Waffen, nicht mehr als der beste und wichtigste Weg aus der Gefahr erkennbar ist.

Auch den Regierenden fällt es schwer, das Bewußtsein ihrer Ohnmacht auszuhalten; es würde ja einen großen Teil ihrer Politik und ihrer Macht in Frage Stellen. Deshalb versuchen sie, genauso wie jeder einzelne für sich persönlich, dieses Gefühl, einer Gefahr hilflos gegenüberzustehen, aus dem eigenen Bewußtsein und aus dem der Bevölkerung zu verdrängen. Die entsprechenden Reaktionen östlicher und westlicher Regierungen sind sich da sehr ähnlich: Da die Phantasie von der Regierung, die alles immer im Griff hat, wieder hergestellt werden muß, wird die Gefahr in beiden Systemen verharmlost, bzw. durch Feindbilder im jeweils anderen Systemen zu ersetzen versucht. Die östliche Propaganda behauptet, die westliche Öffentlichkeit reagiere „hysterisch" und freue sich über das Unglück in der Ukraine. Die westliche Propaganda behauptet, daß die Kernreaktoren im Osten deshalb so unsicher seien, weil in dem „menschenverachtenden sozialistischen System" eben die Sicherheit der Bürger weniger wichtig sei als der Profit des Staates. Ganz ähnlich liegt für die östliche Propaganda der Grund der besonderen Unsicherheit der westlichen Kernreaktoren darin, daß „skrupellos ausbeuterische Kapitalisten" den Schutz der Bevölkerung vernachlässigten. Wenn der Feind außerhalb des eigenen Gebietes oder der eigenen Gruppe gefunden ist, kehrt „bei uns" wieder Ruhe und Ordnung ein.

Neben der Etablierung von alten und neuen Feindbildern wird auch das Bild des ordentlichen und zuverlässigen Deutschen zur Beruhigung der Bevölkerung angeboten. So erklärt Forschungsminister Riesenhuber etwa sinngemäß, daß der Staat die Aufgabe hat, den Bürger zu schützen, und deshalb tut er das auch. Ob er das kann, wird dann nicht mehr gefragt. Die Ruhe in unserem gesellschaftlichen System beruht zu einem großen Teil auf der von den Regierenden produzierten und von den Regierten bereitwillig mitgetragenen Phantasie, daß „die Eltern“ (die Regierenden) nur das Beste wollen und eigentlich auch allmächtig sind. Es soll einfach nicht sein, daß die Regierung unfähig ist, uns zu schützen, und deswegen ist es auch nicht so.

Nach der kurzen „Unordnung“ in unserem Staat wird also jetzt wieder aufgeräumt. In Zukunft sollen die Informationen zentral gelenkt werden, damit in den einzelnen Ländern nicht mehr unterschiedliche Daten und Vorschriften ausgegeben werden. Auch die Grenzwerte für die zumutbare Strahlenbelastung der Bevölkerung sollen vereinheitlicht werden. Diese Grenzwerte haben einen ganz besonders beruhigenden Effekt: Verantwortungsbewußte Ärzte sagen uns, daß *jede* radioaktive Bestrahlung schädlich ist, daß es vom medizinischen Standpunkt aus keine Grenzwerte gibt, unterhalb derer eine Strahlenbelastung unbedenklich ist. Die öffentlich festgesetzten Grenzwerte dienen also vor allem dem guten Gewissen der Regierenden und der Beruhigung der Bevölkerung. Wo sie nicht eingehalten werden können, so zum Beispiel in Bezug auf die Wiederaufbereitungsanlage in Wackersdorf, werden sie einfach verändert. So wird ihre Beruhigungsfunktion aufrechterhalten und der Staat gilt weiterhin als korrekt; er hält sich ja an die Grenzwerte. Niemand denkt da mehr darüber nach, daß nicht die Gefährlichkeit der Emissionen sondern die Verhältnismäßigkeit der Kosten die zulässige Belastung der Bürger bestimmt. Diese „amtlich zulässige“ Belastung wird dann als der Preis deklariert, den wir alle für unseren Wohlstand und die Vorteile der Kernkraftwerke bezahlen müssen, und schon ist die Welt wieder in Ordnung. Alles hat seinen Preis.

Wer möchte diesen Versprechungen und Beruhigungen nicht am liebsten vertrauen? Die große Angst bewirkt auch eine große Suche nach Halt und Sicherheit. Wenn in den letzten Jahren das Mißtrauen der Bevölkerung dem Staat gegenüber nicht schon ständig angestiegen wäre, hätte jetzt wohl auch die Beruhigungstaktik stärkere Erfolge.

Für die Regierenden jedenfalls scheint die Angst vor dem Chaos in der Bevölkerung und vor dem Machtverlust teilweise größer zu sein als die Angst vor der Strahlenbelastung. Das liegt nicht nur an deren persönlichen Abwehrmechanismen, sondern auch an ihrer Rolle als Regierende. Diese Rolle legt ihnen eine ganz spezifische Art der Angstbewältigung nahe, die viele andere Personen auch ergreifen würden, wenn sie in dieser Rolle wären.

Was ist zu befürchten? Wird die Unsicherheit, die jetzt plötzlich bewußt geworden ist, wieder verdrängt? Geht nach kurzer Zeit wieder alles seinen normalen Gang, jetzt „angereichert" durch radioaktive Substanzen, die allmählich zum normalen Leben gehören oder vernachlässigt werden? Die Gefahren der Propaganda in Form der erfolgreichen Etablierung von Feindbildern und von Allmachtsphantasien habe ich schon beschrieben. Darüber hinaus sehe ich die Gefahr einer Spaltung der Bevölkerung in solche, die nur noch die Gefahr sehen, und solche, die die Gefahr gar nicht mehr sehen. Das führt zur gegenseitigen Blockierung, wie wir es in der Sicherheitsdiskussion immer wieder erlebt haben. Viel Kraft und Mut, die durch den Schrecken und das Bewußtwerden der Gefahr jetzt lebendig wurden, drohen wieder verloren zu gehen, wenn die natürlicherweise kurzlebige Aufregung in die Machtkämpfe zwischen Gruppen und Parteien einfließt. Viel Kraft und Mut des einzelnen, die für die Veränderung nötig wären, drohen wieder verloren zu gehen, wenn er sie nur dazu verwendet, jetzt triumphierend und ohnmächtig zugleich moralische Überlegenheit über den „alten Feind" zu gewinnen. Alles Engagement, das in die Bekämpfung der jeweils Andersdenkenden investiert wird, geht den *gemeinsamen* Aktivitäten gegen die *gemeinsame* Gefahr verloren.

In unserer Gesellschaft wird politisches Interesse leicht mit Machtinteresse gleichgesetzt oder verwechselt. Lebensinteressen, die definitionsgemäß immer gemeinsame Interessen sind, werden zumeist nicht als politische Interessen verstanden. Die entsprechende kollektive Phantasie heißt: Wenn ich mein Leben retten will, dann kann ich das nur *gegen* die anderen tun, dann muß ich (politische) Macht gegen die anderen erringen, die an meinem Untergang ebenso interessiert sind wie ich an dem ihren, denn wir haben dieselbe Phantasie vom Überleben. Diese kollektive Phantasie wird wohl einen Teil der gegenwärtig erlebbaren Aufbruchstimmung wieder blockieren und Dialoge verhindern, die aus dem Bewußtsein gemeinsamer Gefährdung heraus möglich und wichtig wären.

Es ist auch zu erwarten, daß die jetzt erlebte Angst von vielen einzelnen und auch im Kollektiv „untergepflügt“ wird wie die radioaktiv verseuchten Salatköpfe der Bauern. Solche mit Hilfe der verschiedensten Mechanismen „untergepflügte“ Angst bleibt ebenso wie die radioaktiven Substanzen am Salat auch „unter der Erde“ erhalten und wirkt dann unbewußt lähmend oder auch krankmachend. Angst, die nicht in Rettungsaktivität umgesetzt wird, sondern durch Bekämpfung eines Feindes „bewältigt“ wird, macht das Individuum und seine Beziehungen krank. Wir brauchen die jetzt erlebte Realangst und das Bewußtsein existentieller Gefährdung nicht, um moralische oder politische Überlegenheit zu gewinnen. Wir brauchen beides zur Entwicklung von Alternativen zur bestehenden Machtpolitik und ihren ökonomischen, technischen und sicherheitsstrategischen Symptomen. Nur wenn der Mensch Alternativen, also einen Ausweg aus der Gefahr sieht, braucht er die Gefahr selbst nicht zu verdrängen. Deshalb glaube ich, daß es jetzt nicht vor allem darauf ankommt, die Angst wachzuhalten. Gegen die Macht und die Wirkung der Abwehrmechanismen kann niemand etwas ausrichten. Es kommt darauf an, Alternativen zu erarbeiten und bekannt zu machen, damit die Angst wach bleiben und als Motiv für Veränderung verfügbar bleiben kann. Nicht die Verunsicherung ist die Gefahr, wie die Regierenden jetzt zumeist glauben, sondern der wiedereintretende Stillstand in der Entwicklung unserer demokratischen Gesellschaft. Solcher Stillstand kann eintreten durch Verleugnung von Gefahren, aber auch durch stagnierende Panik (Lähmung) und durch jede Art von Resignation, die eintritt, wenn kein Ausweg zu sehen ist.

Um Auswege zu finden, müssen sehr viel mehr Menschen auf vielen Gebieten sachkundiger und persönlich interessierter werden als sie bisher waren. Nur dann kann ihnen keine falsche Sicherheit und auch keine falsche Unsicherheit mehr eingeredet werden. Auswege müssen aber vor allem auch politisch gefunden und beschritten werden. Die gegenwärtige Diskussion um den Ausstieg aus der Kernenergie hat zum Teil Stellvertreterfunktion für viele andere, parallel dazu anstehende Konflikte. „Ausstieg“ bedeutet deshalb in diesem Zusammenhang nicht nur die Stillegung der deutschen Kernkraftwerke. „Ausstieg“ bedeutet ein grundsätzliches Umdenken auf allen Gebieten, in denen bisher der Profit und die Macht wichtiger waren als die Sicherheit der Bevölkerung.

In der Diskussion um den „Ausstieg“ handelt es sich auch um einen Kampf der Sachargumente gegen emotionale und ethische Argumente in der Politik. Einen bürgerkriegsähnlichen Ausdruck findet dieser Kampf derzeit in Wackersdorf, wo sich „das Chaos“ und „die Ordnung“ gegenüberzustehen scheinen. Beide Seiten glauben, den demokratischen Rechtsstaat zu verteidigen. Durch die Eskalation der Gewaltanwendung auf beiden Seiten gerät die Demokratie aber gerade in Gefahr.

In diesem „Bürgerkrieg“ zwischen Bürgern und Polizei wird auf beiden Seiten Widerstand mit Gewaltanwendung und Krieg verwechselt. So verständlich diese Verwechslung und die damit einhergehenden gewaltsamen Reaktionen und Gegenreaktionen sind, so gefährlich sind sie auch für uns alle. Verständlich wird mir die gewaltsame Reaktion beider Seiten immer wieder, wenn ich mir die Gefühle der Ohnmacht von Demonstranten gegenüber der Gewalt des Staates und die Angst der Repräsentanten dieses „Staates“ vor dem Machtverlust und vor dem Chaos vorstelle. In einer solchen Situation tendiert jeder Mensch mehr oder weniger stark dazu zu glauben, daß die eigene Rettung aus der Bedrohung nur durch die (gewaltsame) Beseitigung (der Macht) des anderen möglich wird. Wenn die Gewaltbeziehung so weit eskaliert ist, kann keine der beiden Seiten mehr sehen, daß letztlich die eigenen Waffen für die eigene Gesundheit und für das eigene Überleben ebenso gefährlich sind wie die Waffen der „anderen“.

Das Kampfgas und die Steinschleudern in Wackersdorf und Brokdorf sind Ausdruck und Folge der Phantasie, daß der Feind überwältigt werden muß, damit Ruhe und Sicherheit einkehren Diese Phantasie, daß Krankheitszeichen überwältigt und beseitigt werden müssen, besteht ähnlich auch in der Medizin und auch in der Psychotherapie. Wenn die Gewaltbeziehung bis zu einem bestimmten Niveau eskaliert ist, werden auch dort Krankheitssymptome durch Herausoperieren, durch medikamentöse Unterdrückung oder durch psychotechnische Tricks „beseitigt". Häufig ist das in aussichtslosen oder aussichtslos erscheinenden Fällen die letzte, verständliche Notlösung. Mit Gesundheit oder Gesundung oder „gesundem Widerstand" gegen die Erkrankung haben solche Notlösungen zumeist nur sehr wenig zu tun. Ein gesunder Widerstand besteht im direkten und übertragenen Sinn auf allen diesen Gebieten darin, daß frühzeitig (oder wenigstens rechtzeitig) viele kleine gesunde und widerstandsfähige Zellen entstehen und am Leben erhalten werden, die sich nicht zerstören lassen durch Spaltung und Wucherung.

Nicht die Tötung der potentiellen Mörder oder Selbstmörder verhindert Mord und Selbstmord (Krieg), sondern deren psychische Lebendigkeit bzw. Lebensfähigkeit. Ein gesunder, widerstandsfähiger Organismus besteht aus vielen kleinen, gesunden Zellen. Unsere Gesellschaft ist nicht nur mörderisch und selbstmörderisch. Es gibt auch Anzeichen dafür, daß in ihr an vielen Stellen solche gesunden Zellen entstehen, die das Leben nicht durch Gewalt gegen Gewalt zu retten versuchen, sondern dadurch, daß sie selbst möglichst lebendig werden oder bleiben: einzelne werden politisch lebendig, Familien und Gruppen beginnen gemeinsam für das gemeinsame Überleben zu kämpfen. Diese Zellen verbinden sich untereinander zu einem gesunden Organismus, indem sie sich gegenseitig informieren und helfen und Konflikte auf gesunde Weise austragen. Das ist „gesunder Widerstand".

Ein gesunder Organismus hat auch gut funktionierende Indikatoren für Gefahren, und er hat Kräfte frei, um bedrohliche Substanzen und Situationen abzuwehren. In unserer Gesellschaft sehe ich hier zum Beispiel unabhängige Öko-Institute und andere Wissenschaftler, die ihre politische Verantwortung erkannt haben. Ich sehe die Öko-Bauern und die vielen Selbsthilfe-, Friedens- und Ökologie-Gruppen. In ihnen wächst die Widerstandskraft unserer Gesellschaft gegen die Selbstzerstörung. Und Widerstand heißt hier eben nicht: Kampf gegen das „Böse", sondern: selbst möglichst lebendig bleiben und alle Kraft und allen Mut für die körperliche und seelische Gesundheit der Gesellschaft einsetzen.

Das Prinzip der Gesundung von einzelnen und von kleinen und großen Gemeinschaften besteht im Verzicht auf die Macht.[1] Verzicht auf Macht bedeutet zum Beispiel auch Verzicht auf die Nutzung der Kernenergie. Dieser Verzicht und die damit verbundenen positiven Konsequenzen sind derzeit in Österreich und in dessen Beziehungen zu seinen Nachbarstaaten zu sehen. Durch den „einseitigen" Verzicht auf Kernkraftwerke fällt es dort einer in dieser Hinsicht weniger gespaltenen Bevölkerung leichter, mit friedlichen Mitteln auf einen entsprechenden Verzicht der Nachbarstaaten hinzuwirken. Ich glaube, daß sich hier in unvorhergesehener Weise ein Denkmodell für die einseitige Abrüstung anbahnt. Natürlich ist die einseitige „Abrüstung" der Kernkraftwerke leichter vorstellbar und durchzusetzen als einseitige Abrüstungsschnitte im Ost-West-Konflikt, also einem Feind gegenüber, der immer noch als grundsätzlich aggressiv angesehen wird. Und doch wird am Beispiel der Kernkraftwerke die Sicherheitsgemeinschaft zwischen West und Ost so deutlich für jeden einzelnen erlebbar, daß sich nach diesem ersten Schritt vielleicht allmählich auch ein zweiter Schritt in der Bewußtseinsänderung einstellen könnte: das Bewußtsein, daß *alle* lebensgefährlichen Techniken, Substanzen und Waffen, die wir herstellen oder lagern, für *alle* Beteiligten *in gleicher Weise gefährlich* sind. Und vielleicht wird am Beispiel Österreichs oder anderer Länder, die auf die zivile Nutzung der Kernenergie verzichten, auch deutlich, wieviel leichter es ist, den Gegner zum Ablegen seiner Waffen zu bewegen, wenn man dabei nicht selbst dieselben Waffen in der Hand hält. Es würde sich dadurch auch in den politischen Außenbeziehungen unser Weltbild verändern. Bisher war dieses Weltbild von der Idee bestimmt, daß die eigenen Waffen nützen, die fremden aber schaden. Deshalb konnten unter anderem in den Abrüstungsverhandlungen bisher keine Fortschritte gemacht werden. Wenn es aber doch so wäre, daß auch die eigenen Waffen schaden? ...

Das Umdenken, das Anerkennen, daß eben doch sein kann, was bisher nicht sein durfte, ist deswegen so schwer, weil es die bisherige Richtung aller Anstrengungen in Frage stellt. Wer in seiner Person bisher keine Alternativen zu den Prinzipien der Macht entwickeln konnte, kann sich nicht vorstellen, daß er einen solchen Verzicht überleben würde. Aus psychischen Gründen kann er dann auch nicht auf die Kernkraft verzichten, auch wenn er ausschließlich rationale Gründe für seine Entscheidung angibt.

Neben dieser Erstarrung einer allerdings noch recht großen Gruppe in der Bevölkerung entsteht bei vielen anderen gegenwärtig ein neues Verständnis von Politik. Die Zusammenballungen von Macht und Gewalt bei den Regierenden, in der Wirtschaft und in der sogenannten Verteidigung werden als Wucherungen, als Symptome einer kranken Gesellschaft erkannt – vergleichbar den unkontrollierten Wucherungen von Krebsgeschwüren. Die Passivität und Gleichgültigkeit der großen gehorsamen Masse vieler einzelner wird als wichtige Ursache dieser Machtansammlungen gesehen. Viele einzelne beginnen jetzt zu verstehen, daß eben doch sein kann, was sie bisher zu ihrem Schutz nicht für wahr hielten, nämlich daß sie sich mehr schaden, wenn sie weiterhin schweigen als wenn sie anfangen, ihre Fragen und Zweifel an der Staatsgewalt öffentlich anzumelden und zur Selbsthilfe zu greifen. Politik ist für viele nicht mehr das, was die anderen tun. Politik ist das, was jeder tut und zu verantworten hat. Das Volk besinnt sich auf seine Rolle als Souverän des Staates, es will sich selbst bestimmen. Es will bemerkbar werden, die stumme Ohnmacht des braven Bürgers aufgeben und die Möglichkeiten einer wirklichen Demokratie Gestalt werden lassen. Der beste Widerstand ist die Beteiligung an der Gesundung unserer Gesellschaft, an der „Demokratisierung" unserer privaten und politischen Beziehungen. Diese Demokratisierung besteht zu einem großen Teil immer wieder in dem Übergang vom strategischen (machtpolitischen) Umgang miteinander zu einem Umgang, der vom Prinzip der direkten und konstruktiven Auseinandersetzung bestimmt ist.

Vielleicht hilft uns bei dieser Veränderung unserer Beziehungen das auch durch diesen Unfall gewachsene Bewußtsein, daß jeder einzelne mitverantwortlich ist für alles, was geschieht und was nicht geschieht. Die Suche nach Schuldigen behindert diese Entwicklung zur Erkenntnis der eigenen Beteiligung und Beteiligungsmöglichkeit. Das Wichtignehmen auch emotionaler und ethischer Gründe in der Politik gegenüber den ausschließlich rationalen „Sachzwängen" befördert das Entstehen einer Gesellschaft, die mörderische und selbstmörderische Techniken, Substanzen und Waffen nicht braucht und nicht duldet.

„Realpolitik" ist nicht Pragmatismus, sondern: das sehen, was ist, und nicht nur das, was sein soll.

Anmerkung

[1] vgl. Thea Bauriedl: Die Wiederkehr des Verdrängten. – Psychoanalyse, Politik und der einzelne. München: Piper 1986.

Anhang

Ausgewählte Literaturliste

Zusammengestellt von Christa Neukirchinger

Ambio: Nach dem Atomschlag. Ein Sonderbericht von Ambio, veröffentlicht unter der Schirmherrschaft der Königlich Schwedischen Akademie der Wissenschaften. Deutsche Ausgabe herausgegeben von Karlheinz Lohs. Frankfurt/M.: Pergamon Press 1983, 224 S., zahlreiche Skizzen und Abbildungen, DM 19,80

Bei diesem Sammelband handelt es sich um eine Übersetzung der englischen – in Oxford im selben Jahr erschienenen Ausgabe mit dem Originaltitel „Nuclear War: The Aftermath“. Dieses Buch entstand auf der Grundlage einer Sondernummer der internationalen Fachzeitschrift ‚Ambio‘ zu Umweltfragen. Es wurde von der Königlich Schwedischen Akademie der Wissenschaften und einer Beratergruppe konzipiert und herausgegeben. Der Gegenstand dieser Studie ‚Nach dem Atomschlag‘ ist eine wissenschaftliche Untersuchung zu den psychologischen und ökologischen Folgen eines Atomkrieges.

Der Sammelband enthält 15 Beiträge zum Thema Atomkrieg, die von bedeutenden Autoren unterschiedlicher Fachrichtungen aus den USA, der UdSSR sowie aus West- und Osteuropa verfaßt wurden. Es finden sich unter anderem Aufsätze des Friedensforschers Frank Barnaby (Die Auswirkungen eines globalen Nuklearkrieges: Die Waffenarsenale), des Politologen William A. Arkin und der Physiker Frank von Hippel und Barbara G. Levi (Konsequenzen eines ‚begrenzten‘ Nuklearkrieges in Ost- und Westdeutschland), des Mediziners Evgeni I. Tschasow und des Psychiaters M. E. Vartanian (Auswirkungen auf das Verhalten des Menschen) sowie des Arztes Hugh Middleton (Epidemiologie: Die Zukunft heißt Krankheit und Tod).

Ein Glossar mit Fachbegriffen und Angaben zu den einzelnen Autoren beschließt den Sammelband.

Anders, Günther: Die Antiquiertheit des Menschen. Erster Band: Über die Seele im Zeitalter der zweiten industriellen Revolution. München: C. H. Beck: 1956[6], 353 S., DM 28,–. Zweiter Band: Über die Zerstörung des Lebens im Zeitalter der dritten industriellen Revolution. München: C. H. Beck 1984[3], 465 S., DM 28,–

Dieses klassische Standardwerk von Günther Anders wird wohl nie an Aktualität verlieren und dürfte sicherlich nicht nur denen bekannt sein, die sich mit dem Thema nuklearer Bedrohung auseinandersetzen. In diesem Sinne erscheint es nicht notwendig, nochmals eingehend auf diese beiden Bände hinzuweisen. Die Empfehlung dieses Buchtitels steht außer Frage!

Anders, Günther: Hiroshima ist überall. München: C. H. Beck 1982, 394 S., 3 Abbildungen, DM 34,–

Der Band läßt sich in drei große Teile gliedern. Er enthält die folgenden Schriften von Günther Anders zur atomaren Situation: I. Das ‚Tagebuch aus Hiroshima und Nagasaki' (Der Mann auf der Brücke, 1958); II. Der ‚Briefwechsel zwischen dem Hiroshima-Piloten Claude Eatherly und Günther Anders' (Off Limits für das Gewissen, 1959–61); III. Die ‚Rede über die drei Weltkriege' (Die Toten, 1964). Welche Bedeutung diesem Werk beikommt, macht folgendes Zitat deutlich: „Günther Anders ist der gründlichste unter den Analytikern der atomaren Situation. Niemand hat so eindringlich wie er die Veränderungen beschrieben, die die Bombe für die menschliche Existenz bewirkt hat und ein für alle Mal. Denn mit Hiroshima hat ein neues Zeitalter begonnen ..." (Sender Freies Berlin).

Anders, Günther: Die atomare Drohung. Radikale Überlegungen. München: C. H. Beck 1983[4], 224 S., DM 19,80 (Beck'sche Schwarze Reihe 238)

Dieses Buch ist die 4., durch ein Vorwort erweiterte Auflage von „Endzeit und Zeitenende" aus dem Jahr 1972. Es gliedert sich in 11 Kapitel: Die beweinte Zukunft; Der Sprung; Über Verantwortung heute; Atomarer Mord – kein Selbstmord; Unmoral im Atomzeitalter. Warnung während einer Windstille; Thesen zum Atomzeitalter; Die Wurzeln der Apokalypse-Blindheit; Verharmlosung. Ihre Methoden; Der hippokratische Eid. Erwägungen zum Problem des „Produktstreiks"; Das monströseste Datum; Die Frist. Günther Anders setzt sich hier erneut mit der atomaren Situation auseinander und betont in seinem Vorwort zur zweiten Auflage von 1981 die nicht zu überbietende Aktualität: das, was 1972 gegolten hatte, gilt nun auch für das Jahr 1981. Er schreibt: „Die in diesem Buch präsentierten Überlegungen können nicht inaktuell werden, weil deren Gegenstand: die Gefahr der Totalkatastrophe, pausenlos weitergeht."

Bastian, Till (Hg.): Friedensnobelpreis für 140 000 Ärzte. Dokumente aus der medizinischen Friedensbewegung. Reinbek: Rowohlt 1985, 202 S., DM 7,80 (rororo aktuell 5817)

Dieser Band wurde von Till Bastian zusammengestellt. Er enthält Referate der ersten fünf Kongresse der „Ärzte gegen den Atomkrieg" und spiegelt somit wichtige Positionen der medizinischen Friedensbewegung wider. Das Buch beinhaltet Beiträge nicht nur von namhaften Medizinern – wie z. B. Till Bastian (Medizin vor dem Atomkrieg), Herbert Begemann (Die medizinischen Probleme der Überlebenden nach einem Atomkrieg), Karl Bonhoeffer (Zivilschutz – Nutzen oder Gefahr?), Walfried Linden (Direkte medizinische Wirkungen von Kernwaffen) –, sondern liefert darüberhinaus auch Vorträge aus unterschiedlichen Fachrichtungen wie Psychologie (Horst-Eberhard Richter: Angst, Hoffnung und Widerstand), Psychiatrie (Niels Pörksen: Wie die Psychiatrie zur Kriegsvorbereitung benutzt wird), Psychoanalyse (Paul Parin: Die Verleugnung der Gefahr und die Aufgabe des Arztes), Theologie (Uta Ranke-Heinemann: Christliche Krankenpflege und christliche Kriegsführung) sowie anderen Geisteswissenschaften (Walter Jens: Hippokrates und Holocaust).

In drei großen Kapiteln werden die verschiedenen Positionen zusammengestellt: I. Mißbrauchte Medizin; II. Hilflose Medizin; III. Verantwortliche Medizin. Das vierte Kapitel (International Physicians for the Prevention of Nuclear War, IPPNW) liefert Resolutionen, Erklärungen und Adressen, wobei insbesondere die Adressen der medizinischen Friedensinitiativen für den Leser von praktischer Bedeutung sein dürften. Am Ende des Buches finden sich Hinweise auf die Autoren.

Bayerische Ärztinnen und Ärzte gegen Atomenergie, Berliner Ärzteinitiative gegen Atomenergie, Hamburger Ärzteinitiative gegen Atomenergie (Hg.): Die Überlebenden werden die Toten beneiden. Ärzte warnen vor dem Atomkrieg. Köln: Pahl-Rugenstein 1982, 323 S., DM 14,80

Das Buch enthält Vorträge, die auf dem ersten „Medizinischen Kongreß zur Verhinderung des Atomkrieges" in Hamburg vom 19. und 20. September 1981 gehalten wurden. Zunächst werden ‚Physikalische Eigenschaften und Wirkungen der Nuklearwaffen' und ‚Ausbreitung und Wirkung des radioaktiven Niederschlags' erörtert. Neben den zahlreichen medizinischen Beiträgen – ‚Direkte medizinische Wirkungen von Kernwaffen', ‚Das Gesundheitssicherstellungsgesetz – ein Notstandsgesetz der Medizin', „Die ‚Internationale Ärztebewegung für die Verhütung eines Atomwaffenkrieges'", etc. – wird das Thema Atomkrieg jedoch auch aus der psychologischen Perspektive heraus beleuchtet. Es finden sich Beiträge von Horst-Eberhard Richter sowie von Niels Pörksen. Im zweiten Teil des Buches werden die Beiträge zum Kongreß durch Thesen und Ergebnisse der dort abgehaltenen Arbeitsgruppen erweitert, wobei neben medizinischen Aspekten auch auf soziale und ökologische eingegangen wird. Ein Anhang, der sich auf die Teile 3–7 erstreckt, bereichert den Band. Nach einem Exkurs in Teil 3 liefert der 4. Teil eine reiche Auswahl interessanter Dokumente, während im 5. Teil – mit dem Titel ‚Pressespiegel' – zahlreiche Beispiele für die journalistische Auseinandersetzung mit dem Thema Atomkrieg gegeben werden. Die praktische Zusammenstellung von Kontaktadressen im 6. Abschnitt des Buches ermöglicht dem interessierten Leser einen direkten Zugang zu Ärzte- und anderen Initiativen im Gesundheitswesen. Wer Näheres über die Autoren und Referenten erfahren möchte, findet im 7. und letzten Teil Informationen dazu.

Belschner, W., Bolm, G., Burian, C. et al. (Hg.): Bewußtsein und Widerstand. Ausgewählte Beiträge vom 2. Friedenskongreß Psychologie, Psychosoziale Berufe, Dortmund, Mai 1984. Frankfurt/M.: Haag + Herchen 1985, 207 S., DM 24,80

Bei diesem Sammelband handelt es sich um Vorträge, die im Mai 1984 auf dem 2. Friedenskongreß Psychologie und Psychosoziale Berufe in Dortmund gehalten wurden. Die hier erschienenen, ausgewählten Beiträge analysieren psychologische Aspekte des Umgangs mit atomarer Bedrohung und der Entwicklung von Widerstand. Ferner diskutieren sie kritisch die Rolle, die die Psychologie als Wissenschaft im Zusammenhang mit Krieg und Frieden einnimmt. Der Sammelband umfaßt 15 Vorträge, von denen zumindest eine Auswahl im folgenden genannt werden soll: N. Kathmann: Kriegsangst und individuelle Bewältigungsstrategien unter atomarer Bedrohung; G. Bolm: Warum und wozu ich die Gefahr atomarer Vernichtung verleugne; C. Burian: Feministische Ansätze der Menschheit durch atomare Vernichtung; A. Schwarz: Die Angst vor (zivilem) Ungehorsam; B. Wilhelmer: Zum Verhältnis von Zukunftsangst und Handlungsfähigkeit; H.-D. Basler: Aktivierung für den Frieden – eine Analyse von Modellen zum Gesundheitsverhalten bei vitaler Bedrohung sowie H.-L. Siemen: Die psychiatrische Panikprävention als Bestandteil der innenpolitischen Aufrüstung.

Bolm, Gerhard: Warum bleiben noch immer so viele apathisch? Psychologische Überlegungen zum gesellschaftlichen Umgang mit Kriegsgefahr und Kriegsangst. In: GwG-Info 52 (1983), 94–100

Der Ausgangspunkt von Bolms politisch-psychologischen Überlegungen ist der Widerspruch zwischen der offensichtlichen Gefahr atomarer Vernichtung und der Untätigkeit noch immer sehr großer Bevölkerungsteile. Diese Untätigkeit versteht der Autor modellhaft als Manifestation psychischer „Empfindungslosigkeit“ im Sinne Robert J. Liftons und führt diese auf die Interaktion folgender Faktoren zurück: 1. In unserer Gesellschaft ist der sichere, individuelle Tod ebenso ein Tabu wie der wahrscheinliche kollektive Untergang. Die Gefahr des letzten führt zu psychischer „Empfindungslosigkeit“, weil für den drohenden „Tod der Ungeborenen“ (J. Schell) und den damit gegebenen Verlust von Sinn und Perspektive gesellschaftsweit keine Verarbeitungsweisen bereitstehen; 2. Wir unterliegen einer politisch-ideologischen Beeinflussung, die Rüstung mit einem Sinn versieht (Sicherheit durch Macht), der ihre Risiken als sekundäres und irrelevantes Beiwerk erscheinen läßt.

Büttner, Christian: Kriegsangst bei Kindern. München: Kösel 1982, 109 S., zahlreiche Abbildungen, DM 19,80

Christian Büttner analysiert in seinem Buch Kriegsängste und Kriegsphantasien von Kindern. Anhand von Zeichnungen und Gesprächsausschnitten dokumentiert er, wie Kinder verschiedener Altersgruppen sich mit dem Thema Krieg auseinandersetzen und durch welche tieferen Aspekte der Persönlichkeitsentwicklung Kriegsphantasien mitbedingt sind. Eltern und Erziehern werden Hinweise gegeben, wie sie diese Phantasien verstehen und richtig verarbeiten können. Der Band ist in neun Kapitel gegliedert: 1. Kinder und Kriegsängste; 2. Unsere Sicherheit: das Vertrauen der Kinder; 3. Kinder im Krieg; 4. „Vergewaltigt" und alleingelassen – Kinderängste im Frieden; 5. Hilflos und verstümmelt – Kriegsphantasien der Mädchen; 6. Verpanzert und voller Aggression – Kriegsphantasien der Jungen; 7. Alles oder nichts – Phantasien totaler Ohnmacht und totaler Wut; 8. Erziehung zur Friedensfähigkeit; 9. Meine „Kriegsangst" und meine Feindseligkeit. Ein Nachwort von Aloys Leber sowie eine Liste empfehlenswerter Bücher beenden den Band.

Chivian, E., S., Lifton, R. J. & Mack, J. E.: Last Aid. Letzte Hilfe. Die medizinischen Auswirkungen eines Atomkrieges. Neckarsulm: Jungjohann 1985, 316 S., 109 Abb., DM 24,80

Bei diesem Sammelband handelt es sich um die deutsche Übersetzung der englischen Originalausgabe aus dem Jahre 1982. Er stellt das Ergebnis des ersten Kongresses der „internationalen Ärzte für die Verhütung des Atomkrieges" (IPPNW) dar, der im März 1981 in der Nähe von Washington D. C. stattfand. An dieser historischen Zusammenkunft nahmen 72 Ärzte aus 12 Ländern teil, zu denen führende medizinische Persönlichkeiten aus den Vereinigten Staaten, der Sowjetunion, Großbritannien, Westeuropa und Kanada zählten.

Die meisten Beiträge in diesem Band wurden beim ersten Kongreß der IPPNW vorgetragen; einige davon sind aber auch Ergebnisse von den Diskussionen der Teilnehmer, andere wiederum wurden speziell für dieses Buch geschrieben oder auch verschiedenen wissenschaftlichen Werken entnommen.

Die Aufsätze des Sammelbandes, der sich in fünf große Kapitel gliedern läßt, konzentrieren sich zwar vorwiegend auf medizinische Aspekte – dies ist natürlich schon durch die Auswahl der Autoren mitbedingt –, doch finden sich in diesem Buch auch für eine psychologische Auseinandersetzung mit dem Thema Atomkrieg interessante Beiträge. In diesem Zusammenhang sei hier auf die beiden Kapitel II und V hingewiesen. Im zweiten Kapitel findet sich zum einen der Aufsatz von dem Japaner Michito Ichimaru (Nagasaki, 9. August 1945: Ein persönlicher Bericht), bei dem es sich, wie der Titel schon angibt, um eine ganz persönliche Schilderung dieses grauenvollen Tages handelt. Zum anderen enthält dieses Kapitel den Beitrag von Robert J. Lifton, der sich mit den ‚Psychologischen Wirkungen der Atombombenabwürfe' auseinandersetzt. Robert J. Lifton gehört mit zu den wichtigsten Wissenschaftlern, die sich von der psychologischen Perspektive aus mit diesem Thema auseinandersetzen. Für eine solche Sichtweise ist auch das fünfte Kapitel von Bedeutung, das den Titel trägt: ‚Atomkrieg in den 80er Jahren: Ökologische und psychologische Veränderungen'. Hier ist insbesondere auf den Aufsatz der beiden Autoren Robert J. Lifton und Kai Erikson hinzuweisen: ‚Überlebende eines Atomkrieges: Psychologischer und sozialer Zusammenbruch'.

Das Buch schließt mit einem Anhang, der ein Sachwortverzeichnis und die Schlußerklärungen des 1. Kongresses der Internationalen Ärzte zur Verhütung des Atomkrieges (IPPNW) umfaßt. Diese Erklärungen, die am letzten Tag des Kongresses verfaßt wurden, stellen das Ergebnis der Anstrengungen und der Schlußfolgerungen von den Kongreßteilnehmern dar. Dort werden unter anderem nochmals kurz die wesentlichen psychologischen Folgen und Auswirkungen zusammengefaßt (S. 301–303).

Greune, G. & Mannhardt, K. (Hg.): Hiroshima und Nagasaki. Bilder, Texte, Dokumente. Köln: Pahl-Rugenstein 1982[2], 135 S., zahlreiche Fotos und Abbildungen, DM 14,80

Dieser Sammelband beinhaltet mehrere Aufsätze der Herausgeber: Geschichte der ersten Atombomben; Waren die Atombomben auf Hiroshima und Nagasaki notwendig?; Wirkungen der Atombombenexplosionen; Soziale Folgen des Atombombenangriffs: die Tragödie der Hibakusha. Ergänzt werden diese Beiträge durch zahlreiche japanische Gedichte – wobei nur ein einziges nicht-japanisches Gedicht mitaufgenommen wurde: ‚Hiroshima' von Marie Luise Kaschnitz – und durch Berichte von Überlebenden. Am Schluß des Buches stehen eine Chronologie: ‚Das atomare Wettrüsten und der Kampf um die nukleare Abrüstung' und eine Reihe von Dokumenten wie z. B. der Stockholmer Appell, das Einstein-Russel-Manifest, die Göttinger Erklärung sowie die Resolution der 9235 Wissenschaftler an die Vereinten Nationen. Eine Fülle von Fotos und Abbildungen, die das Inferno von Hiroshima und Nagasaki zeigen, vermittelt letztlich eine Vorstellung davon, wie die Welt nach einem Atomkrieg aussehen wird. Den Sinn dieses Buches beschreiben die Herausgeber im Vorwort wie folgt: „Was im August 1945 in diesen beiden Städten geschah, die Folgen und die Vorgeschichte des ersten Atombombenabwurfes muß sich jeder zur Warnung vergegenwärtigen. Unser Buch soll dazu einen Beitrag leisten."

Welchen Stellenwert dieser Band einnimmt, braucht somit nicht mehr eigens hervorgehoben werden.

Lifton, Robert J.: „Wir sind alle verwundbar – und wir vergöttern die Bombe". Das Psychologie Heute-Gespräch mit Robert J. Lifton. In: Psychologie Heute 10 (1983), 4, 40–47

In einem Interview mit dem Psychiater Rober J. Lifton, der unter anderem die psychologischen Auswirkungen des Atombombenabwurfs über Hiroshima untersuchte, werden die Bedeutung und der Umgang mit der Atombombe in der heutigen Zeit diskutiert. Mit dem Begriff „psychische Betäubung" wird erläutert, wie es möglich ist, Hiroshima und seine Folgen zu ignorieren und heute mit der Atombombe zu leben bzw. sie sogar zu vergöttern. Nach Überwindung der psychischen Betäubung werden nach Auslösung starker Angst verschiedene Verhaltensweisen als möglich angesehen: Resignation, Zynismus, Warten auf die Apokalypse, aber auch die Bereitschaft, etwas dagegen zu tun und der Gefahr zu begegnen. Die Anti-Atombewegung wird als erster Schritt in diese Richtung befürwortet.

Lutz, Dieter (Hg.): Kein Überleben ohne Frieden oder Die Folgen eines Atomkrieges. Frankfurt/M.: Fischer 1982, 296 S., DM 12,80 (Fischer Taschenbuch 4240)

Bei diesem Buch handelt es sich um einen Sammelband, der Beiträge des Office of Technology Assessment (OTA), des Internationalen Ärztekongresses in Airlie sowie von Autoren aus unterschiedlichen Fachrichtungen enthält. Neben den Aufsätzen über Folgen, Wirkungen und Konsequenzen eines Atomkrieges – wie z. B. ‚Allgemeine Beschreibung der Wirkung einer Kernexplosion' und ‚Atomkriegsfolgen – Zusammenfassender Überblick' von OTA, ‚Die ständige Bedrohung der Menschheit' von den Vereinten Nationen, ‚Von der Atombombe zum nuklearen Holocaust' von dem Friedensforscher Georg Fuchs, ‚Konsequenzen eines Nuklearkrieges in Europa' von Henry W. Kendall (vom Massachusetts Institute of Technology M. I. T.) sowie ‚Nukleare Katastrophen: ein Vergleich' von den Autoren Steven Fetter und Kosta Tsipis (vom M. I. T.) – setzen sich mehrere Beiträge mit dem Thema Zivilschutz auseinander. Im Gegensatz zu den zahlreichen anderen Sammelbänden, die sich mit dem Thema Atomkrieg befassen, stellt der Aufsatz „Charlottesville – Eine fiktive Erzählung" von Nan Randall wirklich etwas Neues dar. Diese fiktive Erzählung wurde von OTA mit der Absicht in Auftrag gegeben, ein konkretes Verständnis für die Situation der Überlebenden eines Atomkrieges zu vermitteln. Im Anhang des Sammelbandes findet sich eine recht interessante Dokumentation, die zum einen den Beitrag von Jürgen Kronshage „Atomwaffenunfälle – Versuch einer Chronologie" enthält und zum anderen die Broschüre „Ihr Vorsorgepaket. Selbstschutz – Vorsorge und Eigenhilfe der Bürger" vom Bundesverband für den Selbstschutz. Ein Glossar wichtiger Fachbegriffe zu diesem Thema und ein Verzeichnis der Autoren stehen am Schluß des Buches. Zahlreiche Abbildungen erhöhen den Informationsgehalt der Beiträge noch zusätzlich.

Modena, Emilio & Passett, Peter: Krieg und Frieden aus psychoanalytischer Sicht. Frankfurt/M.: Roter Stern 1983, 325 S., DM 28,–

Dieser Sammelband enthält Referate zu einer Tagung, die 1983 vom Psychoanalytischen Seminar Zürich veranstaltet wurde. Anknüpfend an die kulturkritische Tradition der Psychoanalyse von Sigmund Freud werden Aufgaben und Möglichkeiten der Psychoanalyse angesichts der Gefahr eines Atomkrieges diskutiert. Die aufklärerische Funktion der Psychoanalyse wird insbesondere darin gesehen, Abwehrmechanismen und ihre verborgenen Inhalte durchschaubar und damit veränderbar zu machen. Das Buch setzt sich aus zwölf Vorträgen zusammen, die unter anderem von Autoren wie J. Reichmayr, K. Horn, K. Böser, H.-E. Richter, M. Pohlen, D. Jüngst, M. Mitscherlich-Nielsen, C. F. Shatan und E. Mahler verfaßt wurden.

Nedelmann, Carl (Hg.): Zur Psychoanalyse der nuklearen Drohung. Vorträge einer Tagung der Deutschen Gesellschaft für Psychotherapie, Psychosomatik und Tiefenpsychologie. Göttingen: Vandenhoeck & Ruprecht 1985, 210 S., DM 28,–

Aus psychoanalytischer Sicht werden Überlegungen zu verschiedenen Aspekten der bestehenden nuklearen Bedrohung dargelegt. Es wird dabei auf unbewußte psychische Vorbedingungen für das Entstehen und Aufrechterhalten der Gefahr, auf die Funktion von Feindbildern, auf individuelle und kollektive Reaktionen angesichts der Bedrohung und auf das Verhältnis von Psychoanalyse zu im weitesten Sinne politischem Handeln eingegangen. Bei den Beiträgen handelt es sich überwiegend um Vorträge sowie um einen Arbeitsgruppenbericht, die 1984 auf einer Tagung der Deutschen Gesellschaft für Psychotherapie, Psychosomatik und Tiefenpsychologie in Lindau gehalten wurden. Dieser Sammelband enthält neun Referate von Autoren wie M. Wangh (Die Herrschaft des Thanatos. Über die Bedeutung der Drohung eines nuklearen Krieges und der Einfluß auf die psychoanalytische Theoriebildung), E. Mahler (Zur Persistenz und Auflösbarkeit von Feindbildern. Einige psychoanalytische und psychohistorische Anmerkungen), H. Friedrich (Todesbilder, Unsterblichkeitsphantasien, Abschreckung und nukleare Vernichtung), H. Pfannschmidt (Die politische Implikation der Psychoanalyse. Über den Umgang mit Macht), H.-E. Richter (Als Psychoanalytiker in der Friedensbewegung) sowie H. Becker, S. Becker und H. Lüdeke (Wie unpolitisch darf ein Analytiker sein?).

Perincioli, Christina: Das Harrisburg-Syndrom. In: Psychologie Heute 7 (1980), 8, 30–36

Die Autorin berichtet über die schweren psychischen Folgen des Reaktorunfalls in Harrisburg. Sie zeigt, wie die Anwohner, abgesehen von der ständigen gesundheitlichen Bedrohung, die dadurch entstehe, daß immer wieder erneut radioaktive Gase aus dem verseuchten Reaktorkern abgelassen werden, vor allem unter psychischem Streß zu leiden haben. Aufgrund von Berichten von Betroffenen und einer dort ansässigen Psychotherapeutin stellt sie dar, daß Lebens- und Existenzängste, zerrüttete Familien und verstörte Kinder die Folgen sind. Diese Tatsache ist für die Autorin das wesentliche Argument der örtlichen Bürgerinitiativen gegen die Wiederinbetriebnahme des Reaktors.

Perincioli, Christina: Die Frauen von Harrisburg oder „Wir lassen uns die Angst nicht ausreden". Reinbek: Rowohlt 1980, 107 S., DM 6,80 (rororo aktuell 4719)

Für eine psychologische Auseinandersetzung mit dem Thema nukleare Bedrohung soll auch dieser Band empfohlen werden, da er – ähnlich wie auch Robert del Tredicis „Menschen von Harrisburg" – ganz individuelle und persönliche Berichte von Betroffenen über den Unfall in Harrisburg wiedergibt. Die Autorin befragte dreizehn Frauen und einen Mann über ihre Erfahrungen während der Tage, als eine Atomkatastrophe unmittelbar zu drohen schien. Sie schildern ihre Gefühle – ihre Angst, ihre Wut – und berichten von den Veränderungen, die in der ehemals so friedlichen und heilen Welt der Provinzstadt Harrisburg seitdem geschehen sind. Die zwei großen Kapitel des Buches (1. Die Frauen von Harrisburg; 2. Vor der Atomkontrollbehörde) enthalten unter anderem folgende Gespräche und Beiträge: „Du kannst es nicht sehen. Du kannst es nicht fühlen. Und es ist niemals vorbei"; „Mein Kind wird in Ordnung sein – Das war mein einziger Gedanke"; Ist die Angst der Mütter berechtigt?; „Beziehungen lösen sich auf. Freundschaften zerbrechen"; „Meine Unschuld, meine Vertrauensseligkeit – das ist alles weg"; „Wir sind Geiseln unserer eigenen Regierung und einer Firma, für die Profit wichtiger ist als die Menschen". Der Sammelband wird ergänzt durch Skizzen, zahlreichen Abbildungen, Zeitungsausschnitte, Fakten (z. B. zur Chronik des Unfalls) und einer Zusammenstellung weiterführender Literatur.

Petersen, Greta: Atomkriegsgefahr, Umweltzerstörung – Psychotherapie. GwG-Info No. 47 (1982), 70–88

Greta Petersen versucht in diesem Beitrag, einen Überblick über kritische Positionen zur Psychotherapie im Atomzeitalter zu vermitteln. Sie stellt dabei die Reaktionen einzelner Psychotherapeuten auf die gegenwärtige Situation der Atomkriegsgefahr und Umweltzerstörung dar. In diesem Zusammenhang wird ausführlich auf die Standpunkte von H.-E. Richter, E. Fromm, der akademischen Psychoanalyse und C. Rogers eingegangen. Sie leitet aus dem Selbstverständnis der klientenzentrierten Therapeuten ab, wie sehr Politik und Therapie bis jetzt getrennt werden und das Ansprechen der „tödlichen Betroffenheit" vermieden wird. Die Autorin stellt umfassend Verleugnung, Projektion, Beschwichtigung, Abstumpfung und Verschiebung als Abwehrmechanismen gegen die Wahrnehmung unserer Bedrohung dar. Darüberhinaus äußert sie die Überzeugung, daß eine Therapie des ganzen Menschen seine gesellschaftliche Situation mit beinhalten muß. Es stellt sich somit die Aufgabe, die Hindernisse und Schwierigkeiten aufzuzeigen und zu überwinden, die sich einer politisierenden Therapie in den Weg stellen.

Petersen, Greta: Die Gefahr eines nuklearen Krieges als Thema in der Psychotherapie. GwG-Info No. 56 (1984), 209–219.

Greta Petersen reflektiert in diesem Aufsatz über die nukleare Kriegsgefahr als Thema in der Psychotherapie und geht dabei von der Erkenntnis aus, daß konfliktfreies optimistisches Funktionieren angesichts allgegenwärtiger Umweltvernichtung und Todesbedrohung nicht länger ein Zeichen von psychischer Gesundheit ist, wie andererseits Gefühle von Sinnlosigkeit auch nicht unbedingt Symptome psychischer Fehlanpassung sind. Die Ermöglichung der Wahrnehmung und Auseinandersetzung mit diesen lebensbedrohenden Aspekten hält sie für eine der wichtigsten Aufgaben heutiger Psychotherapie. Nach einer kritischen Auseinandersetzung mit der klientenzentrierten Therapie begründet sie ihr eigenes methodisches Vorgehen, das Thema der Atomkriegsgefahr bewußt einzubringen, anstatt auf spontanes Auftreten zu warten. Dazu berichtet sie über Erfahrungen aus einer Gruppentherapie und analysiert diese.

Psychosozial 19 (September 1983): Bürgerlicher Ungehorsam. Lernen und Handeln für den Frieden. Reinbek: Rowohlt 1983, 168 S., DM 9,80 (rororo sachbuch 7219)

Dieser Band enthält einen Ausschnitt aus den vielfältigen Beiträgen und Aktivitäten der psychosozialen Berufsgruppen zur Frage, welche Möglichkeiten des Widerstands gegen die atomare Rüstungsdynamik und des aktiven Eintretens für eine friedliche und menschenwürdige Zukunft in diesen Berufsfeldern zu praktizieren sind.

Die einzelnen Beiträge zum Schwerpunktthema: ‚Bürgerlicher Ungehorsam – Lernen und Handeln für den Frieden' stammen unter anderem von Horst-Eberhard Richter (Frieden und Psychologie), Till Bastian (Maschinengewehre hinter der Front), Knut Sroka (Katastrophenmedizin – Flankenschutz für die Aufrüstung) und Knut Nevermann (Friedenserziehung im Ministerstreit). Paul Parin erörtert in seinem Aufsatz die therapeutische Aufgabe im Zusammenhang mit der Verleugnung der Gefahr eines nuklearen Krieges, wobei er auf psychoanalytische Konzepte zurückgreift. Im Artikel von Franz-Josef Ensel wird diskutiert, wie man mit der Angst vor einem möglichen Atomkrieg umgeht, und nach Bedingungen gefragt, unter denen man diese weitgehend verdrängte Angst schrittweise zulassen und in politisches Handeln umsetzen kann. Der erste Beitrag vom 2. Freiburger Friedenspolitischen Kongreß (1983) von Helmut Wetzel und Erica Kreici befaßt sich schließlich mit Angst und Angstverbreitung angesichts der atomaren Bedrohung (Plädoyer für die Hoffnung).

Richter, Horst-Eberhard: Zur Psychologie des Friedens. Reinbek: Rowohlt 1984, 313 S., DM 7,80 (rororo sachbuch 7869)

Horst-Eberhard Richters Buch ist längst ein Klassiker für die Themen Frieden und nukleare Bedrohung geworden. In diesem Band analysiert er psychologische Aspekte der Kriegsgefährdung und der Friedensfähigkeit der Menschen. An vielen Beispielen stellt er psychologische Möglichkeiten der Friedensarbeit dar. Das Buch läßt sich in vier große Kapitel gliedern: I. Politik ist so, wie die Menschen sind, die sie machen oder für sich machen lassen; II. Zur Psychologie der Unfriedlichkeit; III. Zur Psychologie der Friedensfähigkeit; IV. Beispiele.

Horst-Eberhard Richter setzt sich als Psychologe bzw. Psychoanalytiker mit diesen Themen auseinander, geht aber auch auf die Perspektiven anderer Berufsgruppen wie z. B. Ärzte und Physiker ein.

Das Buch schließt mit einem Anhang, bestehend aus dem Beitrag ‚Es war einmal ... Das Kennedy-Chruschtschow-Experiment‘ und den ‚Zehn Schlußthesen‘.

Rogers, Carl: Rede von Carl Rogers im Kongreß-Zentrum Hamburg. Ansichten eines Psychologen über den Atomkrieg: Seine Gefahren, seine mögliche Verhinderung. GwG-Info No. 48 (1982), 36–47

Dieser Beitrag gibt die Ansichten über den Atomkrieg, seine Gefahren und mögliche Verhinderung wieder, die der Psychologe Carl Rogers 1982 in seinem Vortrag in Hamburg vertritt. Nach einer Beschreibung der mutmaßlichen Auswirkungen eines Atomkrieges erörtert er Handlungsschritte, wie man den Holocaust verhindern könnte. Dabei greift er Osgoods bereits 1962 veröffentlichte Thesen über abgestufte und gegenseitige Initiativen zur Spannungsreduktion auf, um darzulegen, daß einseitige, von der gegnerischen Seite überprüfbare und nachvollziehbare Schritte zur Entspannung sinnvoll sind. Er berichtet über Erfahrungen im Umgang mit sozialen Spannungen, die im Rahmen von Gruppensitzungen mit zum Teil verfeindeten Teilnehmern gewonnen wurden. Er macht deutlich, daß offenes Ausdrücken von Gefühlen und Meinungen Kommunikation und damit gegenseitiges Verständnis und konstruktives Handeln ermöglicht. Die Verhandlungen von Camp David, die viele Eigenschaften von intensiven Gruppensitzungen aufwiesen, führt er als Beispiel dafür an, daß dies nicht nur für Konferenzen und Encounter-Gruppen zutrifft, sondern auch für internationale Streitigkeiten hilfreich ist. Carl Rogers hält es für möglich und notwendig, diesen Prozeß der Kommunikation auf die Spannungen zwischen Atommächten zu übertragen.

Sommer, Gert & Börner, Anne (Hg.): Vorkrieg oder Panikmache? Tübingen: Deutsche Gesellschaft für Verhaltenstherapie 1985, 108 S., DM 16,–

In diesem Band werden die Auswirkungen von Aufrüstung und Kriegsvorbereitung auf das Gesundheitswesen und die psychosoziale Versorgung sowie die psychologischen Mittel, mit denen Kriegsvorbereitung betrieben oder begünstigt wird, aufgezeigt. Die Beiträge stellen eine Fortführung von Themen dar, die zum einen auf den Kongressen „Bewußt-Sein für den Frieden" (1983 und 1984) in Dortmund und zum anderen auf dem „Kongreß für Klinische Psychologie und Psychotherapie" 1984 in Berlin entwickelt wurden. Die Aufsätze dieses Buches lassen sich in drei große Kapitel gliedern: I. Historische und politische Beiträge (in denen die Atomkriegsgefahr und -vorbereitung historisch und politisch aktuell verdeutlicht werden); II. Militarisierung des Gesundheitswesens; III. Psychologische Analysen (von Kriegsgefahr und ihrer Verleugnung, von Aggressionsbewältigung, Friedenssehnsucht und politischem Bewußtsein). Der Sammelband beinhaltet zehn Beiträge von folgenden Autoren: E. Jürgens, J. Weber, M. Kasten, R. Pfeiffer, H.-L. Siemen, R. Bergius, H.-E. Richter, G. Bolm, G. Sommer sowie W. Kempf.

Sonderheft von Psychologie Heute: Warum nicht Frieden? Weinheim: Beltz, 98 S., 60 Fotos, DM 12,80

In diesem Sondermagazin der Zeitschrift Psychologie Heute wurden auf 98 Seiten, ausgestattet mit 60 Fotos, Aufsätze von bekannten Autoren zum Thema Frieden zusammengestellt. Neben bedeutenden Psychologen finden sich unter anderem auch Beiträge von dem Psychoanalytiker Horst-Eberhard Richter (Flüchten oder Standhalten), von dem Soziologen Kai Erikson, der zusammen mit Robert J. Lifton den Aufsatz „Die Psyche am ‚Tag danach'" verfaßt hat, von dem Philosophen Günther Anders („Ängstigt Euren Nächsten wie Euch selbst") sowie von dem Hiroshima-Piloten Claude Eatherly. Weitere Beiträge aus dem Inhalt: Die Verharmlosung des Grauens (F. Streiffeler), Entsteht der Krieg in den Köpfen der Menschen? (Psychologische Friedensforschung), Feind-Bilder (Sam Keen), Beginnt der Krieg im Kinderzimmer? (B. Kroner), Vermiedene Konflikte führen zum Krieg (T. Bauriedl, F. Wölpert) u. a.

Strohm, Holger: Friedlich in die Katastrophe. Eine Dokumentation über Atomkraftwerke. Frankfurt/M.: Zweitausendeins 1986[11], 1292 S., viele Zeichnungen, Fotos, Dokumente, DM 17,–

Das Buch des ehemaligen Industrieberaters Holger Strohm gilt als klassisches Standardwerk zum Thema Kernkraft. In 30 Kapiteln bringt es Informationen, die durch wissenschaftliche Quellen belegt sind, und trägt Fakten zur Atomenergie zusammen, die von Regierung, Behörden und Industrie gern verschwiegen werden. Der Sender Freies Berlin beschreibt es als eine „grausige Bestandsaufnahme dessen, was uns droht".

Holger Strohms Dokumentation über Atomkraftwerke ist jedoch auch für eine psychologische Auseinandersetzung mit diesem Thema eine wertvolle Hilfe, das es an mehreren Stellen – wie z. B. in den Kapiteln ‚Weitere Unfallmöglichkeiten' und ‚Wie hoch ist das Unfallrisiko?' unter anderem auch auf Aspekte menschlichen Versagens näher eingeht. Auf den knapp 1300 Seiten bietet das Buch mit vielen Zeichnungen, Fotos, Dokumenten, einem Verzeichnis wichtiger Abkürzungen sowie einem ausführlichen Index dem Leser eine Fülle von wertvollen Informationen.

Tashiro, E. & Tashiro, J. K.: Hiroshima. Menschen nach dem Atomkrieg. München: Deutscher Taschenbuch Verlag 1982, 212 S., zahlreiche Abbildungen, DM 9,80 (dtv 10098)

In 6 großen Kapiteln setzen sich die Ärztin Elke Tashiro und ihr Mann, der Journalist Jannes Kazuomi mit den Menschen von Hiroshima auseinander. Die einzelnen Abschnitte lauten: Atomkrieg im August 1945; Der Atomtod; Hibakusha: Menschen, die die Atombombe überlebten; die neuen Städte; Vergangenheitsbewältigung; Leben im Atomzeitalter. Jedes Kapitel wird darüberhinaus durch zahlreiche Augenzeugenberichte und japanische Gedichte ergänzt.

Neben der Thematik des Atomkrieges befassen sich die beiden Autoren im Abschnitt über Leben im Atomzeitalter auch mit der „friedlichen" Nutzung der Atomenergie. Ihre persönlichen Gefühle und Gedanken zum Thema Atomkrieg kommen am beeindruckendsten im letzten Absatz mit dem Titel ‚Schlaglicht Berlin' zum Ausdruck. Sie berichten an dieser Stelle von einer Ausstellung in Berlin, die sie zusammen mit japanischen und deutschen Freunden am 6. August 1982 veranstaltet hatten. (Die Ausstellung befaßte sich mit den Geschehnissen in Hiroshima und Nagasaki.) Gerade diese sehr persönliche Stellungnahme am Ende des Bandes hinterläßt einen tiefen Eindruck.

Mit einer Atomchronik, die die Ereignisse zu diesem Thema ausgehend vom 16. Juli 1945 bis zur Friedenswoche vom 7.–17. November 1982 dokumentiert, schließt das Buch von Elke und Jannes Kazuomi.

Dieser Sammelband, der sich neben den Beiträgen der beiden Autoren auszeichnet durch die zahlreichen Augenzeugenberichte, die japanischen Gedichte und das umfassende Bildmaterial in der Mitte des Buches, ist ein wichtiger Beitrag zum Thema Atomkrieg.

Traube, Klaus et al.: Nach dem Super-Gau. Tschernobyl und die Konsequenzen. Reinbek: Rowohlt 1986, 203 S., zahlreiche Abbildungen, DM 8,80 (rororo aktuell 5921)

Wenn sich dieses Buch auch nicht explizit mit psychologischen Dimensionen nuklearer Bedrohung auseinandersetzt, so soll dennoch kurz auf diesen Buchtitel hingewiesen werden, da er zum einen menschliche Aspekte natürlich nicht ausklammern kann – was sich auch bereits an den Kapitelüberschriften zeigt –, und zum anderen wohl einen der ersten Beiträge über den Unfall von Tschernobyl darstellen dürfte.

In fünf großen Kapiteln stellt dieser Sammelband Beiträge von verschiedenen Autoren zusammen: 1. Der ‚Unfall'; 2. Die Reaktion; 3. Die Folgen; 4. Die Menschen; 5. Die Konsequenzen. Neben den Berichten über die Vorfälle im Atomkraftwerk Tschernobyl (Lutz Mez: „Der Super-GAU im Atomkraftwerk Tschernobyl. Eine Chronik der Nachrichten, Informationen und Spekulationen"; Harald Schumann: „Was geschah in Tschernobyl? Versuch einer Rekonstruktion der wahrscheinlichen und möglichen Ereignisse", u. a.) und Beiträgen zu Radioaktivität (Ewald Gaul: „Strahlendosis und Auswirkungen"; Ulrike Fink: Radioaktivität. Physikalische und biologische Grundlagen; Christian Küppers: „Langzeit- und Spätfolgen der radioaktiven Belastung", u. a.) sind vor allem die Kapitel vier und fünf für eine psychologische Auseinandersetzung mit diesem Thema interessant – es sei hier insbesondere der Bericht von Inge Öhler „‚Mama, ich darf dir keine Blümchen pflücken?' Die Reaktion einer Mutter" hervorgehoben, der auf ganz persönliche Art schildert, wie eine Mutter von zwei Kindern die Ereignisse von Tschernobyl wahrnimmt und auf sie reagiert. Weitere Beispiele dafür, wie die Bevölkerung auf den Unfall von Tschernobyl reagiert, finden sich auch in der Zusammenstellung von Zeitungsberichten auf den S. 176–184. Die Beiträge der Autoren werden durch zahlreiche Fotos, Abbildungen und Tabellen ergänzt. Am Ende des Buches erhält der Leser Hinweise auf die Autoren.

Tredici, Robert del: Die Menschen von Harrisburg. Das Leben mit dem Atomreaktor Three Mile Island. Frankfurt/M.: Zweitausendeins 1982, 218 S., 92 Fotos, DM 8,90

Dieses Buch enthält 51 Interviews, die der Autor mit den Menschen von Harrisburg nach dem Unfall geführt hat. Die Interviews sind vom Autor für die deutsche Ausgabe gegenüber der Originaledition aus dem Jahr 1980 zum Teil erheblich erweitert worden. 14 Interviews aus dem Jahr 1981 sind in der amerikanischen Originalausgabe nicht enthalten und werden hier zum ersten Mal veröffentlicht.

Diesem Band kommt insofern eine große Bedeutung bei, da hier endlich – nach den zahlreichen Berichten über vorwiegend technische Aspekte dieses Unfalls – die Betroffenen selbst zu Wort kommen. Der Autor erklärt die Gründe für seine Fotodokumentation im Nachwort folgendermaßen: „Ich habe dieses Buch gemacht, weil der von Three Mile Island markierte historische Augenblick für mich zu einem Knotenpunkt meiner Interessen an den Menschen, an der Umwelt und an den so schwer zu fassenden Vorgängen in der menschlichen Psyche geworden ist."

Die Berichte der Betroffenen, seien dies nun Bauern, Hausfrauen, Schüler, eine Kinderschwester, eine Bibliothekarin, Ärzte oder Physiker, werden ergänzt durch Interviews, die Robert del Tredici mit den Verantwortlichen – wie z. B. dem Präsidenten Walter Creitz und dem Senior-Vizepräsidenten Robert Arnold der Metropolitan Edison Company – durchgeführt hat.

Der Band ist reich ausgestattet mit 92 Fotos. Ein wirklich empfehlenswertes Buch!

Sich für den Ernstfall rüsten: Psychologen und Sozialarbeiter an die Heimatfront[1]

Wie psychosoziale Berufspraktiker dienstverpflichtet werden, ihre Aufgaben im Fall des eingetretenen atomaren Krieges zu üben.

„Kein Grund zur Panik?" – Ein Flugblatt mit diesem Titel hat die Bayerische Gesellschaft für Soziale Psychiatrie (BayGSP) im Herbst 1983 verteilt. Mit ihm wollten wir darüber informieren, wie sich die Militärpsychiatrie ihren Beitrag im eingetretenen militärischen Ernstfall vorstellt. Sie bietet sich an, Ruhe an der Heimatfront zu schaffen, eine drohende Panik zu verhindern oder bei eingetretenen Panikreaktionen in bewährter psychiatrischer Manier die Ordnung wiederherzustellen. Wir haben die uns verfügbaren Informationen zusammengestellt, aber Panik kam bei uns nicht auf. So recht ernst konnten wir die Gedankenspiele der Wehrpsychiater nicht nehmen. Zu sehr schienen sie uns Repräsentanten einer antiquierten Frontkämpfermentalität zu sein. Für die Angehörigen der nichtärztlichen Berufsgruppen unter uns ging es außerdem bei diesem Thema und dem ernster genommenen der Katastrophenmedizin um ärztliche Probleme. Sie gingen uns nicht wirklich unter die Haut. – Bis wir dann von dem Fall erfuhren, den wir hier dokumentieren wollen. Jetzt haben wir unseren Grund zur Panik!

»Stellen Sie sich vor, Sie seien bei einer durchaus zivilen Behörde angestellt – sagen wir: bei einem städtischen Jugendamt als Sozialarbeiter oder Psychologe – mithin ein durch und durch ziviler Mensch ... Eines schönen Tages erhalten Sie mitten im Frieden einen Gestellungsbefehl von Ihrer vorgesetzten Behörde. Darin teilt man Ihnen mit, daß im Rahmen eines NATO-Manövers auch Ihre Dienststelle Aufgaben zu übernehmen habe. Man würde Ihnen etwa schreiben: Die über Alarmanweisungen aufgerufenen Maßnahmen seien soweit fiktiv durchzuspielen, daß im erforderlichen Maß Lagebesprechungen durchgeführt werden könnten ... Sodann schickt man Ihnen einen elfseitigen Fragebogen zu, die sog. ‚Sicherheitsüberprüfung', mittels derer Sie und Ihre Familie bis hin zu Eltern und Verwandten ausgeforscht werden, ob etwa Ostreisen oder Mitgliedschaften in Organisationen der Verwendung Ihrer Person im Verteidigungsfall entgegenstünden. Da Sie selbstverständlich vertrauenswürdig sind, erteilt man Ihnen – ob Sie wollen oder nicht – sog. ‚Verschlußsachenermächtigung', nicht ohne Sie zugleich zu warnen, daß Auskünfte über die

Über die Beteiligung ziviler Behörden an WINTEX wurde wenig bekannt. Warum Beteiligte nicht darüber berichten dürfen, geht aus einer Antwort des Kreisverwaltungsreferenten der Stadt München auf eine Anfrage der Fraktion der GRÜNEN/ALM im Stadtrat hervor:

„Das Bayerische Staatsministerium des Inneren hat gegenüber allen Landratsämtern und Kreisverwaltungsbehörden nochmals betont, daß Anlage, Verlauf und Ergebnisse von WINTEX der strikten Geheimhaltung unterliegen. Die Bundesrepublik hat sich gegenüber der NATO ausdrücklich verpflichtet, die zur Geheimhaltung erforderlichen Vorkehrungen zu treffen. Es dürfen nur Personen Kenntnis haben, die an der Übung beteiligt und entsprechend ermächtigt sind.
Dabei weist das Ministerium – zu Recht – auch auf strafrechtliche Konsequenzen bei dem Verstoß gegen die Verpflichtung hin:
§ 353 b Abs. 1 Satz 1 Nr. 1 und Satz 2 und Abs. 3 StGB lautet:
§ 353 b. Verletzung des Dienstgeheimnisses und einer besonderen Geheimhaltungspflicht.
1. Wer ein Geheimnis, das ihm als Amtsträger ... anvertraut worden oder sonst bekannt geworden ist, unbefugt offenbart und dadurch wichtige öffentliche Interessen gefährdet, wird mit einer Freiheitsstrafe bis zu fünf Jahren oder mit Geldstrafe bestraft.
2. Hat der Täter durch die Tat fahrlässig wichtige öffentliche Interessen gefährdet, wird er mit Freiheitsstrafe bis zu einem Jahr oder mit Geldstrafe bestraft.
... der Versuch ist strafbar.' ...

Die Gemeinden sind rechtlich verpflichtet, von einer ihnen angebotenen Teilnahme an WINTEX Gebrauch zu machen ...

Da das Funktionieren der Verwaltung in Krisensituationen weitgehend davon abhängt, daß schon in Normalzeiten entsprechende Vorkehrungen getroffen werden, nicht zuletzt die Wahrnehmung der Aufgaben auch eingeübt wird, enthält Art. 56 Abs. 2 der Gemeindeverordnung auch die Pflicht, sich an geeigneten Übungen im notwendigen Rahmen zu beteiligen."

Übung und die in der Vorbereitungsphase herausgegebenen Informationen an die Presse und sonstige Dritte nicht zulässig sind. Kurze Zeit später erfolgt Ihre Aufgabenstellung für den Verteidigungsfall ...
Ein böser Traum? Keineswegs. Wirklichkeit im März dieses Jahres für Hunderte von Zivilangestellten – darunter anerkannte Kriegsdienstverweigerer – in Baden-Württemberg, Hamburg und Bayern, die im Rahmen der beim NATO-Manöver WINTEX 85 erprobten ‚Gesamtverteidigung' sich plötzlich im Papierkrieg befanden. Wer sich elegant entziehen wollte, wurde darauf hingewiesen, daß im Übungszeitraum grundsätzlich kein Erholungsurlaub gewährt werden könne

Wie viele der derart Verpflichteten sich geweigert haben, ist aufgrund der Geheimhaltung nicht bekannt. **Ein** solcher Fall immerhin hat jetzt zu einer Anfrage im Bayerischen Landtag geführt. Eine Sozialarbeiterin an einer Erziehungsberatungsstelle, wo sie für die friedliche Lösung von Konflikten zwischen Eltern, Kind und Schule angestellt ist, hatte zwar die Sicherheitsüberprüfung ausgefüllt, jedoch klargestellt, daß sie von der Einbeziehung ihrer Person in ‚wie auch immer geartete zivilmilitärische Übungen' abzusehen bitte ... Ungeachtet ihrer Bitte wurde sie im Manöverplan eingeteilt und zum Besuch einer Einweisungsveranstaltung aufgefordert ... Der dienstvorgesetzte Landrat wies ‚darauf hin, daß' – Zitat – ‚die Weigerung, an der WINTEX-Übung mitzuwirken, schwerwiegende arbeitsrechtliche Konsequenzen nach sich ziehen kann'. Derart bedroht, folgten die meisten widerspenstigen Zivilangestellten dem ‚Gestellungsbefehl' ... Bayerns Innenminister Hillermeier teilte mit, ‚er sehe im ganzen Vorgang kein Problem; dienstrechtlich sei die Sache klar gedeckt, verweigern dürfe niemand'.

dpa-Meldung, März 1985

In Bayern sind auch Kriegsdienstverweigerer zur jüngsten NATO-Stabsrahmenübung WINTEX dienstverpflichtet worden. Innenminister Karl Hillermeier (CSU) begründete diese Maßnahme bayerischer Behörden am Mittwoch in der Fragestunde des Landtags gegenüber dem SPD-Abgeordneten Sepp Klasen damit, daß es sich um eine zivile und nicht um eine militärische Übung gehandelt habe. Hauptzweck sei gewesen, den Schutz und die Versorgung der Bürger mit allem Lebensnotwendigen zu proben. Da es nicht um militärischen Dienst gegangen sei, „geschweige denn um Kriegsdienst mit der Waffe", habe auch für anerkannte Kriegsdienstverweigerer eine Dienstleistungsverpflichtung bestanden.

Da die Bayerische Anfrage jetzt zu einer Bundestagsanfrage ausgeweitet werden soll, steht zu hoffen, daß die notwendige öffentliche Diskussion über die verschwiegene Heimatfront in Gang kommt."

Diesen Text entnahmen wir in Auszügen einem Rundfunkkommentar, der von Gert Heidenreich unter dem Titel „Zivil bleibt nicht zivil – Die Gesamtverteidigung bei WINTEX 85" verfaßt und am 27. März 1985 im Bayerischen Rundfunk gesendet wurde.

Welche Aufgaben fallen den Angehörigen psychosozialer Berufsgruppen bei der Erprobung des Spannungs- bzw. Ernstfalles zu?

Der Versuch der Kollegen in der Beratungsstelle, sich unter Verweis auf ihren Arbeitsvertrag zu weigern, tätigkeitsfremde Aufgaben zu übernehmen, hat dazu geführt, daß sie im Rahmen des Zwangseinsatzes Aufgaben zu übernehmen hatten, die ihren üblichen Tätigkeiten entsprachen, nämlich psychosoziale Praxis. Was auf diesem Gebiet an Vorbereitungsmaßnahmen für den Kriegsfall getroffen werden kann, haben Wehrpsychiater bereits ausführlich erarbeitet (sie hatten ja ausreichend Gelegenheit, einschlägige Erfahrungen zu sammeln!).

Haben sich die Kollegen in der Beratungsstelle noch mit dem Argument gegen eine Zwangsverpflichtung zu wehren versucht, daß das nicht durch ihren Anstellungsvertrag abgedeckt sei, so wird das mit den geplanten gesetzlichen Regelungen des Bundesinnenministeriums zweifelsfrei juristisch abgesichert.

„Schon seit langem beschäftigen sich v. a. Wehrpsychiater mit der Frage, wie die Bevölkerung unmittelbar vor oder während eines begrenzten Atomkrieges reagieren würde. Sie gehen davon aus, daß mit ernsthaften Abwehr- und Widerstandsreaktionen zu rechnen ist, die aus Angst entstehen, vernichtet zu werden. Eben dies darf nach Ansicht der Wehrpsychiater nicht passieren. Also müssen alle erdenklichen Mittel eingesetzt werden, um eine ‚Panik' (das sind Widerstands-, Verweigerungs- und Angstreaktionen) zu verhindern. Der im zweiten Weltkrieg bewährte und heute maßgebende Wehrpsychiater Brickenstein: ‚Das Entfachen einer Panik beim Gegner sowie die Verhinderung und Bekämpfung bei den eigenen Streitkräften gehörte zu allen Zeiten zu den psychologischen Waffen, die kriegsentscheidend sein können.'

Da aber eine ausgebrochene Panik nur noch schwer zu bekämpfen ist, konzentrieren sich die Wehrpsychiater auf Erscheinungen, die ihrer Meinung nach einer ‚Panik' vorausgehen.
Als solche Panikvorboten gelten alle ‚Auflösungserscheinungen der militärischen Disziplin', ‚allgemeines Unsicherheitsgefühl', ‚destruktive Kritik', ‚wilde Streiks', ‚gemeinsame Unregelmäßigkeiten' und die ‚politische Diskussion' um die mangelnde Versorgung der Bevölkerung im Atomkrieg. Schlimm genug, daß Psychiater sich berufen fühlen, unseren Widerstand, aber auch unsere Angst vor dem drohenden Atomkrieg als ‚Panik', als ‚Rückfall in die tierhafte Schicht der Persönlichkeit' zu bezeichnen.

In einer Krise, also in einer ‚panikschwangeren Zeit', empfiehlt Brickenstein ‚die kurze energische Widerlegung von haltlosen Gerüchten, die Verhinderung von jeglichen Diskussionen und das Auseinanderführen zusammengeballter Menschenansammlungen. Für die unmittelbare Bekämpfung einer Panik wird die ‚Eliminierung von Keimzellen einer Panik' vorgeschlagen. Konkret sollen anerkannte ‚Panikpersonen' isoliert und, wenn möglich, in separate ärztliche Behandlung überführt werden. Aufgebrachte Menschenmassen sollen auseinandergetrieben, in gewünschte Richtungen abgeleitet und an eigens errichteten Barrieren und Sammelstellen ‚beruhigt' werden.“

Dies ist ein Auszug aus dem oben genannten Flugblatt der BayGSP (das sich auf eine von der DGSP herausgegebene Broschüre „Panikpersonen sofort eliminieren!“ stützt).

Die Einbeziehung von Angehörigen sozialer Berufe ergibt sich aus dem Entwurf eines Zivilschutzgesetzes (ESZG) vom 14. 11. 1984, das noch rechtzeitig vor der nächsten Bundestagswahl verabschiedet werden soll. Die folgenden Auszüge aus zwei in der FR am 15. April und 6. Mai 1985 erschienenen Dokumentation über das EZSG fassen wichtige Gesichtspunkte zusammen:

Bei diesem Entwurf überwiegen „diejenigen Regelungen, die schon ab sofort wirksam werden und der bürokratischen Kriegsvorbereitung dienen sollen“ (Kommentar der FR).

- Die Gemeinden sollen „die Aufgabe bekommen, das Gemeindegebiet in ‚Wohnbereiche' einzuteilen und dort jeweils die Einrichtung einer Selbstschutz-‚Beratungsstelle' vorzubereiten". (§ 4 Abs. 1 EZSG)
- „In Neubauten aller Art ‚sollen', in Wohnungsneubauten privater und öffentlicher Bauherren ‚müssen' gemäß § 8 EZSG Schutzräume eingebaut werden, die ‚für einen längeren Aufenthalt geeignet' sind."
- Nach § 14 EZSG sollen „für Zwecke der Verteidigung nun nicht nur das Verlassen des Wohnorts verboten werden können (‚stay up'), sondern auch das Betreten bestimmter Gebiete ..." „Der Schutzraumbau (ist) ... als wichtigste Voraussetzung der ‚Stay-put'-Politik anzusehen, also für das Freihalten der militärischen Aufmarschwege und nicht etwa als ‚humanitäre Aufgabe', wie es in § 1 EZSG heißt."

Dienstverpflichtungen:

- „Nach § 24 EZSG sind die im Gesundheitsbereich eingesetzten (ehemaligen) Zivildienstleistenden zu melden und einzuplanen, außerdem wird der Bundesarbeitsminister ermächtigt, eine Meldepflicht mit weiteren Einzelheiten auch für die nicht (mehr) berufstätigen Angehörigen der Gesundheitsberufe einzuführen. Dies betrifft quantitativ insbesondere Frauen: Krankenschwestern, Schwesternhelferinnen etc. Aber auch die nicht einschlägig ausgebildeten Frauen können gemäß Art. 12a Abs. 4 GG in Verbindung mit dem Arbeitssicherstellungsgesetz in Lazarette etc. einbezogen werden."
- „Wehrpflichtige Männer bis zum 60. Lebensjahr unterliegen im Spannungs- und Verteidigungsfall einer – bei Strafandrohung bis zu 3 Jahren Gefängnis zu erfüllenden (§ 41 EZSG) – ‚Zivilschutzdienstpflicht' gemäßt § 30 EZSG, wenn sie nicht zum Wehr- bzw. Zivildienst oder zum Dienst im BGS herangezogen werden und nicht von diesem Dienst ausgenommen sind ..."
- § 23 Abs. 3 „Die humanitären Organisationen unterliegen bei der Wahrnehmung ihrer Aufgaben im erweiterten Katastrophenschutz der Aufsicht der Kreisfreien Städte und Kreise. Diese können Weisungen zur Durchführung von Aus- und Fortbildungsveranstaltungen sowie zur Unterbringung und Pflege der zusätzlichen Ausstattung erteilen."

- „Änderung des Beamtenrechtsrahmengesetzes:
  - Beamte können bis zum 65. Lebensjahr für Verteidigungszwecke aus dem Ruhestand zurückgerufen werden, oder ihr Pensionierungsantrag kann bis dahin hinausgeschoben werden.
  - Beamte können kaserniert und zur regelmäßigen Mehrarbeit verpflichtet werden.
  - Beamte können ohne ihre Zustimmung zu jeder anderen Dienststelle versetzt werden, auch zu einer ‚zivilen Dienststelle der NATO' (für Beschaffung, Versorgung, Logistik), auch ins Ausland."

- Bisher konnte eine Dienstverpflichtung nur über Sicherstellungsgesetze zur Anwendung gebracht werden, wozu eine Zweidrittelmehrheit des Bundestages erforderlich war. Nach dem EZSG entfiele dieser Parlamentsvorbehalt zugunsten lediglich eines NATO-Alarmbeschlusses.

Der Kampf gegen dieses Zivilschutzgesetz hat begonnen. Der Deutsche Gewerkschaftsbund und die Gewerkschaft ÖTV haben bereits im November 1984 eine Stellungsnahme zum Referentenentwurf abgegeben:

Literaturhinweis:
„Der Tag X hat schon begonnen" – Von der Zivilverteidigung zum totalen Krieg – Hrsg.: Fraktion der GRÜNEN in der Hamburger Bürgerschaft

Diese Dokumentation wurde von einer Arbeitsgruppe aus BayGSP- und DGVT-Mitgliedern erarbeitet.
V.s.S.d.P.:BayGSP, c/o E. Guggenberger
Nymphenburger Str. 106, 8000 München 19

Stellungnahme des Deutschen Gewerkschaftsbundes zum Referentenentwurf eines Zivilschutzgesetzes
– Auszug –

Der Referentenentwurf eines Zivilschutzgesetzes geht offensichtlich davon aus, daß die Folgen eines Krieges für die Zivilbevölkerung auch angesichts von Art und Umfang der heute einsetzbaren Waffen planbar, organisatorisch zu bewältigen und abwehrbar sind. Diese Grundannahme ist, wie die politisch Verantwortlichen wissen müßten, äußerst fragwürdig. Der DGB hält sie für falsch.

Zivilschutz unter den Bedingungen eines künftigen Krieges auf dem Boden der Bundesrepublik Deutschland, der mit hoher Wahrscheinlichkeit ein atomarer Krieg sein wird, ist unmöglich.

Nach den Erfahrungen eines Atomangriffs auf Hiroshima und aufgrund der grauenhaften Folgen eines Einsatzes der heute verfügbaren, noch weit wirkungsvolleren Waffen sind alle Bemühungen des Zivilschutzes wirkungslos.

Die durch den Entwurf vermittelte Verharmlosung auch eines atomaren Konfliktfalles ist um so ernster zu nehmen, als dort auch beabsichtigt ist, diese Sichtweise im öffentlichen Bewußtsein durchzusetzen und zu verankern. So heißt es in der Begründung, Zivilschutz sei „auf die Akzeptanz durch die Bevölkerung angewiesen", „die Effizienz seiner Maßnahmen hänge entscheidend von Einsicht und Mitwirkung der Bürger ab", „ohne entsprechende Maßnahmen der Aufklärung würden staatliche Zivilschutzmaßnahmen weitgehend unwirksam bleiben, da sie ein gefahrenäquivalentes Verhalten der Bevölkerung voraussetzen".

Der Deutsche Gewerkschaftsbund lehnt wegen der Nutzlosigkeit der vorgesehenen Maßnahmen im Verteidigungsfall und der eher konfliktfördernden Wirkung eines solchen Gesetzes den vorliegenden Referentenentwurf eines Zivilschutzgesetzes ab. Nur durch vertrauensbildende Maßnahmen, durch eine enge Kooperation der Weltmächte, die sich auf gegenseitiges Vertrauen stützen muß, ist eine Katastrophe vermeidbar. Der Deutsche Gewerkschaftsbund empfiehlt der Bundesregierung, sich mit aller Kraft für diese Ziele einzusetzen.

Literaturverzeichnis

Akizuki, T.: Nagasaki 1945. London: Quartet 1981.

Albrecht, U., Asbjorn, E., Kaldor, M., Leitenberg, M. & Robinson, J. P.: A Short Research Guide on Arms and Armed Forces. London: Croom Helm 1978.

Alexandrov, V. V. & Stenchikov, G. L.: On the modelling of the climatic consequences of the nuclear war. Veröffentlichter Bericht vom Computerzentrum der Akademie der Wissenschaften der UdSSR 1983.

Ambio: Nuclear War: The Aftermath. Stockholm: Royal Swedish Academy of Sciences/Oxford: Pergamon Press 1983. (dt.: Nach dem Atomschlag. Ein Sonderbericht von Ambio veröffentlicht unter der Schirmberrschaft der Königlich Schwedischen Akademie der Wissenschaften. Deutsche Ausgabe herausgegeben von Karlheinz Lohs. Frankfurt (Kronberg/Ts.): Pergamon Press 1983.)

Anderson, E. W.: Psychiatric syndrome following blast. Journal of Mental Science 88 (1942), 328.

Andren, N.: Future studies and national security: the Swedish experience. Nordic Journal of International Politics 16 (1981), 1.

Arbours, A. G. & Karrick, J. E.: Accident statistics and the concept of accident-proneness. Journal of the Biometric Society 7 (1951), 340–429.

Archibald, H. C. D., Long, D. M., Miller, C. & Tuddenham, R. D.: Gross stress reactions in combat. American Journal of Psychiatry 119 (1963), 317.

Asch, S.: Studies of independence and conformity: 1. A minority of one against a unanimous majority. Psychological Monographs 70 (1956).

Axelrod, R.: The Structure of Decision. Princeton: Princeton University Press 1976.

Bachman, G. G.: How American high school seniors view the military. Armed Forces and Society 1985.

Barnaby, F.: Military Scientists. Bulletin of the Atomic Scientists 37 (1981), 6, 11–12.

Beardslee, W. & Mack, J.: The impact on children and adolescents of nuclear developments. American Psychiatric Association Task Force Report No. 20: Psychosocial aspects of nuclear developments. Washington DC: American Psychiatric Association 1982.

Benjamin, R.: Relations between disarmament and world security. Vortrag gehalten auf der Second Conference of Professions for World Disarmament and Development, London 1983.

Bennett, P. G. & Dando, M. R.: The arms race: is it just a mistake? New Scientist, 17 Feb. (1983), 432–435.

Bereanu, B.: Self-activation of the world nuclear weapons system. Journal of Peace Research 20 (1983), 49–57.

Beres, L.: Apocalypse: Nuclear Catastrophe in World Politics. Chicago: University of Chicago Press 1980.

Betts, R. K.: Soldiers, Statesmen and Cold War Crises. Cambridge, Mass.: Harvard University Press 1977.

Beussee, M. P., Ahearn, T. R. & Hammes, J. A.: Introspective reports of large groups experimentally confined in an austere environment. Journal of Clinical Psychology 26 (1970), 240–244.

Borning, A.: Computer system reliability and nuclear war. Vortrag auf dem 4. Kongreß der IPPNW zur Verhütung des Atomkrieges im Juni 1984 in Helsinki.

Bracken, P.: The Command and Control of Nuclear Weapons. New Haven, Conn.: Yale University Press 1983.

Brassey's Publishers: Nuclear Attack: Civil Defence. London: Royal United Services Institute for Defence Studies 1982.

Bray, R. M., Guess, L. L., Mason, R. E., Hubbard, R. L., Smith, D. G., Marsden, M. E. & Rachal, J.: Highlights: 1982 worldwide survey of alcohol and nonmedical drug use among military personnel. Research Triangle Institute Report, RTI/2317/01/01F July 1983.

Brecher, M.: Studies in Crisis Behaviour. New Brunswick: Transaction Books 1978.

Brill, N. and Beebe, G.: A follow up study of war neuroses. V. A. Med. Mono. Washington DC: US Govt. Printing Office 1955.

British Medical Association: The Medical Effects of Nuclear War. Chichester: Wiley 1983.

Britten, S.: The Invisible Event: An Assessment of the Risk of Accidental or Unauthorized Detonation of Nuclear Weapons and of War by Miscalculation. London: Menard Press 1983.

Bromet, E.: Three Mile Island: Mental Health Findings. Pittsburgh, Penn.: Western Psychiatric Institute and Clinic, University of Pittsburgh 1980.

Bronfenbrenner, U.: The mirror-image in Soviet-American relations – a social psychologist's report. Journal of Social Issues 17 (1961), 45–56.

Brown, G. W., Harris, T. O. & Peto, J.: Life events and psychiatric disorders: nature of the causal link. Psychological Medicine 3 (1973), 159.

Burt, M.: Prevalence and consequences of drug abuse among US military personnel: 1980. American Journal of Drug and Alcohol Abuse 8 (1980), 419–437.

Burton, J.: Deviance, Terrorism and War. Oxford: Martin Robertson 1979.

Business Decisions: Nuclear weapons study – summary report. Zusammengestellt für die ‚TV Times'.

Campbell, D.: War Plan UK. St Albans: Palladin 1983.

Campbell, D. T.: Systematic error on the part of human links in communication systems. Information and Control 1 (1958), 334–369.

Canter, D. & Powell, J.: Summary of report to Insurance Technical Bureau. Guildford: University of Surrey 1983.

Carter, J.: Keeping Faith. New York: Bantam 1982.

Casscells, W., Schoenberger, A. & Graboys, T. B.: Interpretation by physicians of clinical Laboratory results. The New England Journal of Medicine 299 (1978), 999–1001.

Central Intelligence Agency: International and Transnational Terrorism. 1976.

Central Office of Information: Protect and Survive. London: HMSO. 1980.

Chazov, E. I. & Vartanian, M. E.: Effects on human behaviour. In: Ambio: Nuclear War: The Aftermath. Stockholm: Königlich Schwedische Akademie der Wissenschaften, Oxford: Pergamon Press 1983 . (dt.: Auswirkungen auf das Verhalten des Menschen. In: Ambio: Nach dem Atomschlag. Frankfurt/M.: Pergamon Press 1983.)

Cherns, A. B.: Accidents at work. In: Welford, A. T., Argyle, M., Glass, D. V. & Morris, J. W. (Hg.): Society: Problems and Methods of Study. London: Routledge and Kegan Paul 1962.

Childs, D.: Personal communication. Letter of July 1983.

Chivian, E.: Adverse effects on children. In: Farrow, S. & Chown, A. (Hg.): The Human Cost of Nuclear War. Cardiff: Medical Campaign against Nuclear Weapons/Titan Press 1983.

Churcher, J., Gleisner, J., Lieven, E. & Pushkin, R.: Nuclear war and civil defence: some psychological and social implications. Vortrag gehalten auf der Jahreskonferenz der British Psychological Society 1981.

Churcher, J. & Lieven, E.: Images of nuclear war and the public in British civil defence. Journal of Social Issues 39 (1983), 117.

Cleveland, S. E., Boyd, I., Sheer, D. & Reitman, E. E.: Effects of fallout shelter confinement on family adjustment. Archives of General Psychiatry 8 (1963), 38–46.

Cobb, S. & Lindemann, E.: Neuropsychiatric observations during the Coconut Grove Fire. Annals of Surgery 117 (1944), 814.

Colquhoun, W. P.: Biological Rhythms and Human Performance. London: Academic Press 1971.

Colquhoun, W. P.: Effects of circadian rhythm, sleep deprivation, and fatigue on watchkeeping performance during the night hours. In: Colquhoun, W. P., Folkard, S., Knauth, P. & Rutenfanz, J. (Hg.): Experimental Studies of Shiftwork. Opladen: Westdeutscher Verlag 1975.

Colquhoun, W. O., Paine, M. & Fort, A.: Circadian rhythms of body temperature during prolonged undersea voyages. Aviation Space and Environmental Medicine, May 1978.

Comey, D. D.: How we almost lost Alabama. Chicago Tribune 31 Aug. 1975.

Congressional Record. House Committee on Appropriations. Subcommittee on Military Construction. (95th Congress, 2nd Session.) Hearings on Military Construction Appropriations for 1979.

Congressional Record. Hearings before the Select Committee on Narcotics

Abuse and Control. House of Representatives. (97th Congress, 1st Session.) 17 September, 1981.

Crossley, G. J.: Unilateral initiatives: A route to safer international relations. 1983.

Crutzen, P. J. & Birks, J. W.: The atmosphere after a nuclear war: twilight at noon. In: Ambio: Nuclear War: The Aftermath. Stockholm: Royal Swedish Academy of Sciences/Oxford: Pergamon Press 1983. (dt.: Die Atmosphäre nach dem Atomschlag – Mittagsdämmerung. In: Ambio: Nach dem Atomschlag. Frankfurt/M.: Pergamon Press 1983.)

Cull, C., Erskine, A., Haug, U., Roper-Hall, A. & Thompson, J.: Human fallibility in the control of nuclear weapons. In: Farrow, S. & Chown, A. (Hg.): The Human Cost of Nuclear War. Cardiff: Medical Campaign against Nuclear Weapons/Titan Press 1983.

Dawes, R. M.: Social dilemmas. Annual Review of Psychology 31 (1980), 169–193.

Defence Monitor Washington DC: Centre for Defense Information 1981, 10 (5).

Deutsch, M.: Trust and suspicion. Journal of Conflict Resolution 2 (1958), 265–279.

Deutsch, M.: The prevention of World War III: a psychological perspective. Presidential address to the fifth annual meeting of the International Society for Political Psychology, Washington DC, June 26, 1982. Political Psychology 4 (1983), 3–31.

Dixon, N. F.: On the Psychology of Military Incompetence. London: Cape 1976.

Dixon, N. F.: The illusion of rational decision making. Vortrag auf dem 3. Kongreß der IPPNW zur Verhütung des Atomkrieges in Amsterdam 1983.

Douglas, A.: The peaceful settlement of industrial and intergroup disputes. Journal of Conflict Resolution (1957), 69–81.

Douglas, A.: Industrial Peacemaking. New York: Columbia University Press. 1962.

Dowie, J. & Lefrere, P. (Hg.): Risk and Chance. Milton Keynes: Open University Press 1980.

Dumas, L. J.: Human fallibility and weapons. The Bulletin of the Atomic Scientists (1980), 15–20.

Dumas, L. J.: Human and technical fallibility in military organizations. Vortrag auf dem 3. Kongreß der IPPNW zur Verhütung des Atomkrieges in Amsterdam 1982.

Eberwein, W. D.: The quantitative study of international conflict: Quantity and quality? An assessment of empirical research. Journal of Peace Research 18 (1981), 19–38.

Eddy, D. M.: Probabilistic reasoning in clinical medicine: Problems and opportunities. In: Kahneman, D., Slovic, P. & Tversky, A.: Judgement under

Uncertainty: Heuristics and Biases. Cambridge, Mass.: Cambridge University Press 1982.

Edwards, J. G.: Psychiatric aspects of civilian disasters. British Medical Journal, 17 April (1976), 944–947.

Eiser, J. R. & Van der Plight, J.: Belief and values in the nuclear debate. Journal of Applied Social Psychology 9 (1979), 524–536.

Erikson, J.: Loss of communality of Buffalo Creek. American Journal of Psychiatry 133 (1976), 302.

Escalona, S. K.: Children's responses to the nuclear war threat. Children 10 (1963), 137–142.

Escalona, S. K.: Children and the threat of nuclear war. In: Schwebel, M. (Hg.): Behavioural Science and Human Survival. California: Behavioural Science Press 1965.

Escalona, S. K.: Growing up with the threat of nuclear war: Some indirect effects on personality development. American Journal of Orthopsychiatry 52 (1982), 600–607.

Etzioni, A.: The Kennedy experiment. Western Political Quarterly 20 (1967), 361–380.

Feshbach, M.: Between the lines of the 1979 Soviet census. Problems of Communism, Jan–Feb. 1982.

Festinger, R. L.: A Theory of Cognitive Dissonance. Illinois: Row, Peterson 1957. (dt.: Theorie der Kognitiven Dissonanz. Hrsg. v. Irle, M. & Möntmann, V. Bern: Hans Huber 1978.)

Fischoff, B., Slovic, P. & Lichtenstein, S.: Fault trees: Sensitivity of estimated failure probabilities to problem representation. Journal of Experimental Psychology: Human Perception and Performance 4 (1978), 342–355.

Fischoff, S. P.: Effects of ego involvement, prenegotiation experience and reference group influence on outcomes in an experimental simulation of inter-group negotiation. Dissertation Abstracts International 33 (5-A) (1972), 2494.

Fisher, R.: International Conflict for Beginners. London: Harper and Row 1969.

Fisher, R. & Ury, W.: Getting to Yes. London: Hutchinson 1981.

Flynn, C. B. & Chalmers, J. A.: The social and economic effects of the accident at Three Mile Island: Findings to date. Washington DC: US Government Printing Office 1980.

Frank, J.: Pre-nuclear age leaders and the nuclear arms race. American Journal of Orthopsychiatry 52 (1982), 630–637.

Frei, D.: Risk of Unintentional Nuclear War. London: Croom Helm 1981. (dt.: Der ungewollte Atomkrieg. München: C. H. Beck 1983.)

Friedsam, H. J.: Older persons in disaster. In: Baker, G. W. & Chapman, D. W. (Hg.): Man and Society in Disaster. New York: Basic Books 1962.

Gallup Poll: Public Opinion 1959–1971, Vol III. New York: Random House 1972.

Glass, A. J.: Psychological aspects of disaster. Journal of the American Medical Association 171 (1959), 222.

Glasstone, S. & Dolan, P. J.: The Effects of Nuclear Weapons. Castle House, Tunbridge Wells: US Dept of Defense and US Dept of Energy 1980.

Gorer, G.: Death, Grief and Mourning in Contemporary Britain. London: Cresset 1965.

Green, E. A.: High Risk Safety Technology. Chichester: Wiley 1982.

Gunter, B. & Wober, M.: Television viewing and public perceptions of hazards to life. Bericht der Independent Broadcasting Authority 1982.

Halloran, R.: Pentagon draws up first strategy for fighting a long nuclear war. New York Times, 30 May 1982.

Hardin, G. R.: The tragedy of the commons. Science 162 (1968), 1243–1248.

Hansard: Written answers. 14 March 1984, p. 170.

Hermann, C. F.: International Crises: Insights from Behavioural Research. New York: Free Press 1972.

Hildebrandt, G.: Circadian rhythms in different functions. In: Colquhoun, W. P., Folkard, S., Knauth, P. & Rutenfanz, J. (Hg.): Experimental Studies of Shiftwork. Opladen: Westdeutscher Verlag 1974.

Hindmarsh, I.: Psychomotor function and psychoactive drugs. British Journal of Clinical Pharmacology 10 (1980), 189–209.

Hocking, F.: Human reactions to extreme environmental stress. Medical Journal of Australia (1965), 477.

Holsti, D. R.: Time, alternatives and communications: The 1914 and Cuban missile crises. In: Hermann, C. F. (Hg.): International Crises. Insights from Behavioural Research. New York: Free Press 1972.

Institute of Seismology: Vortrag auf dem 4. Kongreß der IPPNW zur Verhütung des Atomkrieges in Helsinki, Finnland 1984.

International Physicians for the Prevention of Nuclear War: Medical articles on nuclear war. Vorträge auf dem 3. Kongreß der IPPNW in Amsterdam 1983.

Janis, I. L.: Stress and Frustration. New York: Harcourt Brace 1971.

Janis, I. L.: Victims of Group Think. Boston: Houghton Mifflin 1972.

Kabanov, M. M.: Personal communication. Symposium on problems of rational decision making. Vortrag auf dem 3. Kongreß der IPPNW zur Verhütung des Atomkrieges in Amsterdam 1983.

Kahneman, D., Slovic, P. & Tversky, A.: Judgement under Uncertainty: Heuristics and Biases. Cambridge, Mass.: Cambridge University Press 1982.

Katz, A. M.: Life after Nuclear War: The Economic and Social Impacts of Nuclear Attacks on the United States. Cambridge, Mass.: Ballinger 1982.

Kemeny, J.: The need for change: The legacy of TMI. Bericht der Präsidentschaftskommission über den Unfall von Three Mile Island. Washington DC: US Government Printing Office 1979.

Kennedy, R. F.: 13 Days. London: Macmillan 1969. (dt.: Dreizehn Tage. Wie die Welt beinahe unterging. Hrsg. v. Schwarz, G. Darmstadt: Darmstädter Blätter 1982.)

Kentsmith, D. K.: Minimizing the psychological effects of a wartime disaster on an individual. Aviation, Space and Environment Medicine 51 (1980), 409–413.

Killian, L. M.: The significance of multiple group membership in disaster. American Journal of Sociology 57 (1952), 4, 310.

Kinston, W. & Rosser, R.: Disaster: effects on mental and physical state. Journal of Psychosomatic Research 18 (1974), 437–456.

Koegler, R. R. & Hicks, S. M.: The destruction of a medical centre by earthquake. California Medicine 116 (1972), 63.

Kubzansky, P. E.: The effects of reduced environmental stimulation on human behaviour: a review. In: Biderman, A. D. & Zimmer, H. (Hg.): The Manipulation of Human Behaviour. New York: Wiley 1961.

Lacey, G. N.: Observations on Abervan. Journal of Psychosomatic Research 16 (1972), 257.

Lachman, R., Tatsuoka, M. & Bank, W. J.: Human behaviour during the tsunami of May 1960. Science 133 (1961), 1405.

Laszlo, E. & Keys, D. (Hg.): Disarmament: the Human Factor. Oxford: Pergamon Press 1981.

Lee, T. R.: Perception of risk: the public's perception of risk and the question of irrationality. Proceedings of the Royal Society, London, A 376 (1981), 5–16.

Lee, T. R., Brown, J. & Henderson, J.: The psychology of nuclear anxiety. In: Surrey, J. (Hg.): The Urban Transportation of Irradiated Fuel. London: Macmillan 1984.

Leitenberg, M.: Arms control and disarmament: A short review of a thirty year history; and its impact on nuclear proliferation. Diskussionsbeitrag herausgegeben von der Norman Patterson School of International Affairs, Carleton University, Ottawa, Canada 1978.

Leitenberg, M.: Presidential directive (PD) 59: United States nuclear weapon targeting policy. Journal of Peace Research 28 (1981), 309–317.

Levi A.: Escalating commitment and risk taking in dynamic decision behaviour. Vortrag auf der 89. Jahresversammlung der American Psychological Association in Los Angeles 1981.

Lievesley, S.: A study of disasters and the welfare planning response in Australia and the UK. Unveröffentlichte Dissertation der Universität London 1979.

Lifton, R. J.: Psychological effects of the atomic bomb in Hiroshima: The theme of death. Daedalus, Journal of the American Academy of Arts and Sciences 93 (1963), 3. (dt.: Psychologische Wirkung der Atombombenabwürfe. In: Chivian, E., Chivian, S., Lifton, R. J. & Mack, J. E. (Hrsg.): Last Aid. Letzte Hilfe. Die medizinischen Auswirkungen eines Atomkrieges. Neckarsulm: Jungjohann 1985.)

Lifton, R. J.: Death in Life: Survivors of Hiroshima. New York: Random House 1967.

Lifton, R. J. & Olsen, E.: Human meaning of total disaster. The Buffalo Creek experience. Psychiatry 39 (1976), 1–18.

Lindop, P. J. & Rotblatt, J.: The consequences of radioactive fallout. In: Chivian, E., Chivian, S., Lifton, R. J. & Mack, J. (Hg.): Last Aid: The Medical Dimensions of Nuclear War. San Francisco: Freeman 1982. (dt.: Die Folgen des radioaktiven Fallout. In: Chivian, E., Chivian, S., Lifton, R. J. & Mack, J. E. (Hg.): Last Aid. Letzte Hilfe. Die medizinischen Auswirkungen eines Atomkrieges. Neckarsulm: Jungjohann 1985.)

Louche, C.: The preparation of a group negotiation and its effects on the behaviour of the negotiators and their attitudes. Bulletin de Psychologie 28 (1975), 113–117.

Marris, P.: Loss and Change. London: Routledge and Kegan Paul 1974.

Marwell, G. & Ames, R. E.: Experiments on the provision of public goods I: resources, interest, group size and the free rider problem. American Journal of Sociology 84 (1979), 1335–1360.

Meister, D.: Methods of predicting human reliability in man-machine systems. In: Brown, S. & Martin, J. (Hg.): Human Aspects of Man-Machine Systems. Milton Keynes: Open University Press 1977.

Menczer, L. F.: The Hartford Disaster Exercise. New England Journal of Medicine 278 (1968), 822.

Milburn, T. W., Stewart, P. D. & Herman, R. K.: A comparison of US and Soviet perceptions of one another's intentions. Zit. in: Deutsch, M., 1982, a.a.O.

Milgram, S.: Obedience to Authority. London Tavistock 1974. (dt.: Das Milgram-Experiment, Zur Gehorsamkeit gegenüber Autorität. Reinbek: Rowohlt 1982.)

Mitchell, C. R.: Peacemaking and the Consultant's Role. London: Gower 1981.

Morley, I. E.: Behavioural studies of industrial bargaining. In: Stephenson, G. M. & Brotherton, C. J. (Hg.): Industrial Relations: A social-psychological approach. Chichester: Wiley 1979.

Morley, I. E. & Stevenson, G. M.: The Social Psychology of Bargaining. London: Allen and Unwin 1977.

Office of Technology Assessment, Congress of the United States: The Effects of Nuclear War. London: Croom Helm 1980. (dt.: Atomkriegsfolgen. Baden-Baden: Nomos Verlagsgesellschaft 1983.)

Office of Technology Assessment, Congress of the United States: MX Missile Basing. Washington DC: US Government Printing Office 1981.

Oppenheim, A. N.: Psychological perspectives in conflict research. In: Banks, M. (Hg.): Conflict in World Society. London: Wheatsheaf Books 1984.

Openshaw, S., Steadman, P. & Green, O.: Doomsday: Britain after a nuclear attack. Oxford: Blackwell 1983.

Osgood, C. E.: An Alternative to War or Surrender. Urbana: University of Illinois Press 1962.

Oskamp, S.: Attitudes toward US and Russian actions: A double standard. Psychological Reports 16 (1965), 43–46.

Paige, G. D.: Comparative case analysis of crisis decisions: Korea and Cuba. In: Mermann, C. F. (Hg.): International Crises: Insights from behavioural research. New York: Free Press 1972.

Parker, G.: Cyclone Tracy and the Darwin evacuees, on the restoration of species. British Journal of Psychiatry 130 (1977), 548–555.

Parkes, C. M.: Bereavement and mental illness. British Journal of Medical Psychology 38 (1965), 1, 1.

Peace Action West: Target Wiltshire. Bradford on Avon: Peace Action West 1982.

Perrow, C.: Normal Accidents: Living with High-Risk Technologies. New York: Basis Books 1984.

Petrov, V. N.: Changes in ozone content from a nuclear explosion. In: Chivian, E., Chivian, S., Lifton, R. J. & Mack, J. (Hg.): Last Aid. San Francisco: Freeman 1983. (dt.: Veränderung des Ozongehalts nach Kernwaffenexplosionen. In: Chivian, E., Chivian, S., Lifton, R. J. & Mack, J. E. (Hg.): Last Aid. Letzte Hilfe. Die medizinischen Auswirkungen eines Atomkrieges. Neckarsulm: Jungjohann 1985.)

Popovic, M. and Petrovic, D.: After the Earthquake. Lancet 2 (1964), 1169.

Presidential Commission on the Accident at Three Mile Island: Report. Washington DC: US Government Printing Office 1979.

Prins, G. (Hg.): Defended to Death. Harmondsworth: Penguin Books 1983.

Quarantelli, E. L.: The nature and conditions of panic. American Journal of Sociology 60 (1954), 267.

Rangell, L.: Discussion of the Buffalo Creek disaster: The course of psychic trauma. American Journal of Psychiatry 133 (1976), 313.

Reason, J.: Absent-minded? New Jersey: Prentice-Hall 1982.

Rogers, C. R. & Ryback, D.: One alternative to nuclear planetary suicide. Manuskript 1984.

Royal Society: Risk Assessment – A study group report. London: Royal Society 1983.

Rubin, J. Z.: Psychological traps. Psychology Today 15 (1981), 52–63.

Rusk, Dean: Some practical and realistic advice. Time magazine No. 1, 2 Jan 1982, 22.

Russell, B.: Philosophy. New York: Norton 1927. (dt.: Probleme der Philosophie. Frankfurt/M.: Suhrkamp 1973.)

Rutter, M.: Stress, coping and development: some issues and some questions. Journal of Child Psychology and Psychiatry 22 (1981), 323–356.

Schwebel, M.: Effects of the nuclear threat on children and teenagers: Implications for professionals. American Journal of Orthopsychiatry 52 (1982), 608–618.

Seligman, M. P.: Helplessness: On depression, development and death. San Franciso: Freeman 1975. (dt.: Erlernte Hilflosigkeit. München: Urban & Schwarzenberg 1983.)

Sherif, M.: Intergroup Relations and Leadership. New York: Wiley 1962.

Simon, H.: Reason in Human Affairs. Oxford: Blackwell 1983.

Sivard, R. L: World Military and Social Expenditures. Washington DC: World Priorities 1983.

Slovic, P. & Fischoff, B.: How safe is safe enough? In: Dowie, J. & Lefrere, P. (Hg.): Risk and Chance. Milton Keynes: Open University Press 1980.

Slovic, P., Fischoff, B. & Lichtenstein, S.: Facts versus fears: understanding perceived risk. In: Kahneman, D., Slovic, P. & Tversky, A. (Hg.): Judgement under Uncertainty: Heuristics and Biases. Cambridge, Mass.: Cambridge University Press 1982.

Smith, J. Q.: Search effort and the detection of faults. British Journal of Mathematical and Statistical Psychology 34 (1981), 181–193.

Snyder, G. H.: Crisis bargaining. In: Hermann, C. F. (Hg.): International Crises: Insights from Behavioural Research. New York: The Free Press 1972.

Solantous, T., Kimpela, M. & Taipale, V.: The threat of war in the minds of 12–18-year-olds in Finland. Lancet 8380 (1984), 784–785.

Sonntag, P.: Verhinderung und Linderung atomarer Katastrophen. Bonn: Osang 1981.

Stockholm International Peace Research Institute: Yearbook. World Armaments and Disarmament. London: Taylor and Francis 1977.

Stockholm International Peace Reaearch Institute: Yearbok. World Armaments and Disarmament. London: Taylor and Francis 1981.

Stockholm International Peace Research Institute: Yearbook. World Armaments and Disarmament. London: Taylor and Francis 1982.

Stockholm International Peace Research Institute: Yearbook. World Armaments and Disarmament. London: Taylor and Francis 1983.

Stockholm International Peace Research Institute: Yearbook. World Armaments and Disarmament. London: Taylor and Francis 1984.
(dt.: Rüstungsjahr 80/81: Weltweite Militärausgaben/Rüstungsvergleich/Waffenhandel/Eurostrategische Waffen/Atomwaffen (4735). Reinbek: Rowohlt 1981; Rüstungsjahrbuch 81/82 (4852), a.a.O. 1982; Rüstungsjahrbuch 82/83: Atomwaffen in Europa. Nachrüstungsdruck und Abrüstungsinitiativen (5022), a.a.O. 1983; Rüstungsjahrbuch 83/84: Waffenexport und Krieg (5432), a.a.O. 1984; Rüstungsjahrbuch 84/85: Gentechnik als Waffe (5636), a.a.O. 1985.)

Swank, R.: Combat exhaustion. Journal of Nervous and Mental Disorders 109 (1949), 475.

Taylor, D. A., Wheeler, L. & Altman, I.: Stress relations in socially isolated groups. Journal of Personality and Social Psychology 9 (1968), 369–376.

Thompson, J. A.: Non-cognitive factors in performance under stress. Proceedings of a workshop on ‚Stress effects – performance testing‘, am Institute of Naval Medicine, Gosport, 4 and 5 July 1983. Published by the Medical Research Council, PS 3, 1983.

Tichener, J. L. & Kapp, F. T.: Family and character change at Buffalo Creek. American Journal of Psychiatry 133 (1976), 3, 295.

Time: Behind closed doors. No. 49, 5 December 1983, 12–23.

Times, The: Quarter of Europe's US troops on drugs. 21 March 1984.

Titmuss, R. M.: Problems of Social Policy. London: Longmans 1950.

Tizard, B.: The impact of the nuclear threat on child development: Problematic issues. Harvard Educational Review (In Druck).

Tuchman, B.: A Distant Mirror. New York: Knopf 1978.

Turco, R. P., Toon, O. B., Ackerman, T. P., Pollack, J. B. & Sagan, C.: Nuclear winter: Global consequences of multiple nuclear explosions. Science 222 (1983), 1283–1292.

Tversky, A. & Kahneman, D.: The belief in the ‚law of small numbers‘. Psychological Bulletin 76 (1971), 105–110.

Tversky, A. & Kahneman, D.: Judgement under uncertainty: Heuristics and biases. Science 185 (1974), 1124–1131.

Tynehurst, J. S.: Individual reactions to community disaster. American Journal of Psychiatry 107 (1951), 764.

Tysoe, M.: Bargaining and negotiation. In: Colman, A. (Hg.): Cooperation and Competition in Humans and Animals. New York: Van Nostrand Reinhold 1982.

Ury, W.: Personal communication 1984.

Ury, W. & Smoke, R.: Beyond the hotline: Controlling a nuclear crisis. Ein Bericht vor der Arms Control and Disarmament Agency der Vereinigten Staaten. Nuclear Negotiation Project, Harvard Law School 1984.

US Atomic Energy Commission and Department of Defence, 1962. Zit. in: Defence Monitor. Washington DC: Centre for Defense Information 1981.

Van der Plight, J. & Eiser, J. R. Nuclear energy: beliefs, values and acceptability. Vortrag auf der Jahresversammlung der British Association for the Advancement of Science. Interdisciplinary Science Reviews. (In Druck).

Wallace, A. F.: Tornado in Worcester. National Academy of Sciences Disaster Study No. 3. Washington DC: National Academy of Sciences 1956.

Wallace, M. C.: Old nails in new coffins: the para bellum hypothesis revisited. Journal of Peace Research 18 (1981), 1, 91–95.

Wason, P.: On the failure to eliminate hypotheses in a conceptual task. Quarterly Journal of Experimental Psychology 12 (1960), 129–140.

Watkins, J. In: Borger, R. & Cioffi, F. (Hg.): Explanation in the Social Sciences. Cambridge: Cambridge University Press 1970.

Weisenbaum, J.: Personal communication 1983.

Wilkenfeld, J. & Brecher, M.: Superpower crises management behaviour. In: Kegley, C. W. & McGowan, P. (Hg.): Sage International Yearbook of Foreign Policy Studies. Beverley Hills: Sage 1982.

Wolfenstein, M.: Disaster: a Psychological Essay. London: Routledge and Kegan Paul 1957.
Wye, R. (pseud.): Will they fire in the hole? Family (Beiblatt des Air Force Magazine), 17 Nov. 1971.

Personenregister

Sachregister

Bildnachweis

Bilder auf den Seiten 64, 66, 85, 86 Süddeutscher Bilderdienst, München
Bild auf der Seite 90 The Associated Press, Frankfurt

Quellenhinweis für das Titelbild Die „eingebrannte Zeit“: SZ-Bildarchiv, München. (Das Bild zeigt eine Armbanduhr, die um 8.15 Uhr am 6. August 1945 stehen blieb und deren Zeiger im Blitz der Atombombe über Hiroshima eingebrannt wurden)

Psychologie aktuell

1986. Ca. 240 S. Ca. DM 28,– (27027)

Das erste entwicklungspsychologische Buch über Nützlichkeiten und Gefahren der neuen Medien für Kinder.

1986. Ca. 300 S. DM 36,– (27024)

Über die faszinierende indische Psychologie und ihre Verankerung in uralten philosophischen Traditionen.

Psychologie Verlags Union